Das Elternbuch

zu WhatsApp, Facebook, YouTube & Co.

Beijing · Cambridge · Farnham · Köln · Sebastopol · Tokyo

Kommentare und Fragen können Sie gerne an uns richten:
O'Reilly Verlag
Balthasarstr. 81
50670 Köln
E-Mail: kommentar@oreilly.de

1. Auflage 2014

Bibliografische Information der Deutschen Nationalbibliothek
Die Deutsche Nationalbibliothek verzeichnet diese Publikation in der Deutschen Nationalbibliografie; detaillierte bibliografische Daten sind im Internet über http://dnb.d-nb.de abrufbar.

Lektorat: Susanne Gerbert, Köln
Korrektorat: Sibylle Feldmann, Düsseldorf
Satz: III-satz, Husby
Umschlaggestaltung: Michael Oreal, Köln
Produktion: Andrea Miß, Köln
Belichtung, Druck und buchbinderische Verarbeitung: Mediaprint, Paderborn

ISBN 978-3-95561-752-3

Dieses Buch ist auf 100% chlorfrei gebleichtem Papier gedruckt.

ÜBER DIE AUTOREN

Tobias Albers-Heinemann ist Diplom-Sozialarbeiter und Diplom-Medienberater und arbeitet als Referent für Medienbildung bei der Evangelischen Kirche Hessen und Nassau.

Die Arbeitsschwerpunkte des zweifachen Familienvaters beinhalten aktive Medienprojekte mit Jugendlichen sowie Bildungs- und Beratungsangebote für hauptamtliche Mitarbeiterinnen und Mitarbeiter, Eltern und Lehrer in den Bereichen Web 2.0 und Social Media.

Im Internet ist der Medienpädagoge unter www.albers-heinemann.de und www.medienpaedagogik-praxis.de zu finden.

Björn Friedrich, Medienpädagoge M.A. und ebenfalls Familienvater, arbeitet bei SIN – Studio im Netz in München und beschäftigt sich schwerpunktmäßig mit Social Media, Games, mobilen Anwendungen und medialen Lernarrangements.

Die aktive Medienarbeit mit Kindern und Jugendlichen zählt ebenso zu seinem Betätigungsfeld wie Informations- und Fortbildungsveranstaltungen für Eltern, Lehrer, Studierende und pädagogisch Verantwortliche.

Online ist Friedrich anzutreffen unter www.björn-friedrich.de.

Inhaltsverzeichnis

Vorwort 9

1. Wie sich Medien und Alltag verändern 13

Was bisher geschah 15

Vom Konsumenten zum ProdUSER 17

Aufwachsen im digitalen Zeitalter 19

Kommunikationskultur im Wandel 21

Das Recht der Eltern auf eine analoge Lebenswelt 23

Medienerziehung – wer lernt eigentlich von wem? 25

Medienerziehung – ab wann eigentlich? 27

Auch der Fernseher ist ein Medium 29

Denken Sie bitte nicht an rosa Elefanten 31

Mediennutzung – das Unterbewusstsein beobachtet mit 33

Gefühlte Bedrohungen und mediale Schlagwörter 35

Das Web ist keine virtuelle Welt neben einer echten ... 37

2. Medien werden mobil 39

Smartphones und Apps 41

Einstellungen am Handy 43

Immer erreichbar 45

Eingriff in die Privatsphäre 47

Ortung & Location-Check-in 49

Kosten für das mobile Netz 51

Wie kommen die Apps auf das Smartphone? 53

In-App-Käufe 55

Jugendschutzfunktionen auf mobilen Geräten 57

Empfehlenswerte Apps für Kinder und Jugendliche 59

3. Jugendliche im Netz – was machen die da eigentlich? 61

So nutzen Jugendliche Medien 63

Das digitale Ich 65

Message statt Mail: Kommunikation heute 67

Nur Gelaber? 69

Postings, Pics und Klicks 71

Me, Myself and my Selfie 73

Wie Nachrichten zum User finden 75

Virale Infos und Videos 77

Digitale Spiele für alle 79

Games go social 81
E-Partizipation und politische Beteiligung 83

4. WhatsApp & Co.: Mobile Wegbegleiter 85
SMS war gestern, heute gibt es WhatsApp 87
Kommunizieren im Chat, in Gruppen, als Broadcast 89
WhatsApp – ein (Alp-)Traum 91
Privatsphäre und Zugriffsrechte bei WhatsApp 93
Löschen des WhatsApp-Accounts 95
Mögliche Alternativen zu WhatsApp 97

5. Facebook – das weltgrößte soziale Netzwerk 99
The story of the facebook 101
Die Oberfläche – Teil 1: den Überblick behalten 103
Die Oberfläche – Teil 2: der Newsfeed 105
Die Oberfläche – Teil 3: Liveticker und Chatleiste 107
Profil, Chronik, Timeline und Pinnwand 109
Nachrichten und Chat 111
Video-Call 113
Gefällt mir 115
Teilen 117
Gruppen – Teil 1 119
Gruppen – Teil 2 121
Facebook-Seiten 123
Abonnements 125
Der Start in Facebook 127
Wer kann meine Inhalte sehen? 129
Wer kann mich kontaktieren? 131
Wie verhindere ich, dass mich jemand belästigt? 133
Sichtbarkeit der eigenen Informationen 135
Herunterladen einer Kopie der gespeicherten Daten 137
Löschen des Facebook-Kontos 139

6. YouTube – das neue Leitmedium der Jugend 141
Suchen und informieren 143
Mit und ohne Benutzerkonto 145
Videos von YouTube downloaden 147
Kanäle, Abos und Playlists 149
Nutzungsmotive: Bildung, Erfahrung, Selbstdarstellung 151
YouTube-Star werden 153
Geld verdienen mit YouTube 155
YouTube als Social Network 157

7. Instagram, Snapchat, Twitter & Co. 159

Instagram: Von der Foto-App zur Onlinecommunity 161
Instagram-Einstellungen und -Eigenschaften 163
Snapchat – Eine Reaktion auf Bilderflut und Sammelwut 165
Nutzungs- und Einstellungsmöglichkeiten von Snapchat 167
Twitter 169
ask.fm 171
Yo 173
kinox.to, movie4k, Kinokiste & Co. 175
Tumblr, Vine, Slingshot, Google+ 177

8. Eltern im Netz – wie begleite ich mein Kind? 179

Mein Kind will … – was nun? 181
Unsere drei Möglichkeiten 183
Wenn andere von der Brücke springen … 185
Eine Frage des Alters 187
Gemeinsam einen Account anlegen 189
Begleiten oder kontrollieren? 191
Vom behüteten Schutzraum hin zur jugendlichen Eigenverantwortlichkeit 193
Regeln, Absprachen und Vorbildfunktionen 195
Angemessene Nutzungszeiten – Teil 1 197
Angemessene Nutzungszeiten – Teil 2 199
Computersucht 201
Fazit 203

9. Was Sie und Ihr Kind wissen sollten … 205

Persönliche Daten als Währung – Teil 1 207
Persönliche Daten als Währung – Teil 2 209
Die Sache mit den neuen Funktionen 211
Mein Passwort kenne nur ich 213
Digitale Daten 215
Sensible Daten oder öffentlicher Plausch? 217
Urheber- und andere Rechte 219
Fotos von anderen Personen veröffentlichen 221
Fotos ohne Erlaubnis veröffentlichen? 223
Gesichtserkennung 225
Freie Inhalte 227
Was will ich von mir selbst preisgeben? 229
Ein eigenes Foto löschen 231
Ein eigenes Video löschen 233
Fotos und Video melden – Teil 1 235
Fotos und Video melden – Teil 2 237

Eine Markierung entfernen 239
Was du nicht willst … 241

10. Was tun bei Stress im Netz? 243

Cybermobbing 245
Mögliche Symptome 247
Die rechtliche Situation 249
Verhaltensregeln für Jugendliche 251
Sexting 253
Hass-Gruppen 255
Fremde Freunde 257
Gefälschte Accounts 259
„Wenn du diese Nachricht nicht weiterschickst …" 261
„Entfreunden" und blockieren 263
Politischer Extremismus 265
Nicht alles, was uns nicht gefällt, ist auch verboten 267
Jugendgefährdende Inhalte melden 269
Tipps für Eltern 271

11. Die nervigen Nachbarn: Werbung, Kostenfallen, Viren und Trojaner 273

Das Geschäftsmodell der Gratisdienste 275
Im Visier von Online-Targeting 277
Spam und Hoaxes 279
Onlinebetrug 281
Viren, Würmer und Trojaner 283
Wie kann ich mich vor Schädlingen schützen? 285
Kostenfallen und Abzocke 287
Was kann ich gegen Kostenfallen tun? 289
Das Geschäft mit Abmahnungen 291
Displaysperre und Passwortsicherheit 293

12. Hilfe und Links 295

Hilfreiche Seiten 297
Angebote für Jugendliche 299
Angebote für Eltern und Fachkräfte 301
Medien verstehen und anwenden: Praxisprojekte mit Kindern und Jugendlichen 303
Nicht das Ende – aber der Schluss! 305

Glossar 307

Index 315

Vorwort

Liebe Leserinnen und Leser,

die Entwicklung neuer Medienangebote schreitet rasend schnell voran: Smartphones gehören heute zur Standardausstattung von Jugendlichen, und waren vor einigen Jahren noch Dienste wie schülerVZ oder Flickr in, so sind es heute Angebote wie WhatsApp, Facebook, YouTube & Co., bei denen vermutlich auch Ihre Kinder aktiv sind oder es werden möchten. Vielen Eltern fällt es nicht leicht, die Onlineaktivitäten ihrer Kinder richtig einzuordnen und kompetent zu begleiten, besonders wenn sie selbst nicht (oder nur sporadisch) bei diesen Diensten aktiv sind. Die Tatsache, dass zudem durch verschiedenste Medienberichte die Angst vor derartigen Angeboten geschürt wird, macht den Umgang damit nicht gerade leichter.

Was also tun? Smartphones und Angebote wie WhatsApp und Facebook verbieten? Das wäre ein Unterfangen, das nur schwer umsetzbar ist und zudem auf wenig Gegenliebe (und somit auf massiven Widerstand) stoßen würde. Die bessere Lösung ist wohl, Ihre Kinder zu begleiten und sie zu einem verantwortungsvollen Umgang mit diesen Medien anzuregen. Dabei möchten wir Sie mit diesem Buch unterstützen.

Wir sind der festen Überzeugung, dass die sogenannten „sozialen Medien" einen wesentlichen und wichtigen Teil der jugendlichen Lebenswelt darstellen und dass junge sowie auch ältere Menschen mit dem richtigen Hintergrundwissen, der richtigen Begleitung und den richtigen Einstellungen auf der sicheren Seite surfen.

Als Medienpädagogen haben wir bei unserer Arbeit mit Kindern, Jugendlichen, Eltern und Multiplikatoren bereits umfangreiche Erfahrungen zur Thematik „Medien in der Familie" gesammelt, die in dieses Buch eingeflossen sind und die Basis für unsere Ausführungen bilden.

Wir wissen aus zahlreichen Elternabenden, dass es Eltern oftmals schwerfällt, das jugendliche Mediennutzungsverhalten nachzuvollziehen und die Begeisterung für so manches Phänomen zu teilen. Auch Sie sind vielleicht nicht immer mit der Art und Weise einverstanden, wie Ihre Sprösslinge mit Medien wie Computer/Internet, TV, Handy, Spielkonsole usw. umgehen.

Wir möchten daher versuchen, Ihnen auf den folgenden Seiten einen Einblick in den jugendlichen Medienalltag zu geben und Ihnen aufzuzeigen, wo – aus Sicht der Jugendlichen – die faszinierenden und attraktiven Aspekte von Angeboten wie WhatsApp liegen. Dies kann hoffentlich ein Beitrag dazu sein, dass in Ihrer Familie möglichst wenig aneinander vorbeigeredet wird und vielmehr beide Seiten einen „kleinsten gemeinsamen Nenner" finden, auf den sie sich einigen können.

Zugleich möchten wir Ihnen einige mögliche Stolperfallen und Schattenseiten aufzeigen, die im Internet lauern und vor denen Sie und Ihre Kinder auf der Hut sein sollten. Allerdings versuchen wir, abseits der weitverbreiteten medialen Panikmache einen unaufgeregten und pragmatischen Blick auf die negativen Aspekte des Internets zu werfen.

Damit wir uns nicht falsch verstehen: Onlineangebote können selbstverständlich nur eine Ergänzung zum sozialen Umfeld Ihrer Kinder sein. Natürlich benötigen Jugendliche neben Onlinekontakten auch einen Freundeskreis in der Schule oder der Nachbarschaft, benötigen Hobbys außerhalb von Medienwelten und nutzen Handy-Apps möglichst nur als Ergänzung ihres Alltags. Doch verfallen Sie bitte nicht in die Versuchung, das Internet und das „echte Leben" gegeneinander auszuspielen, denn diese beiden Aspekte konkurrieren nicht miteinander, sondern ergänzen sich und gehören zusammen.

Warum die Nutzung von WhatsApp, Facebook & Co. unserer Meinung nach unbedenklich ist, wenn sie im richtigen Maße geschieht, das erklären wir Ihnen auf den folgenden Seiten. Was wir jedoch nicht liefern können, sind Pauschallösungen: Sie dürfen sich dieses Buch nicht wie ein Kochbuch vorstellen, nach dessen Lektüre Sie eine perfekte Medienerziehung „zubereiten" können. Unser Anliegen ist es, Sie aufzuklären, zum Nachdenken anzuregen und Ihnen Hilfestellungen zu geben, aber es gibt – wie immer in der Pädagogik – keine Musterlösung für eine gelungene Erziehung.

Auch mit konkreten Vorgaben wie Alters- und Zeitempfehlungen oder festen Regeln sind wir zurückhaltend, weil wir glauben, dass ein Buch nicht der richtige Rahmen für derartige Empfehlungen ist. Dazu sind Sie als Leserschaft viel zu vielschichtig und unterschiedlich, Sie haben Kinder in unterschiedlichen Altersklassen, und jedes Ihrer Kinder ist ein Individuum. Aus diesem Grund möchten wir keine pauschalen Lösungsvorschläge liefern.

Übrigens haben wir meist eine geschlechtsneutrale Schreibweise verwendet, um Ihnen das Lesen zu erleichtern. Wenn von Nutzern, Usern oder Schülern die Rede ist, sind aber selbstverständlich weibliche wie männliche Personen gemeint.

Wir hoffen, dass Ihnen unser Buch Informationen und Denkanstöße liefert, um Sie in Ihrer Medienerziehung zu unterstützen und zu stärken. In diesem Sinne wünschen wir Ihnen viel Spaß beim Lesen und anregende Einblicke in die Welt der digitalen Kommunikation!

Tobias Albers-Heinemann und Björn Friedrich

Weitere Informationen online

Da sich die digitale Welt sehr schnell verändert, informieren wir Sie unter www.medienelternbuch.de regelmäßig über aktuelle Entwicklungen und wichtige Neuigkeiten. Außerdem finden Sie uns natürlich auch bei Facebook unter *www.facebook.com/elternbuch*. Surfen Sie mal vorbei!

Foto: © Tobias Albers-Heinemann

Medien nehmen einen wichtigen Platz in der Lebenswelt von Kindern und Jugendlichen ein.

KAPITEL 1 | Wie sich Medien und Alltag verändern

Vielleicht denken Sie auch ab und zu, dass Ihr Kind viel zu viel Zeit vorm Computer oder am Handy verbringt? Schnell eine SMS oder andere Kurznachrichten am Handy getippt, nebenbei eine E-Mail bekommen, ein YouTube-Video angeschaut und zwei Fotos auf Facebook veröffentlicht – es entsteht ein leicht chaotisches Bild, ein Eindruck, als ginge alles drunter und drüber und als seien Jugendliche gar nicht mehr Herr ihrer medialen Lage.

Dazu kommen noch Schlagwörter in Zeitschriften oder Broschüren wie Datenschutz, Cybermobbing, Abzocke, Porno, Suizidforen usw., die bei uns Erwachsenen das Bedürfnis wecken, präventiv und schützend in den Medienalltag der jüngeren Generation einzugreifen. Dabei lassen wir aber außer Acht, dass Jugendliche in einem ganz anderen medialen Umfeld aufwachsen als wir früher.

Die Lebenswelt, also das, was in einem direkten Umfeld von einer Person als normal empfunden wird, verändert sich. Und das hat sie schon immer gemacht. Farbfernsehen, mehrere TV-Sender, CDs – das alles war in unserer Jugend völlig normal. Aber auch damals gab es Warnungen vor überhöhtem Medienkonsum und rechteckigen Augen, meistens von Menschen, die mit Schwarz-Weiß-Fernsehen und Wählscheibentelefon aufgewachsen sind.

In den nun folgenden Kapiteln möchten wir mit Ihnen zusammen einen Blick auf die Lebenswelt der jüngeren Generation werfen. Uns interessiert, in was für einem medialen Umfeld Jugendliche aufwachsen, auf welche Weise sie wie und mit wem kommunizieren und mit welcher Universalität diese neuen Kommunikationsmittel heute genutzt werden.

Foto: © Tobias Albers-Heinemann

Technik und Medien veralten schnell und werden von neuen abgelöst – heute teilweise schon innerhalb weniger Jahre.

Was bisher geschah

Bevor nun die aktuellen Medien zum Thema werden, möchten wir gern den Blick auf einen Teil der Medienentwicklung in den letzten 20 Jahren werfen.

Gerade beim Stichwort „Handy" dürfte es bei einigen Leserinnen und Lesern regelrecht klingeln. Wir sahen Anfang der Neunziger irre große und schwere Mobiltelefone, die C-Netz-Handys, abgelöst von den ersten Volkshandys von Alcatel, Nokia, Motorola und Siemens. Bei Verbindungspreisen von etwa 2,– DM pro Minute waren diese Handys nicht für jeden Menschen ein gängiges und erschwingliches Kommunikationsmittel. Mobilfunkbesitzer wurden skeptisch betrachtet und teilweise sogar als Angeber und Proleten abgestempelt.

Mittlerweile gehört das Mobiltelefon in den normalen Kommunikationsalltag und ist daraus eigentlich nicht mehr wegzudenken. Heute ist es sogar wahrscheinlicher, auf Verwunderung zu stoßen, wenn man selbst kein Handy besitzt.

Ähnlich wie bei der Handynutzung verlief die Entwicklung im Bereich der Internetnutzung. Wer Ende der Neunziger mit einem 14,4k-Modem ins Internet ging, kennt auch noch die Minutenpreise von 0,20 DM pro Minute und mehr. Die Entwicklung zu einer fast überall verfügbaren DSL-Geschwindigkeit und günstigen Flatrate-Tarifen sorgte dafür, dass die Onlinenutzung an Normalität gewann. Mittlerweile gibt es kaum noch Unternehmen, die nicht zumindest per E-Mail erreichbar sind.

Interessant ist aber vor allem, dass sich in den letzten 20 Jahren nicht nur die technischen Mittel verändert haben, sondern auch die Selbstverständlichkeit, mit der wir sie einsetzen. Und genau diese Normalität spielt eine große Rolle, wenn es um Lebenswelten und Kommunikationskulturen geht.

Um Inhalte im Netz zu veröffentlichen, werden keine Spezialkenntnisse mehr benötigt.

Vom Konsumenten zum ProdUSER

Erinnern Sie sich noch daran, wie Ende der Neunziger die ersten Internetseiten aussahen? Oder gehörten Sie vielleicht sogar zu den wenigen, die bereits damals eine eigene Internetseite besaßen und diese auch selbst programmiert hatten? Jedenfalls war es ein enormer Aufwand, eine eigene Homepage zu programmieren, auch wenn man „nur" Texte veröffentlichen wollte. Die meisten Menschen, die in dieser Zeit einen Internetanschluss besaßen, nutzten das Web, um zu konsumieren. Es wurde von einer Seite auf die andere gesurft, um sich Informationen zu besorgen. Viel mehr war gar nicht möglich, zumindest nicht ohne Kenntnisse einer Programmiersprache.

Diese Hürde wurde dann mithilfe der ersten **WYSIWYG**-Editoren (What You See Is What You Get) genommen. In einer grafischen Oberfläche konnten Texte und Bilder wie in einem Word-Dokument erstellt werden. Der Editor wandelte dann diese Informationen in die entsprechende Programmiersprache um. So war es Ende der Neunziger für viele „Laien" erstmals möglich, von der Konsumentenrolle in die des Produzenten zu wechseln.

Die wirklich entscheidende Wende brachte zu Beginn des neuen Jahrtausends das sogenannte **Web 2.0**, das nicht als bessere Version eines bestehenden Internets zu verstehen ist, sondern vielmehr als Überbegriff des neuen „**Mitmach-Webs**". Durch neue Programmierstandards war es plötzlich für den Konsumenten möglich, ohne technisches Wissen Inhalte ins Internet zu stellen. Die besten Beispiele hierfür waren MySpace (2003) und Facebook (2004). Texte, Bilder und später auch Videos sowie andere digitale Inhalte konnten ohne großen Aufwand veröffentlicht und anderen Menschen zugänglich gemacht werden. Jeder hatte die Möglichkeit, die digitale Aktion eines anderen zu kommentieren und sich zu beteiligen. Es entstand das, was man später als Social Web, also als soziales Netz bezeichnete. Damit veränderte sich auch die Rolle des Surfers, der zuvor entweder als Konsument oder als Benutzer (User) tätig war. Durch die Beteiligungsmöglichkeiten des Web 2.0 entstand eine Mischform aus Produzent und User: der ProdUSER.

Foto: © Tobias Albers-Heinemann

Technik wird immer mobiler, kleiner und ansprechender ...

Aufwachsen im digitalen Zeitalter

Kinder und Jugendliche wachsen heute unter anderen Gegebenheiten auf als wir damals. Internet, Computer, Smartphones – das alles sind Medien, die einfach da sind, sie gehören für junge Menschen in die normale alltägliche Umgebung wie für uns früher das Telefon oder der Fernseher. Aus diesem Grund reden wir auch bei Menschen, die mit digitalen Medien aufwachsen, von den „**Digital Natives**", also den digitalen Eingeborenen.

Diese Eingeborenen wissen prinzipiell gar nicht, wie es ist, ohne diese Medien im Alltag auszukommen. Sie werden groß mit medialen Nutzungsformen, die sich in den letzten Jahren bei uns Erwachsenen etabliert haben, also Nachrichten per E-Mail schreiben, Informationen „googeln" und Bilder von der Digitalkamera am Computer verwalten. Dass die Fotos früher einmal in einer Dunkelkammer entwickelt werden mussten, dürfte für einen großen Teil der Kinder- und Jugendlichen unbekannt sein.

Die tollen Möglichkeiten, die das Web 2.0 also bietet und an die sich unsere Generation erst gewöhnen musste, stehen jungen Menschen von Anfang an zur Verfügung. Kinder und Jugendliche fangen also in ihrer Mediensozialisation auf einer ganz anderen Ebene an als Erwachsene und haben dadurch auch ganz andere Möglichkeiten, sich mit der Vielfalt des digitalen Angebots auseinanderzusetzen. Das jugendliche Bedürfnis nach Kommunikation, Gemeinschaft, Interessenaustausch und sozialer Integration trifft auf die sozialen und interaktiven Möglichkeiten des Internets.

Hinzu kommen technisch immer ausgereiftere Geräte wie z.B. Netbooks, Smartphones oder Tablets, die eine multimediale Beteiligung zum Kinderspiel machen. Der Zugang zum Internet und zu den sozialen Systemen des Netzes wird mobil – und vor allem auch bezahlbar. Unter all diesen Umständen ist also ein jugendlicher Umgang mit Medien normal, und auch wenn manche Eltern das Gefühl haben, mit der ganzen Entwicklung nicht mehr mithalten zu können, ist das kein Grund zur Panik.

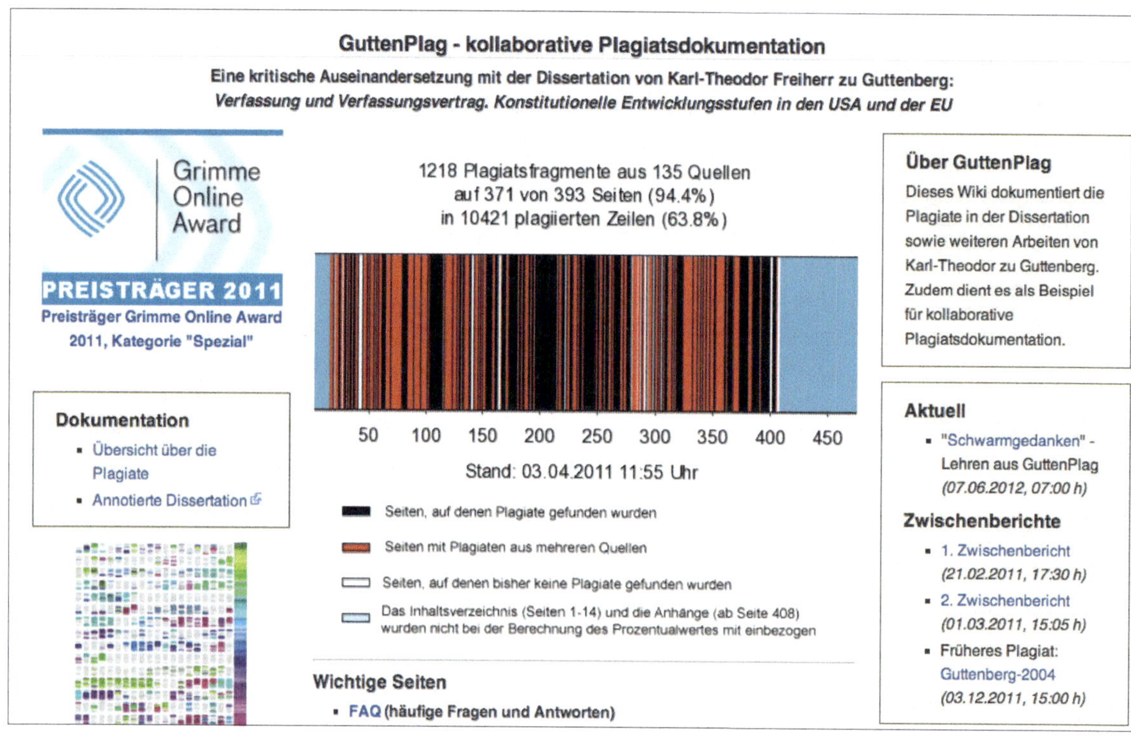

GuttenPlag - kollaborative Plagiatsdokumentation
Eine kritische Auseinandersetzung mit der Dissertation von Karl-Theodor Freiherr zu Guttenberg:
Verfassung und Verfassungsvertrag. Konstitutionelle Entwicklungsstufen in den USA und der EU
Grimme Online Award
PREISTRÄGER 2011
Preisträger Grimme Online Award 2011, Kategorie "Spezial"
1218 Plagiatsfragmente aus 135 Quellen
auf 371 von 393 Seiten (94.4%)
in 10421 plagiierten Zeilen (63.8%)
50 100 150 200 250 300 350 400 450
Stand: 03.04.2011 11:55 Uhr
Seiten, auf denen Plagiate gefunden wurden
Seiten mit Plagiaten aus mehreren Quellen
Seiten, auf denen bisher keine Plagiate gefunden wurden
Das Inhaltsverzeichnis (Seiten 1-14) und die Anhänge (ab Seite 408) wurden nicht bei der Berechnung des Prozentualwertes mit einbezogen
Über GuttenPlag
Dieses Wiki dokumentiert die Plagiate in der Dissertation sowie weiteren Arbeiten von Karl-Theodor zu Guttenberg. Zudem dient es als Beispiel für kollaborative Plagiatsdokumentation.
Dokumentation
Übersicht über die Plagiate
Annotierte Dissertation
Aktuell
"Schwarmgedanken" - Lehren aus GuttenPlag (07.06.2012, 07:00 h)
Zwischenberichte
1. Zwischenbericht (21.02.2011, 17:30 h)
2. Zwischenbericht (01.03.2011, 15:05 h)
Früheres Plagiat: Guttenberg-2004 (03.12.2011, 15:00 h)
Wichtige Seiten
FAQ (häufige Fragen und Antworten)

Plagiatsaffäre zu Guttenberg: Erstmals entstand von Bürgerseite ein derartiger Druck, dass ein Bundesminister zurücktrat.

Kommunikationskultur im Wandel

Diejenigen von uns, die bereits ein Leben vor dem digitalen Zeitalter kennengelernt und gelebt haben, werden auch als „**Digital Immigrants**" bezeichnet, also digitale Einwanderer. Als Einwanderer sind wir mit einer bestimmten Kultur der Kommunikation aufgewachsen, die sich auch in den für uns traditionellen Medien wie Fernsehen, Zeitung und Radio wiederfindet. Es gab Sender, die von ihnen gesendeten Botschaften und deren Empfänger.

In der sich immer weiter entwickelnden medialen Gesellschaft verändert sich allerdings auch immer mehr dieses klassische Modell der Kommunikation. Die eindimensionalen und eindeutig trennbaren Rollen, beispielsweise Sender und Empfänger, Journalist und Publikum, öffentlich und privat, sowie die damit verbundenen Funktionen verschmelzen immer mehr.

Die Menschen können sich durch die kollaborativen Möglichkeiten des Internets aktiv beteiligen, auch an politischen Ereignissen. Die kommunikativen Seiten des weltweiten Netzes machen es möglich, dass sich viele einzelne Stimmen zu einem lautstarken Choral verbinden können. Diese Verbindung muss nicht nur im kleinen, privaten Rahmen stattfinden, sondern kann z.B. auch Einfluss auf große und wichtige politische Entscheidungen nehmen. Das Volk bekommt durch die digitalen Medien eine neue Stimme, was z.B. bei der Plagiatsaffäre des ehemaligen Bundesverteidigungsministers zu Guttenberg deutlich wurde. Die Menschen hatten die Möglichkeit, aktiv zu kommunizieren, ihren Unmut deutlich zu machen und einen Druck aufzubauen, durch den ein Bundesminister zurückgetreten ist. Dies wäre in einer früheren und analogen Zeit ohne Internet nicht möglich gewesen.

Diese Möglichkeit der Beteiligung ist Bestandteil einer neuen Kommunikationskultur. Die Menschen müssen sich nicht mehr damit abfinden, nur zu empfangen – sie können selbst auch senden! Für die Eingeborenen ist das bereits Normalität – die Einwanderer müssen sich erst noch daran gewöhnen.

Foto: © Claudia Hautumm/Pixelio

Sind all unsere analogen Medienerfahrungen hinfällig und unwichtig?

Das Recht der Eltern auf eine analoge Lebenswelt

Kinder und Jugendliche wachsen in einem anderen medialen Umfeld und einer anderen Lebenswelt auf als wir damals, das wissen wir jetzt. Die Frage, die sich einige Eltern vielleicht stellen, ist, ob wir Erwachsenen jetzt alles vergessen müssen, womit wir aufgewachsen sind, nur um unsere Kinder in ihrem medialen Alltag begleiten und unterstützen zu können und um unseren erzieherischen Ansprüchen gerecht zu werden?

Sind denn all unsere medialen und analogen Erfahrungen sowie unsere Kommunikationsformen hinfällig geworden und längst überholt?

NEIN!

Gerade jetzt sind wir in der wunderbaren Situation, die Entwicklung der Medien mit anderen Augen betrachten zu können als diejenigen, die das Leben ohne sie nicht kennen. Wir haben gesehen und erlebt, wie schnell sich Medien entwickeln, und können erahnen, dass diese Entwicklung in den nächsten Jahren nicht aufhören wird. Es ist manchmal gar nicht verkehrt, eine Entwicklung mit anderen – skeptischen – Augen zu sehen.

Auch wenn wir selbst nicht alles kennen und teilweise auch nicht in der Lage sind, diese Medien zu nutzen, können wir mit Interesse und Engagement unsere Kinder befähigen, Medien kritisch zu betrachten und sie kreativ und zielgerichtet anzuwenden. Wir wissen, wie schnell sich Dinge verändern können.

Vielleicht sind wir technisch nicht versiert genug, um uns mit den verschiedenen Netzwerken perfekt auszukennen – aber wir sind sicher erfahren genug, um unseren Kindern als Eltern zur Seite zu stehen.

Foto: © Tobias Albers-Heinemann

Oftmals können Eltern noch was von ihren Kindern lernen ...

Medienerziehung – wer lernt eigentlich von wem?

Ganz oft ist es so, dass unsere Kinder technisch wesentlich fitter sind als wir Erwachsenen. Ist ja auch klar, schließlich sind sie die „Digital Natives", die digitalen Eingeborenen, die eben mit diesen neuen Medien aufwachsen.

Häufig stellt sich dann aber die Frage, ob unsere Kinder „digital nativ" oder eher „digital naiv" sind, denn etwas anwenden zu können, bedeutet nicht, damit auch verantwortungsbewusst umgehen zu können. Ein Bild ist z. B. schnell irgendwo hochgeladen, doch darf ich das überhaupt? Oder verstoße ich damit gegen irgendwelche Persönlichkeits- und Urheberrechte? Oder könnte es sogar für jemanden Dritten unangenehm oder sogar peinlich sein? Darin liegt im Prinzip auch schon der Knackpunkt, der vielen Eltern zu schaffen macht. Wie sollen wir unseren Kinder etwas vermitteln, worin wir uns selbst nicht wirklich auskennen?

Während wir bei alltäglichen Fragen der Erziehung auf unser gesammeltes Wissen und unsere eigenen Erfahrungen zurückgreifen können, haben wir beim Thema Medienerziehung in der Tat teilweise das Problem, dass uns gewisse Grundvoraussetzungen fehlen. Was sollen wir also vermitteln?

Nun, grundsätzlich verhält es sich bei der Medienerziehung genau so wie in anderen erzieherischen Bereichen. Wenn mein Kind Sportler ist und ich gar keinen Bezug zum Sport habe, ist es eine Selbstverständlichkeit, dass ich mich über dieses Thema informiere und mich dafür interessiere. Ich stelle Fragen und lerne natürlich auch etwas von meinen Kindern. Und so mache ich es auch beim Thema „Medien". Man sagt, das Internet sei der digitale Spiegel der Gesellschaft – das ist gut, denn in dieser kennen wir uns aus. Wir können also qualifizierte und aufmerksame Gesprächspartner und Begleiter sein. Das klingt banal – ist aber sehr wichtig. Darüber hinaus können Sie externe Informationen einholen – so wie Sie es gerade mit diesem Buch machen. Sie sind also auf einem guten Weg ...

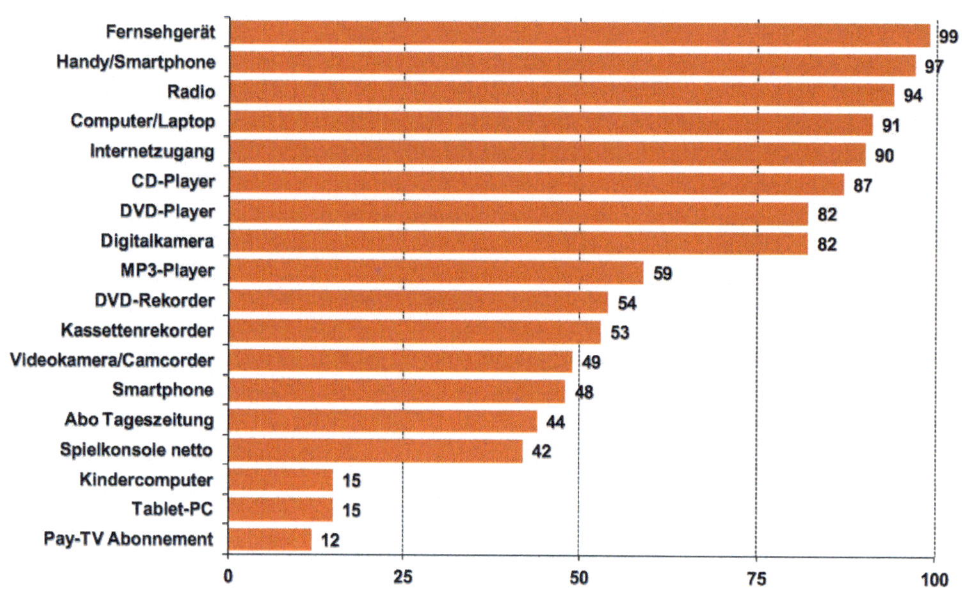

Medienerziehung betrifft nicht nur die Computernutzung

Medienerziehung – ab wann eigentlich?

Einer der wohl größten Irrtümer ist es, anzunehmen, dass Medienerziehung sich lediglich auf die Nutzung von Computern und Smartphones bezieht. Ebenso ist es für Eltern nicht ratsam, mit dem Thema zu warten, bis das Kind über ein eigenes Gerät verfügt.

Medienerziehung ist ein sehr wichtiger Bestandteil der Erziehung eines Kindes und fängt in dem Moment an, in dem Kinder mit Medien in Kontakt kommen. Dieser erste Kontakt in einer Familie ist in der Regel neben dem Radio der Fernseher. In 99 % der Familien mit Kleinkindern steht ein Fernsehgerät, dessen Wirkung auf die Entwicklung eines Kindes oft und gern unterschätzt wird.

Im Durchschnitt verbringen Kinder zwischen zwei und drei Jahren etwa 30 Minuten am Tag an einem solchen Gerät, während es bei den Vier- bis Fünfjährigen schon 55 Minuten sind (Quelle: MiniKim Studie 2012).

Die Gründe dafür, dass Kinder vor dem Fernseher sitzen, können unterschiedlich sein. Betrachtet man allerdings die Tatsache, dass in der Altersgruppe der Zwei- bis Fünfjährigen lediglich 44 % mit ihren Eltern zusammen fernsehen, kommt der Verdacht auf, dass in einigen Situationen der Fernseher das Kind ablenken und beschäftigen soll, während die Eltern mit etwas anderem beschäftigt sind.

Vergleicht man nun das aktuelle Fernsehprogramm, die Gestaltung, Inszenierung und die vermittelten Botschaften mit der Entwicklung, der emotionalen Reife und der Aufnahmefähigkeit eines Kindes, wird schnell deutlich, dass ein unkontrollierter und übermäßiger TV-Konsum einen nicht unwesentlichen Einfluss auf die Entwicklung des Kindes hat.

DIE WELT zur Startseite machen

Abo Shop TV-Programm Wetter Anmelden Registrieren

Suchen...

Home Politik Wirtschaft Geld Sport Wissen Panorama Kultur ICON Reise Motor Regional Meinung Videos Markt

IN DEN NACHRICHTEN: Von der Leyen in Afrika | ADAC | Olympia in Sotschi | Wulff-Prozess 7. Feb. 2014, 8:49

Home > Videos > Mit Scripted Reality verdummen die Zuschauer

15.12.11 | Medien-Märchen

Mit Scripted Reality verdummen die Zuschauer

Quelle: welt.TV

Qualitätsfernsehen ade! Soaps und Reality Shows werden seit einiger Zeit nur noch durch Scripted Reality überboten – nachgestellte Reality Shows. Diese können preiswert produziert werden und bekommen immer mehr Anhänger. Nicht zuletzt das beängstigt David Harnasch, denn damit wird der Zuschauer absichtlich von den TV-Sendern in die Verdummung getrieben.

ARTIKEL EMPFEHLEN

106 Empfehlen | 2 Twittern | 0 +1

Kommentare

MEISTGELESENE ARTIKEL

1. Victoria Nuland
"Fuck the EU" bringt US-Diplomatin in Erklärungsnot

2. Winterspiele 2014
Die Olympische Charta ist Google ein "Doodle" wert

3. McDonald's
Bestehen McNuggets wirklich aus rosa Schleim?

4. "Nymphomaniac"
"Wirklich unangenehm war nur eine Szene"

5. Volk der Tscherkesse
Auf Sotschi liegt der Schatten des Völkermordes

Reality-Dokus und Castingshows haben großen Einfluss auf unsere Kommunikation.

Auch der Fernseher ist ein Medium

Wenn wir uns fragen, warum so viele Kinder und Jugendliche beleidigende oder diffamierende Inhalte in den öffentlichen Raum stellen, warum es so normal geworden ist, Personen im Netz an einen öffentlichen Pranger zu stellen, müssen wir unter anderem das von den Kindern erlernte Kommunikationsverhalten betrachten, das sich sehr stark im Kleinkindalter entwickelt. Kinder kommen nicht mit einer ausgeprägten Kommunikationsstruktur auf die Welt, sie erlernen sie, indem sie zuschauen, das Gesehene übernehmen und mit eigenen Erfahrungen verbinden.

Aktuelle TV-Formate wie beispielsweise Reality-Dokus oder Castingshows sind mit mehr oder weniger originellen Verhaltensmustern gefüllt. Kinder „lernen“ durch Serien wie „Familien im Brennpunkt“, „Frauentausch“, „DSDS“ oder „Topmodel“, dass ein persönliches Versagen oder eine peinliche Situation eines anderen ein öffentliches Interesse hat, dass es in Ordnung ist, darüber zu lästern und herzuziehen, und vor allem, dass im Leid des einen ein Unterhaltungswert für den anderen liegt. Diese Fernsehformate bedienen sich der Sensationsgier, dem Voyeurismus und der niederen Instinkte des Menschen und haben sehr viel Erfolg. Eine kritische Auseinandersetzung findet nicht statt, die Masse und die Vielfalt dieser Formate lassen auf eine gesellschaftliche Akzeptanz schließen.

Kinder sind auf keinen Fall in der Lage, sich differenziert mit solchen Angeboten auseinanderzusetzen. Den ganzen Tag über werden auf allen Kanälen vergleichbare Formate ausgestrahlt. Kinder verstehen nicht, dass die Inhalte gestellt und gespielt sind, sie halten sie für echt, orientieren sich genau so daran, wie sie sich an Personen in ihrem Umfeld orientieren, und übernehmen Teile des Verhaltens und der Sprache in das eigene Kommunikationsmuster.

Genau an dieser Stelle entsteht die erzieherische Aufgabe. Als Eltern müssen wir keine digitalen Experten sein, um unsere Kinder in diesen Punkten zu begleiten. Wir müssen lediglich unseren Blickwinkel auf die für uns etwas alltäglicheren Medien erweitern.

Bild: © Katja Senner

Denken Sie bitte nicht an rosa Elefanten … jetzt!

Denken Sie bitte nicht an rosa Elefanten

Sie fragen sich an dieser Stelle bestimmt, was ein rosa Elefant mit der Beobachtung der Mediennutzung Ihrer Kinder zu tun hat? Die Antwort: eine ganze Menge!

Verwirrt? Gut, tun Sie uns dann bitte mal den Gefallen und denken Sie jetzt **nicht** an einen rosa Elefanten. Noch einmal: Denken Sie **nicht** an den rosa Elefanten.

Haben Sie es geschafft? Haben Sie nicht an den rosa Elefanten gedacht? Obwohl wir uns selbst in diesem Moment vornehmen, nicht an diesen rosa Elefanten zu denken, geht uns das Bild jetzt nicht mehr aus dem Kopf.

Allein schon dadurch, dass in den letzten Sätzen sechsmal vom rosa Elefanten die Rede war und Sie auf der Bildseite die Abbildung eines solchen sehen, hat sich das Bild im Kopf festgesetzt, auch wenn die Aufgabe lautete, nicht daran zu denken.

Dies ist ein rein psychologischer Effekt. Allein durch die Nennung der ungewöhnlichen und kontrastierenden Wörter „rosa“ und „Elefant“ entsteht ein Bild im Unterbewusstsein. Diesem ist es übrigens ziemlich egal, ob in dem Satz ein „nicht“ oder ein „kein“ oder ein „ohne“ drinsteht. Es konzentriert sich auf das eigentliche Schlagwort.

Immer also, wenn wir etwas für uns Ungewöhnliches lesen, stellen wir es uns unbewusst vor und erschaffen ein Bild, das dann auch abgespeichert wird. Diese Bilder bleiben erst einmal im Unterbewusstsein und erscheinen dann wieder, wenn Sie neue Informationen aufnehmen, die Ihr Gehirn damit verbindet. Vielleicht müssen Sie das nächste Mal, wenn Sie wieder einen rosa Elefanten sehen, an dieses Buch hier denken.

Aber wieso hat das etwas mit der Mediennutzung unserer Kinder zu tun?

WELT ONLINE

Abo ePaper Shop Mobil Newsletter TV Programm Wetter

zur Startseite machen

Suche

Home Politik Wirtschaft Geld Sport Wissen Panorama Kultur Reise Motor Regionales Meinung

Videos NACHRICHTEN: Olympia 2012 Medaillenspiegel Tony Martin Euro-Krise 2. Aug. 2012, 14:46

Home › Wenn das Netz zur Sucht wird

Die Welt 27.09.11

Wenn das Netz zur Sucht wird

Internetabhängigkeit betrifft vor allem junge Menschen - auch viele Mädchen *Von S. Pfeffer und J. Wiedemann*

Vorsitzender des Fachverbands Medienabhängigkeit: "Wir beobachten seit Jahren eine Zunahme der Zahl der Betroffenen"

Etwa 560 000 Menschen in Deutschland sind internetsüchtig, die exzessive Onlinenutzung von 2,5 Millionen weiteren Menschen ist problematisch. Zu diesem Ergebnis kommen Forscher der Universitäten Lübeck und Greifswald in der bundesweiten Studie "Prävalenz der Internetabhängigkeit" (Pinta), die die Drogenbeauftragte der Bundesregierung, Mechthild Dyckmans (FDP), in Berlin vorgestellt hat.

LETZTE NACHRICHTEN

Geldpolitik: EZB verzichtet auf weitere Zinssenkung

Geldpolitik: "Deutsche profitieren von

ARTIKEL EMPFEHLEN

6 0 0

E-Mail Empfehlen Twitter +1

Kommentare (4) Drucken

DIE BESTEN GELDANLAGEN

TAGESGELD
Attraktive Zinsen erhalten und täglich über das Tagesgeld verfügen

FESTGELD
Je länger die Laufzeit desto höher ihre Zinsen bei einer Festanlage

Die Pinta-Studie brachte den Begriff der Computersucht in die Öffentlichkeit.

Mediennutzung – das Unterbewusstsein beobachtet mit

Gehen Sie mal in Gedanken ins Jahr 2011 zurück. Sagt Ihnen die Pinta-Studie etwas? Den meisten bestimmt nicht, aber die in dem Ergebnis genannten 560.000 Internetsüchtigen allein in Deutschland erinnern Sie sich bestimmt. Und mit Internetsucht ist übrigens nicht die Computerspielsucht gemeint, sondern eben die Sucht nach dem „Internet".

Einmal von der Tatsache abgesehen, dass es nach dieser Studie mehr als eine halbe Million Süchtige in Deutschland geben soll, ist es zurzeit laut dem Fachverband für Medienabhängigkeit e.V. noch nicht exakt möglich, psychisch kranke Internetabhängige von gesunden Internetusern sicher zu unterscheiden. Auch dass die Umfrage telefonisch durchgeführt wurde und nicht auf Angaben von Fachleuten beruht, lässt etwas an der Ernsthaftigkeit zweifeln.

Diese Fakten sind aber relativ bedeutungslos im Vergleich zu so einem starken Schlagwort wie „Internetsucht", das nur so durch die Medien ging und in vielen Köpfen weiterhin drinsteckt.

An dieser Stelle kommt nun unser rosa Elefant ins Spiel. Obwohl viele das Thema nicht intensiv verfolgt haben, nehmen sie das Wort „Internetsucht" als Ergebnis dieser Studie wahr. Dieses Schlagwort setzt sich im Unterbewusstsein fest und kommt genau dann wieder hervor, wenn wir denken, dass unsere Kinder mal wieder zu lange vor der Kiste sitzen.

Es ist keine böse Absicht der Eltern, die wahrgenommene Mediennutzung der eigenen Kinder mit dem Wort Sucht zu verbinden, sondern eher ein psychologischer Effekt, der aus der erzieherischen Sorge heraus entsteht.

Daniela, Mutter von vier Kindern: „Anfangs war ich sehr verunsichert, was soziale Netzwerke angeht, vor allem durch die teilweise sehr einseitige Berichterstattung in den Medien. Beschäftigt man sich aber etwas mit dem Thema, merkt man: alles halb so schlimm ..."

Gefühlte Bedrohungen und mediale Schlagwörter

Das Prinzip des rosa Elefanten gilt für unseren kompletten Sprachgebrauch. Selbst Projekte, Initiativen und Medienkompetenzseiten, die eigentlich zeigen wollen, wie etwas „ohne Risiko" funktioniert, wie z.B. www.chatten-ohne-risiko.de, nutzen solche Schlagwörter, die im Gesamtzusammenhang zwar ihren Sinn ergeben, einzeln im Unterbewusstsein aber einen eher gegenteiligen Effekt ausüben. Denn das, was später im Kopf hängen bleibt, ist nicht das wertneutrale Wort „surfen", sondern das emotionalisierende Wort „Risiko".

So werden wir alltäglich vor Gefahren, Schattenseiten, Abofallen, Viren, Trojanern, Abzocke, Cybermobbing, Suizidforen, Pornografie, Gewalt usw. gewarnt, was unserem Unterbewusstsein sagt, dass wir sehr vorsichtig sein müssen, wenn wir den Schritt ins Internet wagen.

Unabhängig von der Art der Nutzung entsteht bereits im Vorfeld ein negatives Bild, das eine objektive Beurteilung und Beobachtung sehr schwer macht.

Wie gesagt, die Prozesse finden im Unterbewusstsein statt, daher fühlt sich vielleicht auch nicht jeder angesprochen. Auch sollen damit nicht die mit dem Internet verbundenen Risikopotenziale geschmälert oder tabuisiert werden. Diese gibt es, ganz klar – genau wie im Straßenverkehr. Aber bleiben Sie zu Hause, weil die Möglichkeit besteht, in einen Unfall verwickelt zu werden?

Unsere Bitte an Sie ist einfach, dass Sie, sofern die Mediennutzung Ihres Kindes Ihnen Bauchschmerzen bereitet, sich den rosa Elefanten ins Bewusstsein rufen und in einer ruhigen Minute überlegen, ob vielleicht doch etwas von dem eben Gelesenen zutreffen könnte.

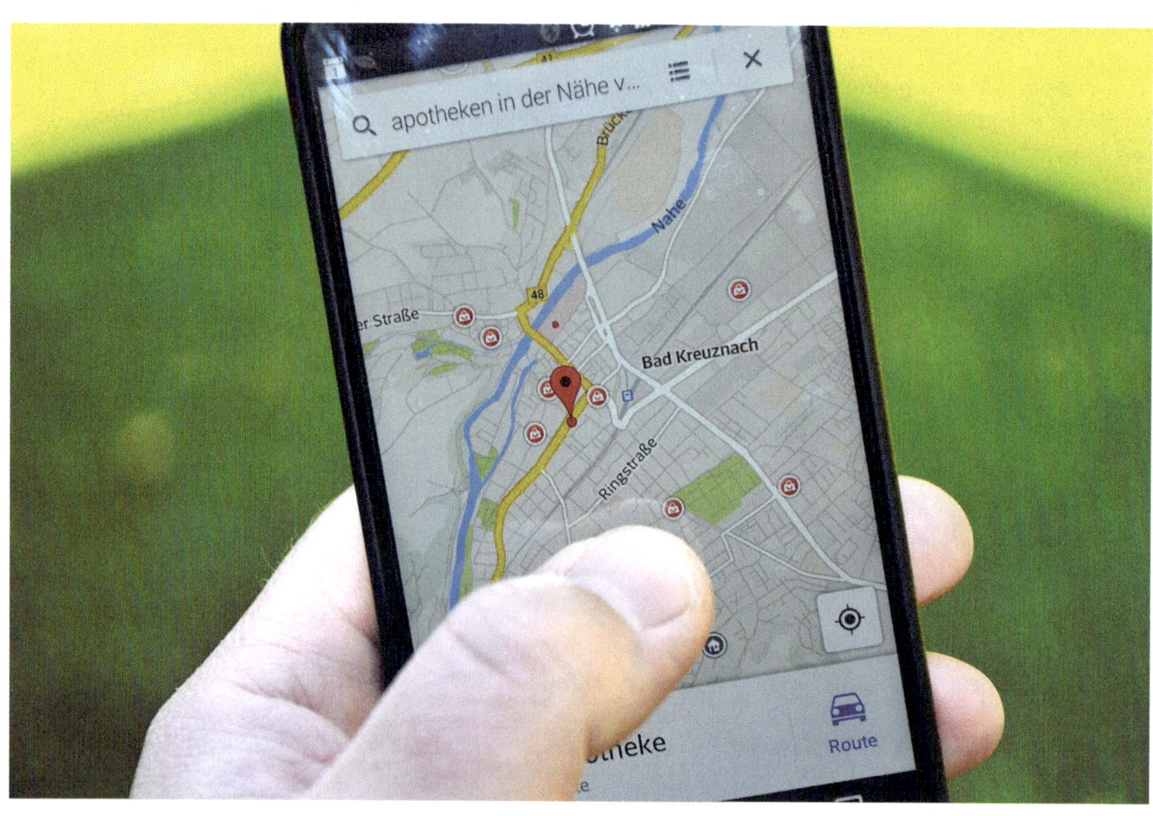
apotheken in der Nähe v...
Nahe
48
Bad Kreuznach
Ringstraße
Route

Das Web ist keine virtuelle Welt neben einer echten ...

Oft lesen und hören wir von einer virtuellen Welt, von unechten Freunden und künstlichen Gegenübern. Machen Sie bitte im Sinne Ihrer Medienerziehung nicht den Fehler, zu denken, dass es sich beim Internet um eine virtuelle Welt neben einer echten handelt. Darüber sind wir lange hinaus, die digitale Welt ist eine mittlerweile überall präsente Ergänzung unserer analogen Umgebung.

Schon lange finden wir „das Netz" nicht nur in einem Kasten auf unserem Schreibtisch. Durch die technische Entwicklung von Smartphones, Tablets und internetfähigen Alltagsgeräten wie beispielsweise Fernsehern, der Haus- und Kfz-Technik usw. sind wir vom Netz umgeben. Es findet eine Verschmelzung digitaler Inhalte und analoger Wirklichkeiten statt.

Sind wir beispielsweise in einer fremden Umgebung und suchen eine Apotheke, einen Baumarkt oder Geldautomaten, ist es mittlerweile üblich, die Informationen über das Smartphone abzurufen, das uns direkt die Standorte anzeigt und entsprechende Routen berechnet. Direkt im Anschluss können wir einen Chat oder Videocall über unsere LTE- oder UMTS-Datenverbindung aufbauen und unseren Liebsten sagen, was wir gerade machen. Diese Liebsten sind dann ja auch keine virtuellen und abstrakten Personen, sondern immer noch die Menschen, die wir kennen, mit denen wir über ein digitales Medium kommunizieren.

Ein wichtiger Schluss, der sich aus dieser mittlerweile alltäglichen Verschmelzung ableiten lässt, lautet: **Das digitale Zeitalter ist da**, wir müssen uns damit auseinandersetzen, wir müssen es akzeptieren, ob wir wollen oder nicht. Es bringt nichts, in vergangenen Zeiten zu schwelgen, zu sagen, früher brauchten wir dies und das nicht, wieso denn jetzt? Unsere Kinder wachsen im Hier und Jetzt auf und erleben diese Technik als alltäglich und normal. Und daran können wir nichts ändern, wir können unsere Kinder nur vorbereiten und begleiten.

Foto: „Taking Photos of Fireworks" von Yoshikazu Takada (*https://flic.kr/p/ot8Qmw*), CC BY 2.0-Lizenz

Immer dabei: Fotokamera, Internetzugang und viele andere Medienfunktionen.

KAPITEL 2 | Medien werden mobil

Es ist heute vermutlich auch für Sie eine Selbstverständlichkeit, diverse Medienangebote nicht nur zu Hause am Rechner zu nutzen, sondern auch auf mobilen Geräten wie Smartphones oder Tablets. Noch vor wenigen Jahren war das unvorstellbar bzw. eine Exklusivität, die sich nur wenige leisten konnten, doch die Weiterentwicklung von Handys zu Mini-Computern für die Hosentasche und zu internetfähigen Smartphones schritt rasant voran – so rasant, dass auch einige große Anbieter fast den Anschluss verpasst hätten. (Microsoft beispielsweise war vom Erfolg seines PC-Betriebssystems Windows so verwöhnt, dass es den mobilen Markt lange vernachlässigt hat. So ist Windows Phone heute hinter Android und iOS nur das drittgrößte Smartphone-Betriebssystem. Auch Facebook war ein für PCs konzipiertes Netzwerk, dessen mobile Version lange Zeit nicht ausgereift war.)

Heute lässt sich jedoch konstatieren, dass das Smartphone wohl das bedeutendste Medium ist, für Jugendliche ebenso wie für Erwachsene. Innerhalb kürzester Zeit eroberte es sich einen festen Platz in unserer Gesellschaft, und das gelang ihm nicht zuletzt deshalb, weil es sämtliche Medienfunktionen in sich vereint, die früher nur getrennt denkbar waren. Es fungiert nicht nur als Telefon, sondern auch als mobiler Internetzugang, als Radio und Fernseher, als Foto- und Videokamera, als digitaler Bilderrahmen, Tonbandgerät und Filmprojektor, als digitales Bücher-, Zeitungs-, Zeitschriftenlesegerät und darüber hinaus als Spielkonsole, Radiowecker, Notizblock, Adressbuch und, und, und.

Die tonangebenden Medienangebote sind mobile Dienste (oder zumindest mobil verfügbare), beispielsweise der Nachrichtendienst WhatsApp, das Netzwerk Facebook und das Videoportal YouTube. Diese drei Angebote werden im Zentrum unseres Buchs stehen, doch bevor wir näher darauf eingehen, möchten wir zunächst die Entwicklung der mobilen Medien genauer unter die Lupe nehmen.

Das Repertoire an Smartphones und Apps wuchs in den letzten Jahren kontinuierlich.

Smartphones und Apps

Wenn Sie selbst ein Smartphone besitzen, werden Sie wohl mit uns übereinstimmen, dass Sie diesen mobilen Alleskönner nicht mehr missen möchten. Nachrichten und Wetterbericht, E-Mails und Facebook-News, Minispiele und Fotos, all das und vieles mehr trägt man immer in kompakter Form mit sich herum und kann zudem immer und überall auf das Internet zugreifen. Eine zwar manchmal lästige, meist aber überaus praktische Erfindung. Dabei ist es noch gar nicht so lange her, dass wir mit herkömmlichen Handys telefonierten, die neben der Telefon- und SMS-Funktion lediglich kleinere Gimmicks beinhalteten.

Eigentlich wurden Smartphones bereits ab Mitte der Neunzigerjahre vertrieben, damals waren sie jedoch exquisites Utensil einer digitalen Elite. Als erstes massenkompatibles Smartphone gilt heute das iPhone von Apple, das 2007 auf den Markt kam. Dieses Produkt zeichnete sich vor allem durch eine neuartige Multitouch-Bedienoberfläche aus, und Steve Jobs erwies sich damit als Visionär: Sein Konzern Apple läutete mit dem iPhone eine riesige Erfolgswelle ein. Heute ist das iPhone nach wie vor ein Kultobjekt, das am weitesten verbreitete Betriebssystem auf Smartphones ist jedoch Android von Google, das z.B. auf Handys von Samsung, Motorola und HTC läuft.

Mit den Smartphones erblickte auch eine völlig neue Gattung von Software das Licht der Welt: die sogenannten „Apps“, das Kurzwort für „Applications“, zu Deutsch „Anwendungen“. Eine App ist für das Smartphone das, was ein Programm für den Rechner ist: Sie eröffnet Möglichkeiten, die die Benutzer ohne diese App nicht hätten. So gibt es Apps für „Basisfunktionen“ wie Notizen, Taschenrechner, Audioaufnahmen oder eine Taschenlampe, aber auch komplexere Anwendungen wie Virenscanner, E-Mail-Zugriff oder Bildbearbeitung. Es gibt nützliche Apps wie Routenplaner und Spritpreisvergleiche und unterhaltsame Apps zum Spielen oder Knobeln.

Natürlich hat auch jeder Medienanbieter, der etwas auf sich hält, eine eigene App parat: Vom Lokalradio über die Kochzeitschrift bis zum Social Network gibt es Tausende Apps, die sich installieren lassen. Allerdings sind mit allen Installationen auch „Nebenwirkungen“ verbunden, die wir uns im Folgenden näher ansehen.

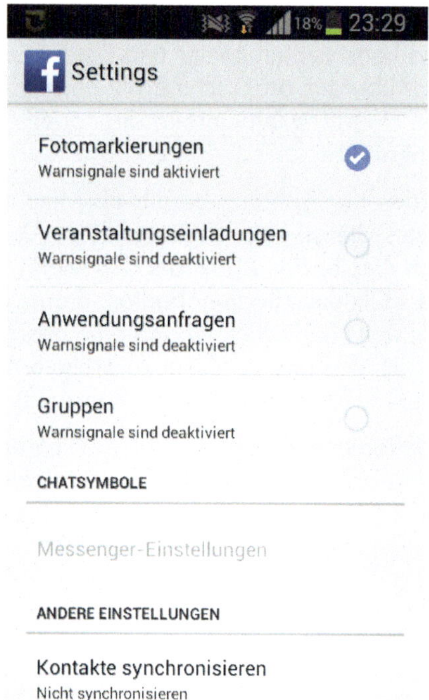

Die Einstellungsmöglichkeiten am Beispiel der Facebook-App.

Einstellungen am Handy

Die Nutzung von Medien ist immer eine Frage der Einstellung, und das im doppelten Sinne: Es geht zum einen um die innere Haltung, die die Nutzenden gegenüber einem Medienangebot haben, und daraus resultierend um die Art und Weise, wie sie ein Medium nutzen. Zum anderen geht es aber, gerade bei digitalen Medien, auch um technische Einstellungsmöglichkeiten, um ein Medium Ihren individuellen Vorlieben anzupassen sowie um datenschutzrelevante Maßnahmen zu ergreifen.

Ein gutes Beispiel dafür ist Facebook, denn hier gibt es eine Vielzahl von Einstellungsmöglichkeiten, die in erster Linie mit Blick auf Datenschutz und Privatsphäre relevant sind (ausführliche Erläuterungen dazu finden Sie in Kapitel 5). In der Smartphone-App können Sie solche Einstellungen ebenfalls vornehmen, darüber hinaus gibt es Einstellungsmöglichkeiten, die nur den mobilen Facebook-Zugriff via App betreffen: Sie können in der Facebook-App z. B. festlegen, wie oft diese neue Informationen herunterladen soll und was für den Datenverbrauch und möglicherweise die Kosten Ihres Mobilfunkvertrags bedeutend ist (je öfter Sie aktualisieren, umso mehr Daten werden geladen). Eine Ortung von Ihnen wird grundsätzlich vorgenommen, solange Sie das nicht deaktivieren (dazu später mehr), zudem wird die Synchronisation von Fotos vorgeschlagen, die standardmäßig deaktiviert sein sollte, damit nicht automatisch alle geknipsten Handyfotos zu Facebook kopiert werden. Wichtig ist zudem die Einstellung, die ganz unten im Menü zu finden ist: Kontakte synchronisieren. Wer Facebook keinen Einblick in das komplette Handyadressbuch gewähren möchte, sollte hier die Option Nicht synchronisieren auswählen.

Andere Apps sind ebenso neugierig, nur lassen sich einige Einstellungen nicht überall deaktivieren. Beispielsweise können Sie WhatsApp nicht im vollen Umfang nutzen, wenn Sie den Zugriff auf Ihr Handyadressbuch verweigern. Eine Navigations-App kann (verständlicherweise) nur funktionieren, wenn Sie einer Handyortung zustimmen. Sollten Sie derartige „Schnüffeleien“ nicht wünschen, bleibt Ihnen nur die Möglichkeit, auf gewisse Apps zu verzichten.

Foto: „Self Portrait" von Joris Louwes (*https://flic.kr/p/bs2Rqr*), CC BY 2.0-Lizenz

Ob telefonisch, per E-Mail oder Messenger: Dank Smartphones sind wir immer und überall erreichbar.

Immer erreichbar

Die Diskussion um den Zwang zur permanenten Erreichbarkeit ist mindestens so alt wie die Handytechnik. Durch die Verbreitung von Smartphones erreicht sie eine neue Qualität, da sich neue Möglichkeiten ergeben:

Für die „älteren Onliner", also für uns Eltern und Großeltern, ist z.B. der E-Mail-Abruf via Handy eine wichtige Angelegenheit: Viele Menschen wollen permanent auf dem Laufenden bleiben und haben daher ihren Mail-Account so eingerichtet, dass sie mittels der sogenannten Push-Funktion unverzüglich über eingehende Mails informiert werden. Andere fühlen sich davon gestört oder abgelenkt und rufen ihre Mails lieber nur einmal täglich am PC ab.

Für die junge Generation stellt sich die Frage so nicht: E-Mails sind kein allzu bedeutender Kanal mehr, wichtiger ist ein Kurznachrichtendienst wie WhatsApp oder der Facebook Messenger. (Zur Erklärung: Von Facebook gibt es neben der Haupt-App noch eine spezielle Kommunikations-App namens Facebook Messenger, die die Privatnachrichten übermittelt, also die nicht öffentlichen Mitteilungen unter Nutzern.)

Bei der regulären Facebook-App können Sie noch einstellen, wie oft Sie über neue Aktivitäten Ihrer Bekannten informiert werden möchte, z.B. alle halbe Stunde, alle zwei Stunden oder nie (stattdessen nur durch manuelles Öffnen der App). Zudem können Sie wählen, worüber Sie benachrichtigt werden möchten, z.B. über eingehende Kontaktanfragen, Veranstaltungseinladungen, Kommentare oder Ähnliches.

Bei Kurznachrichtendiensten wie WhatsApp und dem Facebook Messenger kann man das hingegen nicht mehr regulieren, da dies dem Zweck der App widersprechen würde. Hier piepst oder vibriert das Handy, sobald eine Nachricht eingeht. Wenn Sie mehrere Apps installiert haben (z.B. WhatsApp, Facebook, YouTube und E-Mail) und über alle Kanäle Push-Nachrichten empfangen, hat Ihr Smartphone permanent die Aufgabe, Sie über irgendeine Neuigkeit zu informieren. Hier stellt sich die Frage, wie bedeutend oder belästigend die permanente Erreichbarkeit für den Einzelnen ist – und hier gibt es, vor allem zwischen den Generationen, unterschiedliche Vorstellungen, auf deren Konfliktpotenzial wir später noch näher eingehen.

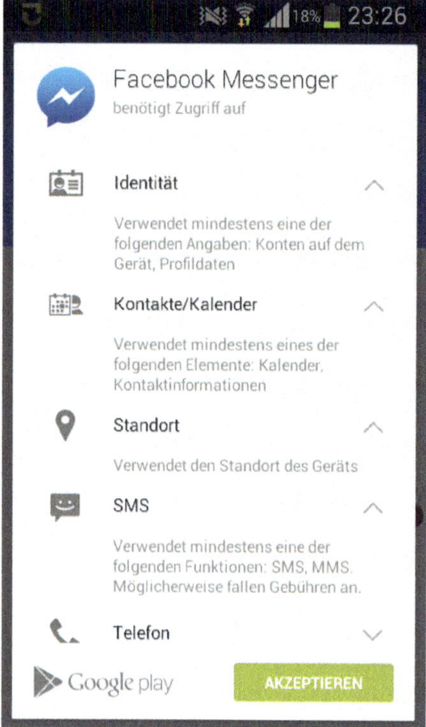

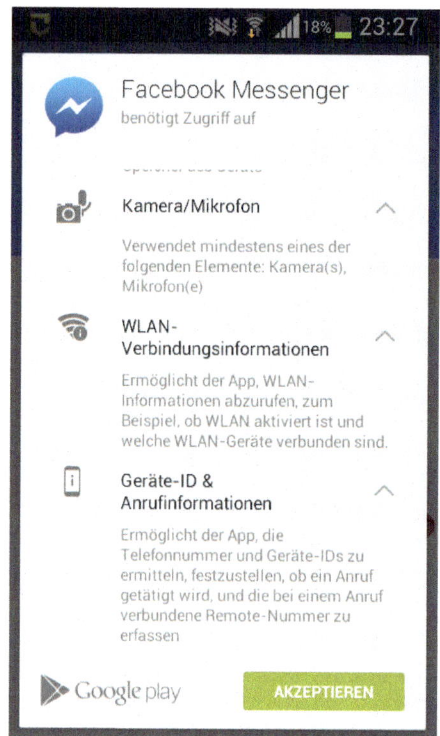

Apps wie der Facebook Messenger verschaffen sich Zugriff auf zahlreiche Informationen.

Eingriff in die Privatsphäre

Ein Thema, das besonders in Deutschland mit Blick auf die Nutzung US-amerikanischer Dienste für Diskussionen sorgt, ist die Wahrung der Privatsphäre bzw. der in Deutschland als Norm definierten Ausprägung von Privatsphäre. (Im angelsächsischen Raum herrschen hier ja gänzlich andere Vorstellungen als bei uns, was die Kommunikation zwischen amerikanischen Anbietern und deutschen Datenschützern erschwert.) Wir werden uns in Kapitel 9 noch mal ausführlich mit dem Handel mit persönlichen Daten beschäftigen, möchten aber mit Blick auf die Smartphone-Nutzung hier bereits einige Worte vorausschicken:

Jede App, die Sie auf Smartphones oder Tablets installieren, verschafft sich Zugriff auf mehr oder weniger detaillierte Informationen auf dem genutzten Gerät. Manche Apps begnügen sich mit zurückhaltenden Anforderungen, beispielsweise muss eine Foto-App natürlich auf die Kamerafunktion und auf die Fotoablage zugreifen dürfen, auf sämtliche weiteren Informationen hingegen nicht. Andere Apps nutzen hingegen die Chance in unverschämtem Maße aus und greifen Daten ab, die für das Funktionieren der App nicht nötig wären. Da die User jedoch keine Auswahlmöglichkeiten haben, sondern nur festlegen können, ob sie eine App installieren möchten oder nicht, nehmen viele Leute diese unangebrachte Neugierde in Kauf, um in den Genuss der entsprechenden Funktion zu kommen.

So ist das auch bei WhatsApp, Facebook & Co.: Im linken Bild sehen Sie die Anforderungen des „Facebook Messenger", der nicht nur auf Kontakte zugreifen möchte (die streng genommen auch nicht nötig wären, da die App diese ja bereits mitliefert), sondern auch z.B. den genauen Standort des Users wissen möchte, der via GPS ermittelt wird. Sie möchte den gesamten SMS- und MMS-Speicher lesen, der eigentlich völlig unerheblich ist, und verschafft sich zudem Einblick in sämtliche getätigten Anrufe.

Interessanterweise werden Besitzer von iPhones über diese Vorgänge während der Installation nicht explizit aufgeklärt. Erst bei der ersten Nutzung wird nach der Erlaubnis gefragt, auf das Mikrofon, Kontakte o.ä zuzugreifen. Android-Geräte bitten von vornherein um Zustimmung. Einzelne Zugriffe lassen sich jedoch nicht beschränken, man kann auch in diesem Fall nur komplett auf die App verzichten.

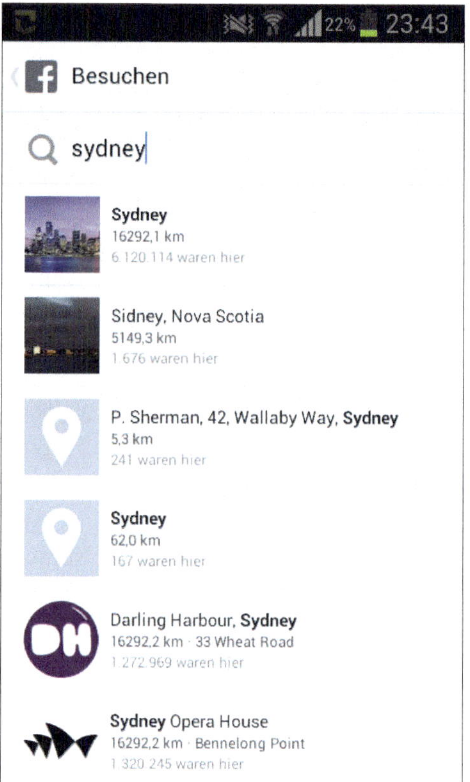

Während WhatsApp (links) Ihren aktuellen Standort automatisch ortet, können Sie bei Facebook (rechts) auch einen anderen Ort auswählen, an dem Sie sich angeblich gerade aufhalten.

Ortung & Location-Check-in

Eine interessante Funktion ist die automatische Ortung, die es vielen Diensten erlaubt, stets unseren aktuellen Aufenthalt abzufragen und abzuspeichern. Dies ist in vielen Fällen praktisch, beispielsweise bei Tankpreisvergleichs-Apps, die automatisch die Spritpreise der nächstgelegenen Tankstellen anzeigen. In anderen Fällen verbirgt sich dahinter jedoch die (bereits erläuterte) Neugierde der Anbieter:

Werden wir beispielsweise bei WhatsApp oder Facebook aktiv (egal ob wir eine Nachricht schreiben oder ein Foto posten), können wir hinzufügen, wo wir dieser Aktivität nachgehen. Das kann angegeben werden, muss aber nicht: Sie können in den Einstellungen den Ortungsdienst standardmäßig abschalten, um eine automatische Angabe zu verhindern. Zusätzlich haben Sie bei jedem Posting die Möglichkeit, manuell hinzuzufügen, wo das Foto aufgenommen oder der Text geschrieben wurde. Dazu tippen Sie einfach das entsprechende Symbol an und wählen aus, wo Sie sich gerade befinden. (Die Apps erleichtern Ihnen die Auswahl, indem sie eine Liste mit Orten anzeigen, in deren Nähe Sie sich gerade aufhalten.)

Witzigerweise lässt sich dieses System gerade bei Facebook jedoch sehr einfach austricksen: Über die Suchfunktion können Sie jeden Ort der Welt auswählen und angeben, dass Sie gerade dort wären. So lässt sich also von Lüneburg aus behaupten, man befände sich gerade in Köln, oder Fotos aus dem Irish Pub in Oberammergau lassen sich als Dubliner Original titulieren. Wozu das gut sein soll, das sei dahingestellt.

Eine andere berechtigte Frage ist hingegen, ob diverse Apps nicht sowieso Zugriff auf die GPS- bzw. Mobilfunkortungsdaten haben, die vom Gerät ausgesendet werden. Dieser Zugriff lässt sich aber leider nicht per Knopfdruck deaktivieren. Als Smartphone-Nutzer haben wir immer einen kleinen Peilsender in der Tasche und sind lokalisierbar, damit müssen wir wohl leben – oder auf Smartphones verzichten.

Foto: „Money!" von Thomas Galvez (*https://flic.kr/p/9Zkom5*), CC BY 2.0-Lizenz

Neue Medien führen leider auch zu neuen Kosten!

Kosten für das mobile Netz

Für eine Familie mit zwei Kindern stellt sich irgendwann die Frage, ob die monatlichen Fixkosten für vier Smartphone-Verträge ohne Weiteres finanzierbar sind bzw. wie viele Flatrates es eigentlich sein müssen. Denn so wertvoll die Vorzüge des mobilen Internets auch sind, sie sind zugleich mit Kosten verbunden, die einzeln betrachtet nicht sonderlich hoch sind, sich aber rasch summieren.

Von den Anbietern werden am liebsten die sogenannten All-Net-Flatrates verkauft, die nicht ganz halten können, was sie versprechen: Zwar sind hier Anrufe und SMS in sämtliche Festnetz- und Mobilfunknetze im Festpreis inbegriffen, jedoch ist das mobile Internet nicht uneingeschränkt nutzbar. In der Regel gibt es eine Limitierung des Datenverbrauchs, ab der die Geschwindigkeit des Internetzugangs gedrosselt wird – man sollte also darauf achten, trotz All-Net-Flat von unterwegs nicht zu viel im Netz zu surfen, sondern (sofern möglich) auf WLAN-Zugänge zurückzugreifen. Diese All-Net-Flats liegen derzeit bei einem monatlichen Fixpreis von rund 20 Euro, meist ist in diesem Preis jedoch kein Smartphone inbegriffen, dieses muss meist zusätzlich bezahlt werden. Günstigere Angebote mit weniger Freianrufen, weniger freien SMS und einem geringeren Datenvolumen beginnen bei rund 8 Euro monatlich.

Gerade mit jüngeren Kindern sollten sich die Eltern gut überlegen, ab wann ein Smartphone wirklich notwendig und sinnvoll ist und welcher Vertrag benötigt wird. Im Sinne einer kritischen Medienerziehung ist es durchaus angebracht, den Kindern beizubringen, dass auch Telefonie und Internetzugang ihren Preis haben – es muss hier also nicht gleich eine All-Net-Flat gebucht werden, sondern es reichen zunächst günstigere Tarife, um die Kinder zum maßvollen Umgang zu animieren. Zudem empfiehlt es sich, die Handykosten nicht direkt aus dem elterlichen Portemonnaie zu bezahlen, sondern stattdessen das Taschengeld zu erhöhen und die Kinder bzw. Jugendlichen von diesem Geld ihre Handyrechnung bezahlen zu lassen. Auch gibt es nach wie vor Pre-Paid-Karten, mit denen sich noch direkter nachverfolgen lässt, wann das Guthaben aufgebraucht ist.

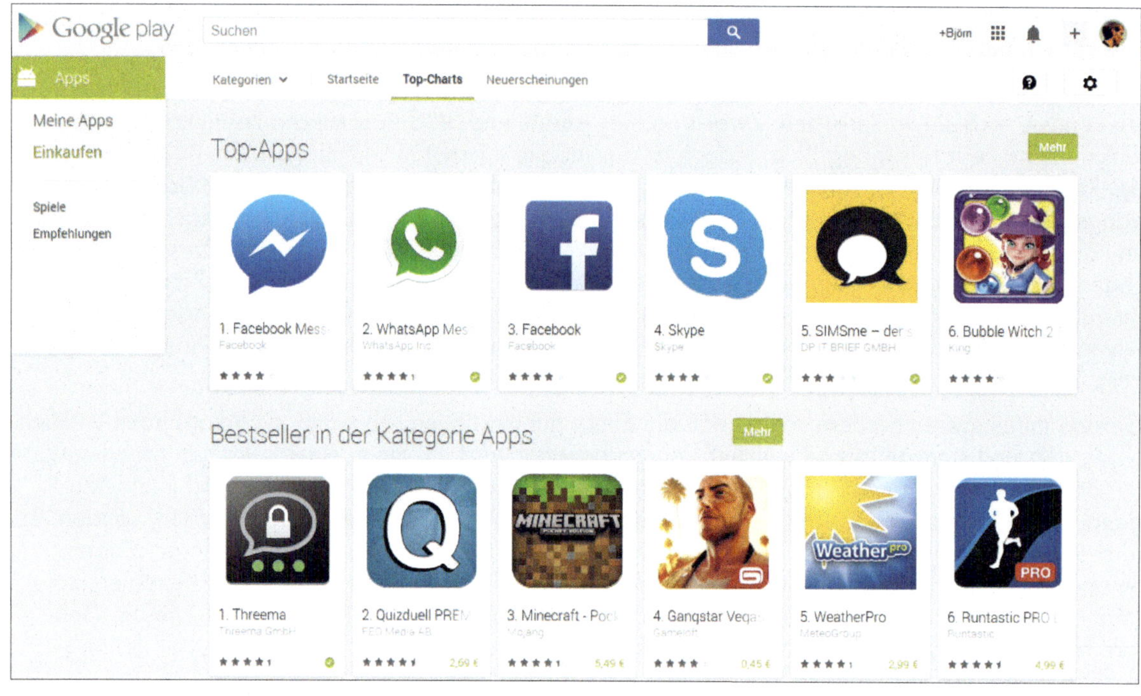

Apps jeglicher Couleur gibt es z. B. für Android-Geräte im Google Play Store.

Wie kommen die Apps auf das Smartphone?

Das schönste Smartphone und der beste Vertrag sind nicht viel wert, solange man die eigentlichen Juwelen der mobilen Mediennutzung nicht besitzt: die Apps. Doch wie kommen Sie an diese Anwendungen?

Empfehlenswert sind hier die App-Stores der jeweiligen Betriebssysteme: Für Android-Smartphones und Tablets werden Sie im „Play Store" fündig, Apps für Apple-Geräte finden Sie im „App Store", und Windows-Usern steht der „Windows Phone Store" zur Verfügung. Diese Onlineshops sind auf allen Handys vorinstalliert und mit einem Stups aufgerufen – schon können Sie nach Herzenslust im App-Angebot stöbern und ausgewählte Angebote auf Ihrem Smartphone oder Tablet installieren. Allerdings müssen Sie zum Erwerb kostenpflichtiger Apps einen Account einrichten.

Wenn Ihre Kinder mit Ihrem Phone surfen, sollten Sie mit ihnen das Vorgehen bei App-Einkäufen besprechen – analog dazu, wie Sie vermutlich alle anderen Einkäufe besprechen, zu denen Sie Ihre Kinder bevollmächtigen, sei es der Pausensnack oder der Comickauf. Sie sollten bewusst entscheiden, ob nur Sie Ihr Passwort kennen und Ihre Kinder somit mit dem Wunsch nach einer neuen App zu Ihnen kommen müssen oder ob Sie Ihrem Kind Ihr Passwort verraten und das Kind zu einem verantwortungsbewussten Umgang damit anleiten.

Wenn Sie Ihrem Kind ein eigenes Smartphone oder Tablet kaufen, so ist die gleiche Entscheidung zu treffen: Erhält das Kind einen eigenen Account, und, wenn ja, wie werden die Käufe bezahlt? Wird das Geld von Ihrem Konto abgebucht, oder möchten Sie mit Pre-Paid-Karten arbeiten? Diese Karten gibt es in sämtlichen Supermärkten, Tankstellen usw. zu kaufen, und sie haben den Vorteil, dass Ihre Kinder dann ein gewisses Budget haben, das sie nicht überziehen können. Ob die Karten vom Taschengeld bezahlt oder von Ihnen gekauft werden, ist die nächste Frage. Wichtig ist, dass Sie sich Gedanken darüber machen, wie Sie Ihre Kinder zu einem maßvollen Umgang mit Geld und mit digitalen Gütern erziehen.

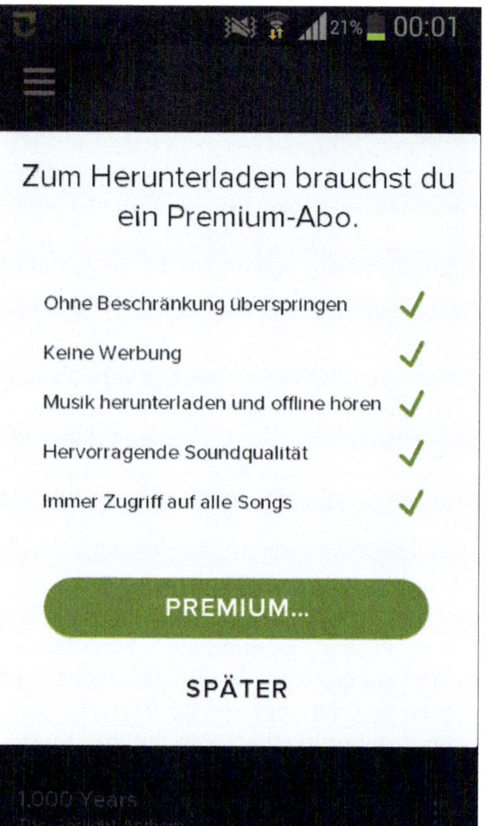

Auch Gratis-Apps wie Spotify sind nicht immer komplett kostenlos.

In-App-Käufe

Ist eine App installiert, sollte in finanzieller Hinsicht eigentlich alles klar sein – wenn diese App kostenlos war, dann müsste man sie ja bedenkenlos installieren können. Wir schreiben im Konjunktiv, denn leider ist die Sache etwas komplizierter:

Ein beliebtes Geschäftsmodell unter App-Anbietern sind die sogenannten In-App-Käufe, also Kaufgeschäfte, die innerhalb einer App abgeschlossen werden. Viele App-Hersteller verfolgen ganz bewusst das Ziel, mit einem kostenlosen Angebot Kundschaft zu gewinnen, die später dann abkassiert wird. Oft ist es sogar lohnenswerter, regelmäßig Geld zu verlangen, anstatt nur einmal beim Verkauf der App zu verdienen.

Es gibt verschiedene Varianten, die unterschieden werden müssen, zum Beispiel:

- Freemium-Dienste: Die Basisversion ist kostenlos nutzbar, während die Premiumversion zusätzlich zur Kasse bittet. (Beispiel: Der Musik-Streamingdienst Spotify, der als kostenloses, werbefinanziertes Angebot verfügbar ist oder als werbefreies Abomodell mit monatlicher Nutzungsgebühr.)
- Paywalls (zu Deutsch: Bezahlschranken): Der Onlinezugriff auf Texte wird nur gegen Gebühr erlaubt. (Beispiel: Bild.de bietet zwar ein umfangreiches Onlineangebot, aber das komplette Repertoire sowie Bundesliga-Videoclips sind nur gegen Bezahlung zu sehen.)
- free2play-Spiele: Die Games sind kostenlos spielbar, doch mit Geldeinsatz kommt man schneller zum Ziel. (Beispiel: Candy Crush Saga, das erfolgreiche Bonbon-Spiel, das auch ohne Zusatzkäufe spielbar ist, dann jedoch nur mit Einschränkungen und langen Wartezeiten. Wer zahlt, hat mehr Spaß!)

Prinzipiell ist dieses Modell nicht verwerflich, schließlich müssen auch App-Entwickler Geld verdienen. Problematisch sind diese Käufe nur, weil man dadurch den Überblick über seine Finanzen verlieren kann und möglicherweise in eine Kostenfalle schlittert. Allerdings lassen sich die In-App-Käufe auch deaktivieren (mehr dazu auf der nächsten Seite).

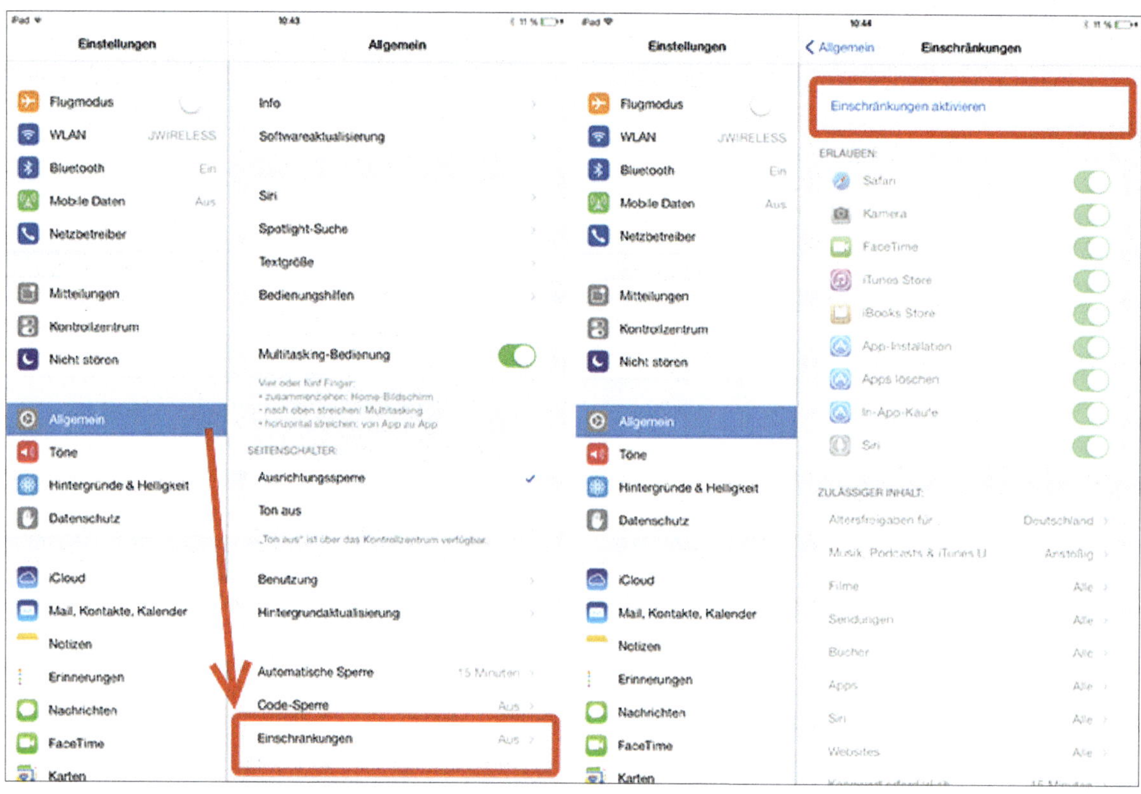

Auf iOS-Geräten lässt sich unter anderem eine eingeschränkte Nutzung einrichten. (Grafik von *www.schau-hin.info*)

Jugendschutzfunktionen auf mobilen Geräten

Ebenso wie an Standrechnern ist es heutzutage auf sämtlichen mobilen Geräten möglich, gewisse Einstellungen vorzunehmen, die Kinder und Jugendliche vor unerwünschten Kosten und Inhalten schützen. Generell empfiehlt es sich, das Smartphone mit einer Zugriffssperre zu sichern, denn nur so können Sie bzw. Ihre Kinder entscheiden, wer das Gerät überhaupt nutzen darf. Welche Optionen Sie daneben für sinnvoll halten und welche für Ihre Kinder angemessen sind, das liegt natürlich in Ihrem Ermessen (und damit beschäftigen wir uns in Kapitel 8 noch ausführlicher). Hier ein grober Überblick über mögliche Einstellungen in den verschiedenen mobilen Betriebssystemen:

- Android: Unerwünschtes Installieren von Apps kann im Play Store verhindert werden. In den dortigen Einstellungen kann z.B. festgelegt werden, ob ein Passwort zur Installation erforderlich ist oder welche Apps installiert werden dürfen (die Apps sind in verschiedene Altersstufen eingeteilt). Bei neueren Android-Versionen lässt sich daneben auch ein „eingeschränktes Profil" für einzelne Nutzer erstellen.
- iOS: Das Betriebssystem von Apple erlaubt ähnliche Funktionen wie Android, auch hier lässt sich z.B. regeln, dass Einkäufe im App-Store nur nach Passworteingabe möglich sind oder dass In-App-Käufe unterbunden werden. Diese Optionen finden Sie im Gerät unter Einstellungen → Allgemein → Einschränkungen. Auch für nicht jugendfreie Apps, Spiele, Filme usw. lassen sich hier Sperren einrichten.
- Windows Phone: Microsoft bietet seinen Mobilnutzern das System Family Safety, das auch in Windows 8 zum Einsatz kommt. Hier lassen sich PC- und Interneteinschränkungen sowie erlaubte Nutzungszeiten festlegen und überwachen. Zudem bietet das Tool Meine Familie die Möglichkeit, die App-Installationen mehrerer Nutzerkonten zu verwalten.

Für detailliertere Einstellungen als die oben beschriebenen gibt es diverse Kinder- und Jugendschutz-Apps, deren Einrichtung zumindest bei jüngeren Kindern hilfreich ist. Ausführliche Informationen dazu finden Sie unter *www.klicksafe.de* oder *www.schau-hin.info*.

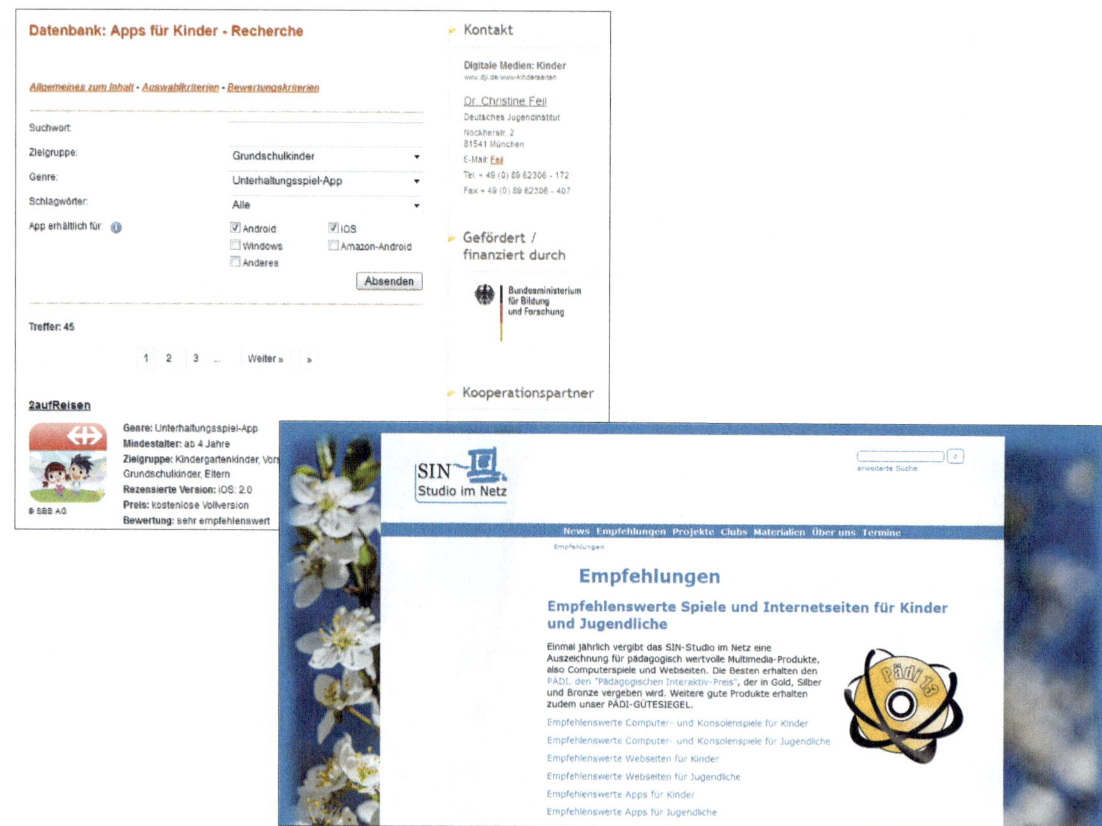

Informationen über Kinder-Apps liefert *www.datenbank-apps-fuer-kinder.de*, App-Tipps für Kinder und Jugendliche gibt es unter anderem unter *www.pädi.de*.

Empfehlenswerte Apps für Kinder und Jugendliche

Bei der Fülle an Apps, die für die verschiedenen Systeme kursieren, fällt es Eltern verständlicherweise schwer, den Überblick zu behalten oder gar zu entscheiden, welche Apps für Kinder und Jugendliche empfehlenswert sind und guten Gewissens installiert werden können. Es gibt zahlreiche Empfehlungsseiten, die vor allem Kinder-Apps „beurteilen", allerdings sind diese oftmals nicht objektiv, da die Hersteller der Apps häufig dafür bezahlen müssen, auf solchen Seiten vorgestellt zu werden – dementsprechend positiv fällt das Urteil über alle aufgelisteten Apps aus. Wirklich unabhängige Informationen und pädagogisch fundierte Einschätzungen erhalten Sie bei folgenden Quellen:

- Die Datenbank „Apps für Kinder" (*www.datenbank-apps-fuer-kinder.de*) wird vom Deutschen Jugendinstitut betrieben und listet aktuelle und ausführliche App-Bewertungen auf, die von medienpädagogischen Facheinrichtungen verfasst werden.
- Eine ähnliche Datenbank findet sich unter *www.gute-apps-fuer-kinder.de*, hier findet man die Ergebnisse eines Projekts, das vom Media Literacy Lab der Universität Mainz durchgeführt wurde.
- Eine Auszeichnung für pädagogisch wertvolle Apps, Computerspiele und Websites ist der Pädi – der Pädagogische Interaktiv-Preis (*www.pädi.de*), der jährlich seit 1998 vergeben wird. Ähnlich verhält es sich mit den Auszeichnungen Giga-Maus (*www.gigamaus.de*) und Tommi (*www.kindersoftwarepreis.de*).
- Auch Computerspiel-Testseiten wie *www.spielbar.de* von der Bundeszentrale für politische Bildung oder *www.spieleratgeber-nrw.de* beschäftigen sich zunehmend mit der Rezension von Apps.
- Das Bundesministerium für Familie, Senioren, Frauen und Jugend fördert die Publikation „Spiel- und Lernsoftware – Pädagogisch beurteilt", die neuerdings ebenfalls Apps unter die Lupe nimmt und kostenlos zum Download bereitsteht (*www.bmfsfj.de*).

Foto: „Two worlds" von Jozef Turóci (*https://flic.kr/p/bvRU7f*), CC BY 2.0-Lizenz

„Ich bin drin": Was in den Neunzigern ein Werbespruch war, ist heute eine Selbstverständlichkeit.

KAPITEL 3 | Jugendliche im Netz – was machen die da eigentlich?

Was tun meine Kinder eigentlich die ganze Zeit, wenn sie online sind? Diese Frage werden Sie sich sicher bereits gestellt haben, wenn Sie Kinder haben, und insbesondere dann, wenn Ihre Kinder mittlerweile Jugendliche sind. Vielleicht haben Sie Ihre Sprösslinge auch schon direkt gefragt, und möglicherweise erhielten Sie dann anstatt einer zufriedenstellenden Antwort nur einen ungläubigen Blick aus großen, fragenden Augen.

Die Jugendlichen „machen" nicht nur Dinge online, sie „sind" online. Das Internet ist selbstverständlicher Teil des jugendlichen Alltags, denn hier lassen sich sämtliche Bereiche des Lebens abdecken. Egal ob man Musik hört oder fernsieht, ob man Nachrichten liest oder Promiklatsch, ob man ein Fußballspiel verfolgt oder Fotos anschaut, ob man telefoniert oder jemandem schreibt, ob man für die Schule recherchiert oder ein Geburtstagsgeschenk für die Freundin kauft: All das lässt sich im Internet erledigen. Nicht nur dort, ebenso gut ließen sich CD-Player, Zeitungen, Fernseher, Telefone usw. benutzen, aber das Internet ist eben deshalb so wahnsinnig praktisch, weil es sämtliche anderen medialen Hilfsmittel integriert hat.

Für Sie als Eltern mag das verwirrend erscheinen, und im Besonderen verwirrt es Sie vielleicht, wenn Ihre Kinder diverse Dinge am Computer oder Smartphone gleichzeitig tun, wenn sie beispielsweise Hausaufgaben machen, dabei Musik hören und zudem bei WhatsApp mit mehreren Leuten parallel chatten. Ob das dem schulischen Erfolg Ihrer Sprösslinge nützt oder schadet, das sehen Sie an den Noten, dementsprechend müssen Sie möglicherweise handeln. Aber Sie sollten das Handy und das Internet nicht per se verdammen, sondern versuchen, das Mediennutzungsverhalten Ihrer Kinder zu verstehen und einen Einblick in die Bedürfnisse und Motive der Jugendlichen zu bekommen. Dazu möchten wir auf den folgenden Seiten beitragen.

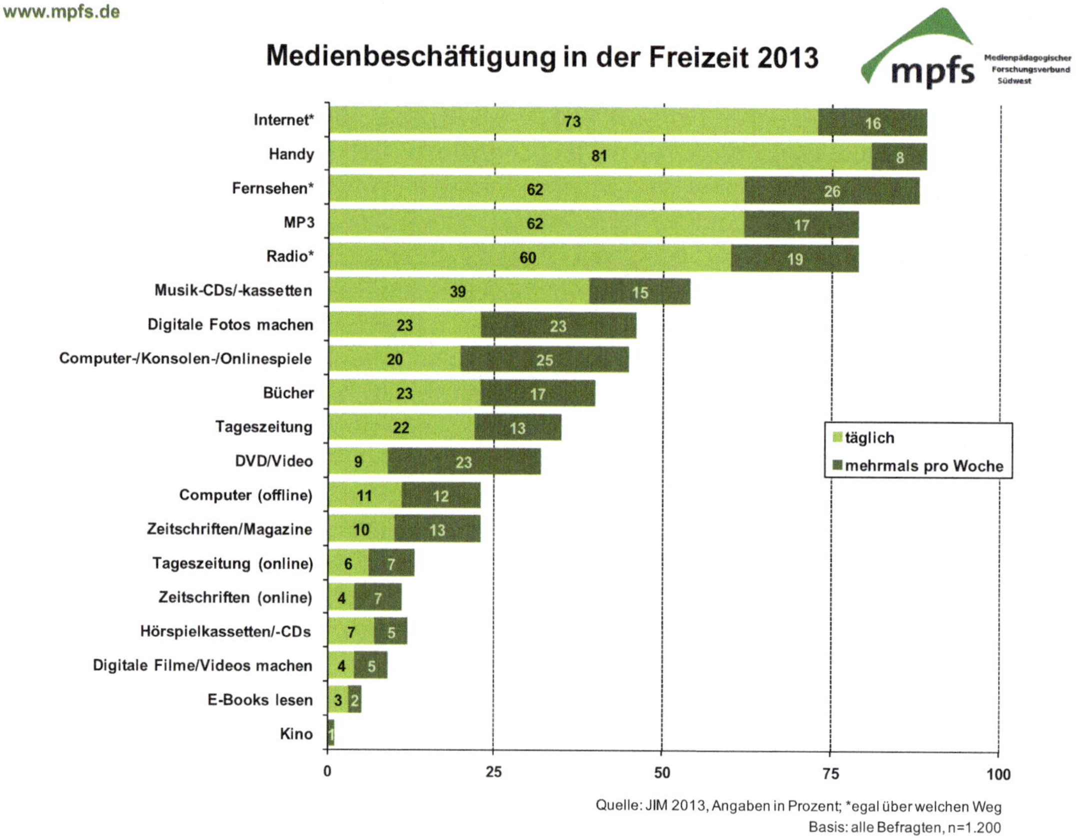

www.mpfs.de

Medienbeschäftigung in der Freizeit 2013

	täglich	mehrmals pro Woche
Internet*	73	16
Handy	81	8
Fernsehen*	62	26
MP3	62	17
Radio*	60	19
Musik-CDs/-kassetten	39	15
Digitale Fotos machen	23	23
Computer-/Konsolen-/Onlinespiele	20	25
Bücher	23	17
Tageszeitung	22	13
DVD/Video	9	23
Computer (offline)	11	12
Zeitschriften/Magazine	10	13
Tageszeitung (online)	6	7
Zeitschriften (online)	4	7
Hörspielkassetten/-CDs	7	5
Digitale Filme/Videos machen	4	5
E-Books lesen	3	2
Kino		1

0 25 50 75 100

Quelle: JIM 2013, Angaben in Prozent; *egal über welchen Weg
Basis: alle Befragten, n=1.200

Internet und Handy sind laut JIM-Studie derzeit die wichtigsten Medien für deutsche Jugendliche.

So nutzen Jugendliche Medien

Um die typische Mediennutzung deutscher Jugendlicher kennenzulernen, lohnt sich ein Blick in die JIM-Studie („Jugend, Information, Multimedia"), für die der Medienpädagogische Forschungsverbund Südwest jährlich mehr als 1.000 Jugendliche aus Deutschland befragt.

In der JIM-Studie des Jahres 2013 wird rasch deutlich, dass die deutschen Haushalte medial überaus gut versorgt sind: So war in allen Haushalten mindestens ein Handy vorhanden, über PC/Laptop verfügten 99 % der Befragten und über einen Fernseher sowie einen Internetzugang noch 97 %. Die Jugendlichen haben nicht immer eigene Geräte, aber sie haben fast alle zu Hause einen Zugang zum Internet.

Auch die Frage, welche Medien wie oft genutzt werden, wird in der Studie beantwortet: Internet und Handy werden von 89 % der Jugendlichen täglich oder mehrmals wöchentlich genutzt, sie gehören also zum Standardrepertoire der Freizeitgestaltung, nur knapp dahinter folgt mit 88 % der TV-Konsum.

Bemerkenswert ist, dass das Fernsehen nicht mehr das „Leitmedium" der Jugendlichen ist. In der Rangliste verschiedener Medienvorlieben stehen Musik, Internet und Handy auf den vorderen drei Plätzen (wobei auch Musik oft im Internet oder via Handy gehört wird, die Medienkonvergenz erschwert hier die Differenzierung). Auf den Rängen 4 bis 6 folgen Radio, Bücher und Fernsehen.

Die Zeiten, in denen Kulenkampff und Gottschalk als Straßenfeger galten, sind längst vorbei, das wissen wir spätestens seit dem Ende von „Wetten, dass ...?". Heute werden TV-Angebote von Jugendlichen zunehmend online konsumiert. Sie benötigen zum Fernsehen nicht mehr zwingend einen Fernseher, es reicht auch ein Computer mit Webzugang.

Die JIM-Studie erscheint jährlich und ist in der neuen Version ab Ende November unter www.mpfs.de kostenlos abrufbar.

Foto: „Minecraft Wobbly Head" von Linus Bohmann (*https://flic.kr/p/bm1Px6*), CC BY 2.0-Lizenz

Das „digitale Ich" – ein Konstrukt aus diversen Komponenten und Bausteinen.

Das digitale Ich

Die Gründe für die intensive Internetnutzung sind vielfältig, und mindestens ebenso unterschiedlich sind die Verhaltensweisen im Netz. Jugendliche sind dort in der Regel nicht nur „User", also passive Nutzer, sondern (wie bereits in Kapitel 1 beschrieben) zugleich auch aktive „Producer". Ob sie eigene Fotos und Videos online stellen oder nur Kommentare und Statusmeldungen posten, ist dabei zunächst nebensächlich, in den allermeisten Fällen sind die jugendlichen User jedenfalls an der Generierung von Inhalten beteiligt.

Welche Motivation steckt jedoch dahinter, sich mehr oder weniger ausgiebig im Internet zu präsentieren? Ist es der bloße Gruppenzwang, oder gibt es noch mehr Gründe? Zu dieser Frage gibt es verschiedene Erklärungsmodelle, ein sehr plausibles liefert der Soziologe Dr. Jan-Hinrik Schmidt vom Hans-Bredow-Institut Hamburg. Er unterscheidet folgende drei Komponenten:

- Identitätsmanagement: Wer bin ich? Was kann ich? Was sind meine Hobbys? Wie stelle ich mich dar? Was habe ich erlebt? Welche Meinungen und Standpunkte vertrete ich?
- Beziehungsmanagement: Wer sind meine Freunde? Was ist meine Position innerhalb meines Umfelds? Welche neuen Leute habe ich kennengelernt? Welche Kontakte möchte ich intensivieren?
- Informationsmanagement: Was interessiert mich? Was passiert in meiner Stadt, in meinem Land, auf dieser Welt? Welche Musik höre ich? Welche Filme oder Clips sind interessant?

Diesem Modell zufolge dient das Netz also verschiedensten Interessen und Anliegen, die sich in drei Bereiche bündeln lassen: Jugendliche präsentieren sich, informieren sich und interagieren mit anderen. In diesen Zusammenhängen ist immer auch das Element der Kommunikation bedeutend: Zum einen kommunizieren die Jugendlichen mit anderen, zum anderen kommunizieren sie auch über sich selbst und ihre Interessen.

Foto: „SMS" von Stefano Mortellaro (*https://flic.kr/p/a8SYs*), CC BY-ND-2.0-Lizenz

Es wirkt schon etwas altmodisch, so ein Foto von einer SMS auf einem Klapphandy mit Tasten.

Message statt Mail: Kommunikation heute

Die Kommunikation ist ein grundlegendes Element menschlichen Daseins, das hat sich in Millionen Jahren nicht geändert. Verändert haben sich nur die Mittel und Wege der Kommunikation, und hier bietet das Internet mannigfaltige neue Kommunikationsmöglichkeiten, die nicht nur auf Text oder Sprache beschränkt sind: Je nach Wunsch lässt sich ein Gespräch mündlich oder schriftlich führen, um ein Videobild erweitern, es lassen sich mehrere Leute in ein Gespräch einbinden, zugleich können Dateien wie Fotos oder Texte an die Beteiligten verschickt werden u.v.m. Vermutlich wird heute nicht mehr kommuniziert als früher, sondern anders. Früher haben die Kids ihre Freunde nach der Schule angerufen, heute quasseln sie eben via WhatsApp oder Facebook miteinander.

Die E-Mail (für die meisten Erwachsenen nach wie vor das zentrale Element des Webs) ist für Jugendliche Schnee von gestern, auch die SMS ist ein anachronistisches Auslaufmodell. Die junge Generation nutzt bereits seit Jahren andere Kanäle: Zunächst waren es Instant-Messager wie ICQ, MSN und der Videotelefoniedienst Skype, dann kamen Social Networks und machten in kurzer Zeit andere Dienste überflüssig. Den vorerst letzten Schritt dieser Entwicklung stellen Handy-Messenger wie WhatsApp dar, die den sozialen Netzwerken Konkurrenz machen. Zwar bieten auch Letztere eigene Smartphone-Lösungen an – so gibt es beispielsweise neben der Facebook-App auch eine eigene Facebook-Messenger-App (siehe Kapitel 5) –, dennoch ist die Konkurrenz der neuen Dienste offenbar stark. So stark, dass sich Facebook dazu genötigt sah, WhatsApp aufzukaufen (siehe Kapitel 4).

Der Vorteil von Handy-Messages liegt auf der Hand: Da sich Smartphones und mobile Internetzugänge immer weiter verbreiten, ist dies der schnellste und einfachste Weg der Kommunikation. Hier reichen einige wenige Worte oder Abkürzungen aus, um das Gegenüber angemessen zu informieren. Die Antwort folgt meist nach wenigen Sekunden oder Minuten, die Geschwindigkeit ist hier von größerer Bedeutung als Grammatik, Form oder Rechtschreibung. Das mag uns Älteren nicht immer gefallen, aber es ist zweifellos unkompliziert und praktisch – und es hat sich eben etabliert.

Ich ess jetzt ein Dönnneeer ♥....und ihr??

bye leute:*
-davor noch ein spruch*-*-
A:GUNTER!!!!! nenn mir mmal 4 körperteile
B: Hals Maul Arsch Gesichht
-->liken♥♥♥

Pha (;
Cooleee'S unsoo :D

ღ Nur für diich halte iich meiinen Riingfiinger freii ღ
vor 8 Stunden via Handy

A: "Du bist so schlecht in der Schule!" (;
B: "Ja außer in Deutsch da bin ich der guteste" :)
A: "Aha oke alles kla" :D

Einige Beispiele für den Netz-Slang, der Eltern die Haare zu Berge stehen lässt.

Nur Gelaber?

Im Zusammenhang mit Smartphones hören wir von Eltern oft das Vorurteil, dass die Kommunikation der Jugendlichen dort „sinnlos“ oder „inhaltslos“ sei. Aber Hand aufs Herz: Wenn Sie sich mit Freunden und Bekannten unterhalten, hat dann immer alles einen tieferen Sinn und einen höchst anspruchsvollen Inhalt? Dient Kommunikation nicht auch einfach dem Austausch und der „Unterhaltung“ (ein Wort, das ja durchaus doppeldeutig zu verstehen ist)? Und sind es nicht oftmals die banalen, unterhaltsamen und witzigen Gespräche, die ein Gefühl der Verbundenheit und des Zusammenhalts fördern? Insofern erscheint dieser Vorwurf unfair, die Jugendlichen würden bloß leeres Zeug quasseln, denn natürlich tun sie das, aber natürlich ist das auch völlig legitim.

Eng verwoben damit ist der Vorwurf, die Kinder würden mit WhatsApp und Facebook viel Zeit vergeuden. Fällt es Ihnen in diesem Zusammenhang nicht schwer, „vergeudete Zeit“ zu definieren? Ist es vergeudet, wenn man sich mit Freunden und Bekannten unterhält, sich austauscht und amüsiert? Sie als Eltern sollten das nur dann infrage stellen, wenn die zeitlichen Ausmaße besorgniserregend sind (siehe Kapitel 8). Ein kleines Pläuschchen hingegen, egal ob on- oder offline, ist völlig normal.

Dagegen schwer zu ertragen ist für Erwachsene oft der Abstieg in die Untiefen der Netzsprache. Einige Beispiele für den typischen Slang haben wir links abgebildet: eine Mischung aus Hochdeutsch und Umgangssprache, die Groß- und Kleinschreibung, Grammatik und Satzbau bewusst missachtet. Wird dieser Slang dann noch mit Abkürzungen angereichert, wie lol (laughing out loud), g (grins), cu (see you) oder gn8 (gute Nacht), wird es für viele Erwachsene vollends unverständlich.

Ist das nun der Untergang des Abendlandes, das Ende der deutschen Sprache? Wächst hier eine Jugend heran, die sich nicht mehr vernünftig artikulieren kann? Oder ist es einfach eine Modeerscheinung, entstanden unter anderem aus dem Zwang, in der zeichenbegrenzten SMS abzukürzen, oder auch geschuldet dem schnellen (und somit zeitbedingt oft unsauberen) Tippen am Smartphone? Vielleicht verschwindet dieser Trend bald wieder, und vielleicht ist es ein Trost, dass der Netz-Slang von Jugendlichen selbst auch karikiert wird, z.B. mit Postings wie: *„In Deutsch bin ich der guteste.“*

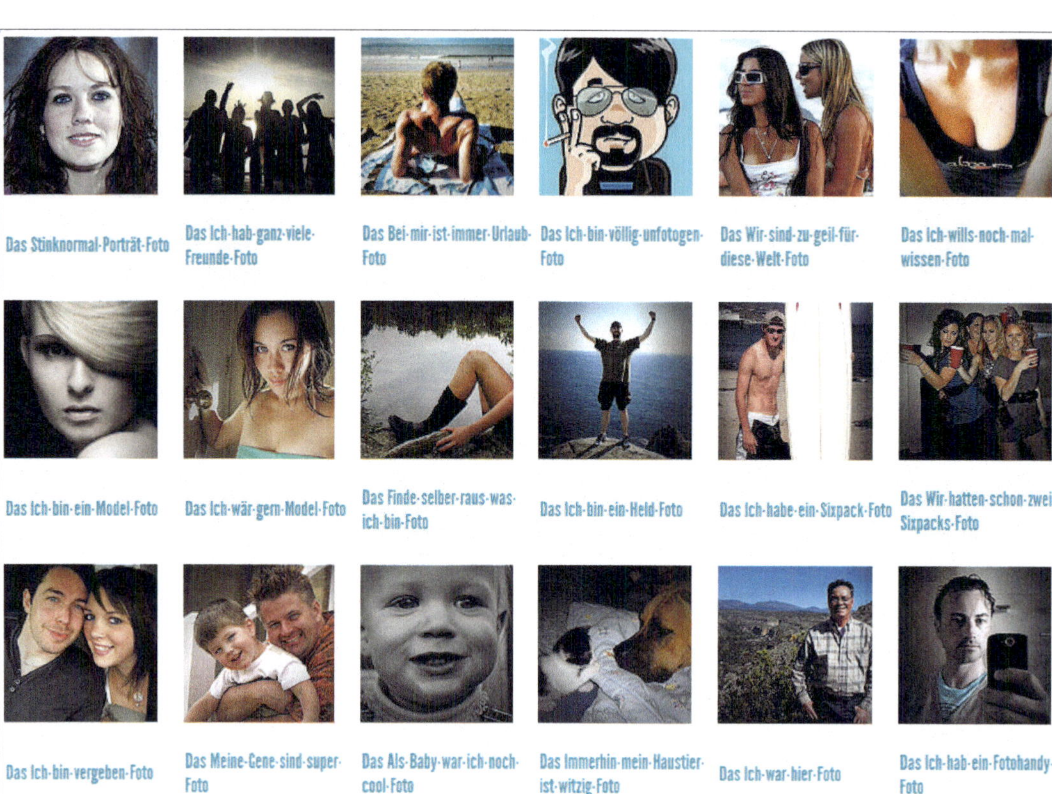

Fotos von *http://www.morguefile.com*, Collage: *http://karrierebibel.de/klick-12-typische-facebook-profilbilder-und-ihre-botschaft/*

Typische Profilfotos und ihre Botschaft.

Postings, Pics und Klicks

Die Volksweisheit „Tue Gutes und rede darüber" könnte heute wohl variiert werden in: „Egal, was du tust – rede darüber!" Denn dank der sozialen Medien erhalten wir Mitteilungen über sämtliche Aktivitäten unserer Mitmenschen. Während beispielsweise einige Menschen bei Facebook überwiegend beruflich aktiv sind und Neuigkeiten aus ihrer Branche oder ihrer Firma weiterverbreiten, legen andere den Schwerpunkt ihrer Facebook-Aktivitäten auf Geschehnisse aus dem Alltag und berichten regelmäßig über die neuesten mehr oder minder interessanten Tätigkeiten ihrer Kinder oder Katzen. Gemeinsam ist diesen Zeitgenossen, dass sie sich und ihr Umfeld online präsentieren. Ein Portal wie Facebook bietet dafür die optimalen Möglichkeiten – wo sonst erreiche ich so viele Adressaten aus dem privaten oder beruflichen Umfeld auf einmal?

Der Aspekt der Selbstdarstellung war immer schon bedeutend für uns Menschen, gerade in der Pubertät und der Jugend. Neu ist jedoch, dass sich Jugendliche heute medial im Social Web präsentieren, sodass das potenzielle Publikum größer ist als früher. Und so werden über WhatsApp und Facebook Nachrichten über all das verbreitet, was Jugendliche bewegt: von Musik und Filmen über Schuhe und Sportstars bis zum Abendessen und einem Gutenachtgruß. Bei Instagram und YouTube werden Aufnahmen von Café- und Konzertbesuchen veröffentlicht, von neuen Klamotten und alten Fundstücken. Die Möglichkeiten der heutigen Kommunikationskanäle sind vielfältig, und sie werden von vielen Jugendlichen intensiv genutzt, schließlich möchte man dazugehören.

Waren Sie früher gern uncool, wollten Sie als langweilig oder gar unattraktiv gelten? Vermutlich nicht, und da es Ihren Kindern ebenso geht, machen sie sich so viele Gedanken über ihre (digitale) Präsentation und über das Online-Selbstbild. Die Kehrseite dieser Medaille ist natürlich, dass durch diese Darstellungsweisen ein gesellschaftlicher Druck entsteht, mit dem manche Jugendliche weniger gut zurechtkommen als andere. Doch auch dieser Druck, dieser Gruppenzwang, ist nichts wirklich Neues, sondern war immer vorhanden. Heute fließt der alte Wein eben in neuen Schläuchen.

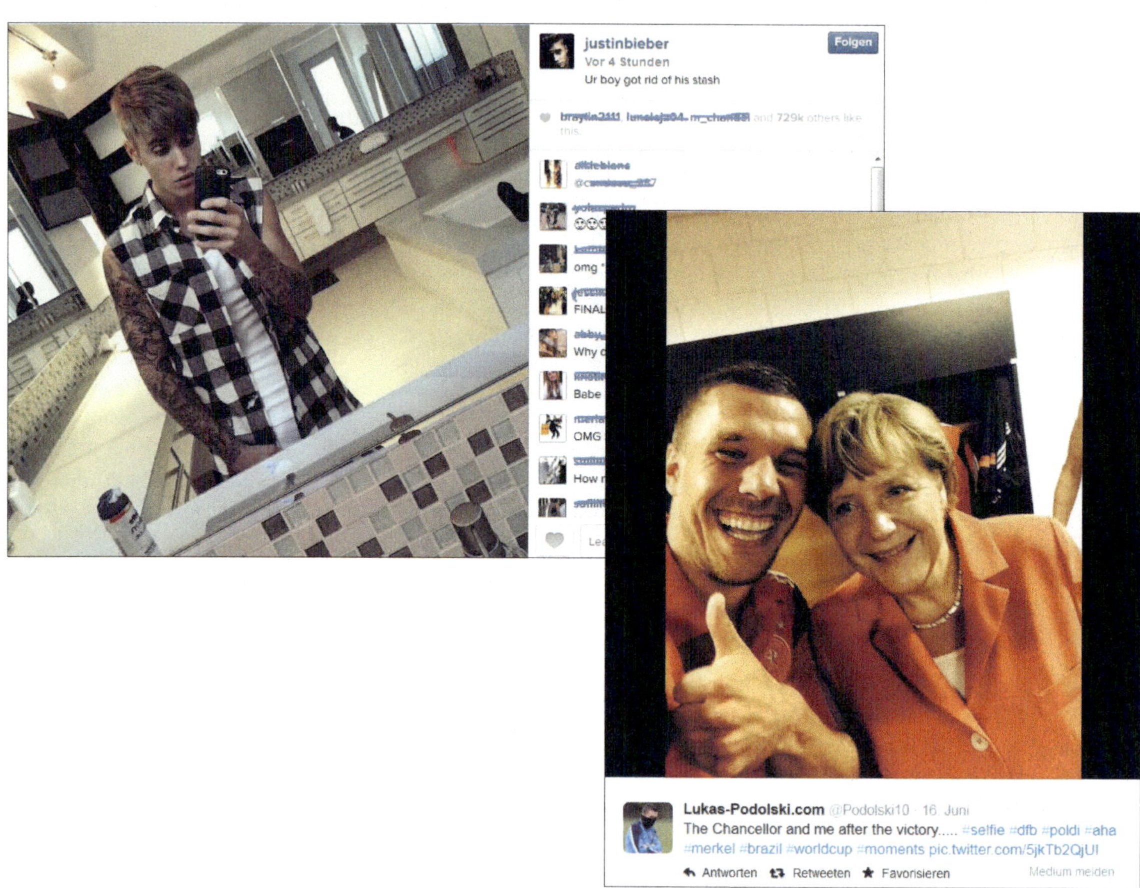

Quellen: *http://instagram.com/p/r8P4aBAvsh/* und *http://pic.twitter.com/5jkTb2QjUI*

Zwei typische Selfies: Teeniestar Justin Bieber im Spiegel und Fußballer Lukas Podolski bei der WM 2014 mit Kanzlerin Merkel.

Me, Myself and my Selfie

Sollten eines Tages Facebook, Instagram & Co. verschwunden sein, so haben sie zumindest ein kulturelles Erbe hinterlassen: das Selfie. Als Selfies gelten via Smartphone geknipste Selbstporträts, die mittlerweile so populär sind, dass „Selfie" in Großbritannien das „Wort des Jahres 2013" war.

In Deutschland sind Selfies spätestens seit der Fußball-WM 2014 einer breiten Öffentlichkeit bekannt. Diverse Spieler posteten Selbstporträts von sich und ihren Kollegen. Besonders Lukas Podolski stach dabei heraus, der während dieses Turniers weniger durch sportliche Leistungen beeindruckte, dafür aber dank seiner Selfies (z.B. zusammen mit Kanzlerin Merkel) in den Schlagzeilen landete.

Diese Form der Selbstdarstellung mag für Erwachsene neu sein, für die jüngere Generation ist sie ein alter Hut und seit einigen Jahren selbstverständlich. Selfies werden entweder mit ausgestrecktem Arm und der Smartphone-Gesichtskamera geknipst oder auch mit der Frontkamera und einem Spiegel, sodass das Handy mit im Bild ist (wie links bei Justin Bieber zu sehen).

Wieso werden derartige Fotos veröffentlicht? Sie sind in der Regel weder informativ noch bedeutend, aber es geht bei der Selbstdarstellung im Netz natürlich immer auch um eine Selbstbestätigung: Wenn die Bilder von einigen Leuten gesehen oder kommentiert werden, ist das eine wohltuende Bestätigung. Beispielsweise werden neue Facebook-Profilfotos oft dem Gefällt mir-Check unterzogen, und wenn ein Foto innerhalb einiger Stunden nicht eine gewisse Anzahl von „Likes" erhält, wird es wieder ausgetauscht. Auch anhand der Reaktionen auf andere Postings lässt sich ablesen, wie interessant oder langweilig die Information bzw. man selbst ist.

Dieses System bedeutet einerseits natürlich einen gewissen Druck für die Protagonisten, andererseits ist es eine sehr direkte Form von Feedback aus dem sozialen Umfeld. Natürlich ist das so inszenierte „digitale Ich" oftmals ein stark verzerrtes Abbild einer Person, aber das ist wohl unausweichlich.

Foto: „Titanic Commemorated“ von Kate Ter Haar (*https://flic.kr/p/byMcDw*), CC BY-2.0 Lizenz

Sind die Printmedien ein vom Sinken bedrohtes Schiff? Die heutige Jugend erhält Informationen überwiegend aus Onlinemedien.

Wie Nachrichten zum User finden

Wir würden den Jugendlichen Unrecht tun, wenn wir sie nur auf eine narzisstische Selbstdarstellung oder auf permanente Kommunikationsfreude reduzieren würden. Wesentliche Aspekte bei der Nutzung sozialer Medien sind die Informationssuche und der Austausch von Neuigkeiten: Jugendliche informieren sich und ihre Freunde über Themen, die ihnen und ihrem Umfeld wichtig sind.

Eine im Internet weit verbreitete Aussage ist: „Wenn eine Nachricht wichtig ist, wird sie mich finden." Dieser Spruch, der im Original angeblich von einem amerikanischen Studenten in einer Studie über Medienkonsum stammt, erklärt das Prinzip der Informationsvermittlung im Social Web sehr gut: Die User müssen nicht mehr nach Informationen suchen, stattdessen finden die Informationen ihre Empfänger. Digitale Kanäle wie Facebook, Twitter & Co. sind dabei das entscheidende Bindeglied, da ich hier von Freunden oder Nachrichtenportalen, deren Meldungen ich verfolge, mit den für mich relevanten Informationen versorgt werde.

Im Prinzip funktioniert dieses Verfahren genauso wie bei den herkömmlichen Medien: Auch Sie konsumieren die Nachrichtenquellen, die Ihnen für Sie relevante und interessante Meldungen liefern. Möglicherweise lesen Sie eine Lokalzeitung, ein Nachrichtenmagazin und verfolgen TV-Reportagen, oder Sie schauen lieber Talkshows, lesen Romane und eine Sportzeitschrift. Jeder Mensch hat individuelle Mediennutzungsgewohnheiten, die seinen Bedürfnissen entsprechen. Auf soziale Medien übertragen, bedeutet das, dass ein Jugendlicher beispielsweise von Freunden auf relevante News hingewiesen wird und dass er z.B. verschiedene Sport- und Technikseiten verfolgt. Schließlich haben sämtliche Firmen, Stars und Medienanbieter längst eigene Kanäle bei Facebook, YouTube, Instagram, Twitter & Co. Die User müssen also nur in einem Medium ihrer Wahl den richtigen Leuten folgen, schon finden sie die Informationen, die für sie relevant sind.

Durch das breite Angebot von Informationsportalen finden auch Randthemen Beachtung, die es nie in die 20-Uhr-Tagesschau schaffen, das ist der grundlegende Wandel in der Informationsgesellschaft.

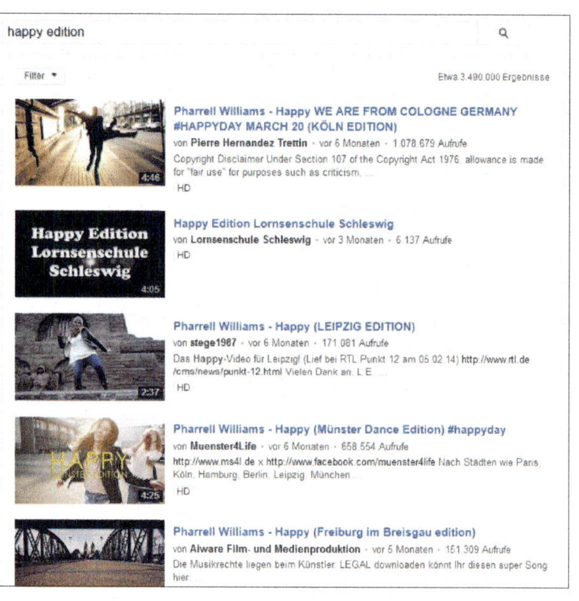

Der „Gangnam Style" ist der bis dato erfolgreichste Webclip, der Song „Happy" regte zahlreiche Menschen zur Produktion eigener Videoversionen an.

Virale Infos und Videos

Ein Virus ist (auch in der IT-Sprache) eher unerfreulich, darauf gehen wir später noch ein. Die Bezeichnung viral hingegen ist durchaus positiv konnotiert, denn damit ist gemeint, dass sich Nachrichten so schnell wie ein Virus weiterverbreiten. Wenn wir soziale Medien nutzen, dann bekommen wir Informationen zugespielt, die unsere Freunde als bedeutend erachten, ob wir das möchten oder nicht. Die Entscheidung, welche Nachrichten bedeutend sind, treffen also in zunehmendem Maß befreundete Internetnutzer anstelle von Nachrichtenredakteuren.

Gut zu beobachten ist der virale Effekt nicht nur bei Nachrichten, sondern z. B. auch bei Videoclips. So schaffte es beispielsweise der Song „Gangnam Style“ Ende 2012 vom Netz in die internationalen Musikcharts, im Mai 2014 erklomm der Clip mit 2 Milliarden Aufrufen den Thron als das „meistgesehene Video in der Geschichte von YouTube“. Die Videoclips „Harlem Shake“ und „Happy“ verbreiteten sich nicht nur viral, sondern regten sogar zahlreiche Menschen an, eigene Versionen dieser Clips zu produzieren und ins Netz zu stellen, woraus sich jeweils ein richtiger Kult entwickelte.

Das Potenzial viralen Contents wird natürlich auch kommerziell genutzt: So produzierte eine deutsche Supermarktkette unter dem Titel „Supergeil“ einen Werbeclip, der sich erfolgreich verbreitete und millionenfach aufgerufen wurde – eine relativ günstige Werbekampagne.

Interessant zu beobachten ist in diesem Zusammenhang auch das Verhalten von Künstlern, gerade bei Liveauftritten: Während neulich ein alternder deutscher Komiker mit Berliner Schnauze seine Besucher gleich anfangs darauf hinwies, dass Handyaufnahmen zu unterlassen seien, fordern junge Bands ihre Fans dazu auf, möglichst viele Handyvideos zu machen und im Netz zu veröffentlichen, um die Onlinemedien bewusst für Marketingzwecke zu nutzen. So ändern sich die Zeiten.

Die virale Verbreitung ist zudem für politische Kampagnen von Bedeutung, das beweisen Petitionsportale und Partizipationsangebote, mit denen sich auch Jugendliche für politische Belange sensibilisieren lassen (mehr dazu auf Seite 83, „E-Partizipation“).

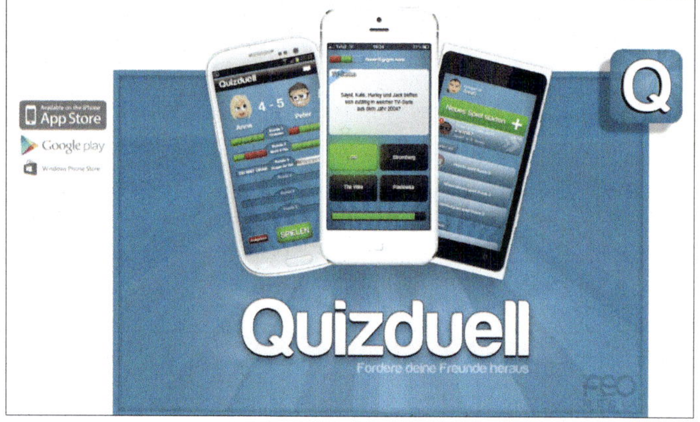

Kleine Games mit großem Erfolg: Unkomplizierte Spiele wie „Candy Crush Saga" und „Quizduell" sind ein beliebter Zeitvertreib für zwischendurch.

Digitale Spiele für alle

Ein weiterer wichtiger Baustein im jugendlichen Medienensemble sind Spiele jeglicher Art: Egal ob am PC, auf der Konsole oder am Smartphone, gespielt wird auf verschiedenste Arten und Weisen.

Dabei ist ein Wandel in der Produktion und Rezeption von digitalen Games zu beobachten: Zunächst lieferte sich die Computer- und Videospielindustrie jahrelang einen „Schneller-höher-weiter-Wettbewerb“, der immer aufwendigere, grafisch und inhaltlich anspruchsvollere Spiele hervorbrachte.

Spiele für Smartphones, Onlineportale und soziale Netzwerke setzen hingegen meist auf das genaue Gegenteil: Sie sind schlicht und unkompliziert, erinnern in ihrer grafischen Gestaltung an frühe Games für Atari oder C64, haben weder eine komplexe Story noch erfordern sie von den Spielern außergewöhnliche Fertigkeiten. Jeder kann problemlos in ein solches Spiel einsteigen, weiß nach kurzer Zeit, worum es geht, und kann auch bald erste Erfolge feiern. Hinzu kommt, dass die Spiele ähnlich strukturiert sind wie die Tamagotchis in den Neunzigern: Sie führen ein eigenes virtuelles Leben, sodass sie sich nicht einfach zur Seite legen lassen. Wer einmal zu spielen beginnt, muss sich immer wieder mit dem Game beschäftigen und seinen Spielfiguren Aufmerksamkeit widmen, damit diese nicht verkümmern. Dieses Spielprinzip ist aus pädagogischer Sicht nicht unbedenklich, da es die Gefahr exzessiver Mediennutzung oder Mediensucht birgt (darauf gehen wir in Kapitel 8 näher ein).

Dank der Unkompliziertheit gelang es der Branche, neue Kundengruppen zu erschließen: Waren Gamer bislang überwiegend jung und männlich, so spielen nun zunehmend auch Mädchen und Frauen sowie ältere Nutzer. Für sie gibt es zum einen die typischen klischeebeladenen „Mädchenspiele“, zum anderen aber auch Spiele, die aufgrund ihres universalen Inhalts unterschiedlichste Zielgruppen ansprechen: Beispiele dafür sind die Wirtschafts- und Bauernhofsimulation FarmVille sowie das Puzzlespiel Candy Crush Saga, das nicht nur als Handy-App, sondern auch als Online- und Facebook-Game verfügbar ist. Auch das Quizduell lässt sich in diese Reihe stellen, das Anfang 2014 zu einem Quizboom auf deutschen Smartphones sorgte und später sogar als TV-Show adaptiert wurde.

Social Games wie Clash of Clans und Sims FreePlay sind zwar kostenlos installierbar, es locken jedoch zahlreiche In-App-Käufe.

Games go social

Der Begriff „Social Games", also „soziale Spiele", klingt zunächst tautologisch. Beinhalten Spiele nicht immer ein soziales Element, da man ja immer zusammen oder gegeneinander spielt? Im Fall der Computerspiele musste der Aspekt des Sozialen jedoch erst wieder eingeführt werden, schließlich waren die meisten Spiele nur für je eine Person angelegt. Bei „Social Games" spielt die Interaktion mit befreundeten Mitspielern jedoch eine entscheidende Rolle, beispielsweise wenn man Quizduell gegen seine Freunde, Eltern oder gar Lehrer spielt oder wenn man bei FarmVille die Hilfe befreundeter Spieler in Anspruch nimmt, die mit virtuellen Gütern auf der eigenen Farm aushelfen.

Auf die Erfolgswelle des Social Gaming sind rasch auch etablierte Spielehersteller aufgesprungen, z. B. Electronic Arts, einer der weltweit größten Computerspielkonzerne. Die Firma vertreibt unter anderem Die Sims, das bislang meistverkaufte Game der Welt, und veröffentlichte „The Sims Social" als Onlinegame und „Sims Freeplay" als Smartphone- und Tablet-App. Die Spielebranche erkennt also die Zeichen der digitalen Zeit und versucht, sich frühzeitig auf neue Herausforderungen einzulassen, anstatt später (wie die Musik- und Filmindustrie) über Umsatzverluste klagen zu müssen. Social Games stellen durchaus eine Konkurrenz für die etablierten Spielehersteller dar, insofern ist es nur verständlich, dass diese selbst in das rentable Geschäft einsteigen.

Doch wie lässt sich mit kostenlos angebotenen Spielen Geld verdienen? Mithilfe eines kleinen Tricks: Die Spieler gelangen früher oder später an einen Punkt, an dem sie mit kostenpflichtigen Extras schneller und müheloser die nächste Erfolgsstufe erreichen als ohne Geldeinsatz. Das Prinzip lautet also, die Spieler mit einem kostenlosen Angebot zu locken (dem sogenannten free2play), um ihnen später kleinere Beträge abzuknöpfen, die sich global betrachtet zu beträchtlichen Einnahmen summieren. Sie bzw. Ihre Kinder müssen an dieser Stelle darauf achten, dass die In-App-Käufe (also die Ausgaben innerhalb eines Spiels), die später vom Handykonto oder der Kreditkarte abgebucht werden, einen gemeinsam abgesprochenen Finanzrahmen nicht überschreiten. (Mehr dazu in Kapitel 11.)

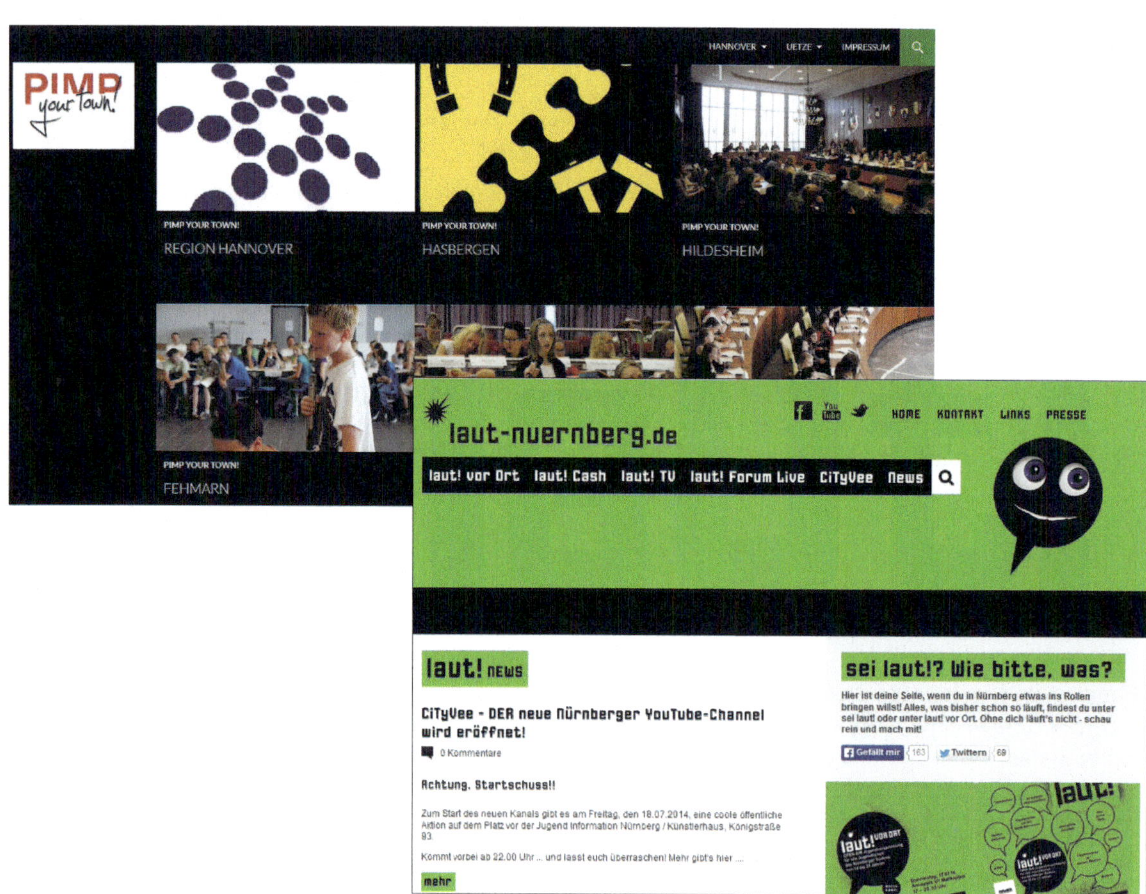

Partizipation on- und offline, z.B. via *www.pimpyourtown.de* und *www.laut-nuernberg.de*.

E-Partizipation und politische Beteiligung

Im pädagogischen Bereich beschreibt Partizipation die Einbeziehung von Kindern und Jugendlichen in wichtige Ereignisse und Entscheidungsprozesse für das gemeinsame Zusammenleben. Der Begriff der E-Partizipation bezeichnet die Beteiligung bzw. Teilhabe von Dritten mithilfe digitaler Kommunikationsmittel. So kann Jugendlichen ein grundlegendes Gespür und Verständnis für Demokratie und gemeinschaftliches Miteinander vermittelt werden.

Gezielt eingesetzte Medien bieten eine orts- und zeitunabhängige Möglichkeit, um eigene Beiträge zu bestimmten Prozessen zu leisten. Einige Kommunen, Jugendzentren und auch Schulen nutzen soziale Medien, um die Jugendlichen zu beteiligen. Dabei ist es nicht nur die Geschwindigkeit der Rückmeldung, die E-Partizipation interessant macht, sondern vor allem auch die Option, öffentlich zu etwas Stellung zu beziehen. Die Jugendlichen müssen sich hierfür mit einem Thema beschäftigen, sich damit auseinandersetzen, ihre Position erarbeiten, diese formulieren und vertreten. Das alles sind kommunikative Fähigkeiten und Prozesse, die einen mündigen Menschen ausmachen.

Die heutige Jugend ist nicht per se politikverdrossen und desinteressiert, das zeigen einige E-Partizipationsprojekte, die eine direkte politische Mitwirkung und Beteiligung ermöglichen. Der Verein „Politik zum Anfassen e.V." konzipierte zum Beispiel das Planspiel „Pimp your Town", das hannoverische Schüler in die Rolle von Ratsmitgliedern schlüpfen lässt. Deren Entscheidungen werden dann dem wirklichen Rat als Drucksache vorgelegt, und der gesamte Prozess wird online dokumentiert. Auch beim Projekt Laut! Nürnberg sowie in vielen weiteren Kommunen haben Jugendliche die Möglichkeit, sich online politisch zu beteiligen. Dies setzt allerdings voraus, dass die Beteiligung auch von der anderen Seite, beispielsweise dem Stadtrat, gewollt ist und unterstützt wird.

Soziale Medien haben das Potenzial, die Entwicklung von Jugendlichen auf diesem Gebiet positiv zu beeinflussen. Junge Menschen haben die Möglichkeit, ihre Meinung öffentlich zu sagen und sich politisch zu engagieren, und dies kann heute leichter ermöglicht werden als je zuvor!

Foto: „181/365 "You seen this?" von Matthew Wilkinson (*https://flic.kr/p/fu2eXj*), CC BY-ND-2.0-Lizenz

Handy-Messenger wie WhatsApp sind permanente Begleiter des jugendlichen Alltags.

KAPITEL 4 | WhatsApp & Co.: Mobile Wegbegleiter

Die zunehmende Verbreitung von Smartphones und mobilem Internet als dauerhafte Begleiter von Jugendlichen (und Erwachsenen) fördert nicht nur eine mobile Nutzung etablierter Internetangebote, sondern auch die Entstehung vieler neuer Dienste: Sie laufen ausschließlich auf Smartphones und nutzen das Internet (anstatt das Mobilfunknetz) als Übertragungsweg. Diese Kombination war noch vor wenigen Jahren undenkbar und führt heute zu völlig neuen Kommunikationsformen, die sich der elterlichen Kontrolle immer mehr entziehen.

Eines der populärsten Smartphone-Angebote ist WhatsApp: Dieses Tool dient der interpersonellen Kommunikation mit einem (oder mehreren) Gesprächspartner(n), es funktioniert also ähnlich wie herkömmliche Kommunikationsmedien, z. B. E-Mails oder SMS. Allerdings gibt es von WhatsApp keine Website und keinen Online-Account, der Zugriff ist nur über Smartphones (und auf Umwegen auch über Tablets) möglich.

Diese Entwicklung stellt uns in der Erziehung und der Pädagogik vor neue Herausforderungen, ist doch die elterliche Begleitung an einem mobilen Gerät wesentlich komplizierter als an einem stationären PC. Auch gibt es für Tablets und Smartphones noch weniger technische Hilfsmittel als für einen Computer.

Sobald Kinder und Jugendliche ein eigenes Smartphone haben, entziehen sie sich ein weiteres Stück der elterlichen Beobachtung. Für Sie als Eltern gilt es also, neue, für beide Seiten akzeptable Regeln aufzustellen, um eine Balance zwischen elterlicher Fürsorge und jugendlicher Selbstbestimmung zu finden.

Einfach, persönlich, in Echtzeit – das Erfolgsgeheimnis von WhatsApp.

SMS war gestern, heute gibt es WhatsApp

Was ist die Besonderheit an WhatsApp, die diesen Dienst in so kurzer Zeit so populär gemacht hat? Mit WhatsApp kann ich nicht nur Textnachrichten, sondern auch Fotos, Töne und Videos verschicken. Diese Funktionalität erfüllt auch die MMS (Multi Media Messaging Service), jedoch ist diese relativ teuer, und zudem ist der MMS-Versand zwischen Geräten verschiedener Hersteller oft mit technischen Komplikationen verbunden. Bei WhatsApp funktioniert das reibungslos, die App ist technisch ausgereift und komprimiert sämtliche Mediendateien auf eine akzeptable Größe, die den raschen Versand und eine geringe Belastung der Internet-Datenflatrate ermöglicht. Hinzu kommt, dass ich via WhatsApp nicht nur mit einem Gegenüber, sondern auch mit mehreren Personen kommunizieren kann. So bilden sich feste Gruppen aus einzelnen Klassen, Vereinen, Familien oder Freundeskreisen, die sich regelmäßig auf dem Laufenden halten und sich in Form eines „Smartphone-Chats" über WhatsApp austauschen.

Diese Eigenschaften führten dazu, dass der Dienst, der erst 2009 gegründet wurde, mittlerweile die populärste App auf deutschen Smartphones ist – vor Google, Facebook & Co. Im Sommer 2014 konnte WhatsApp weltweit 500 Millionen Nutzer aufweisen, die täglich mehr als 17 Milliarden Nachrichten verschickten.

Doch während sich Millionen Smartphone-User als begeisterte WhatsApp-Kunden erweisen, sind die Mobilfunkanbieter über diese Entwicklung wenig glücklich, weil sich mit ihr ein wichtiger Baustein ihres Geschäftsmodells marginalisiert: SMS bzw. MMS. Der Versand dieser Kurznachrichten kostete zwischen 19 und 39 Cent, schließlich wurden „Flatrates" eingeführt, die verschickte Nachrichten zum Pauschalpreis offerierten. Diese Modelle sind heute obsolet, da WhatsApp ein unverhältnismäßig günstiges Kostenmodell bietet: Die Nutzung dieser App kostet, je nach Smartphone-Betriebssystem und Zeitpunkt der Erstinstallation, maximal 89 Cent pro Jahr, darin ist der Versand unbeschränkt vieler Nachrichten inbegriffen. Zu beachten ist nur, dass der Dienst über das Internet läuft, das heißt, die User benötigen entweder einen WLAN-Anschluss oder eine Online-Flatrate, um zusätzliche Kosten zu vermeiden.

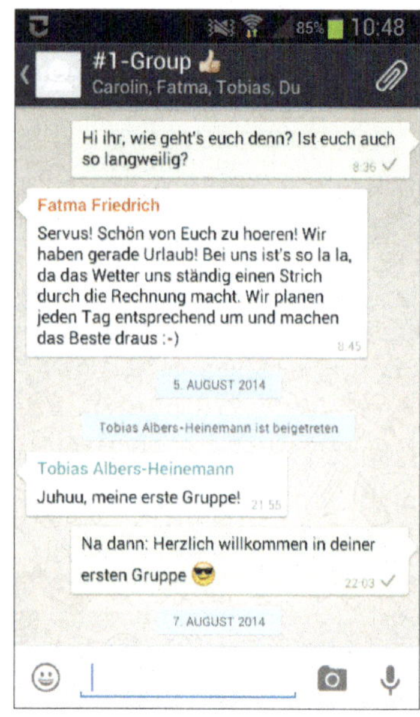

Die Kommunikationsmöglichkeiten von WhatsApp: Gruppen, Chats und Broadcasts.

Kommunizieren im Chat, in Gruppen, als Broadcast

Die Kommunikation via WhatsApp ist derzeit auf drei verschiedenen Wegen möglich: als Chat, als Gruppen-Chat und über Broadcast-Listen. Doch was verbirgt sich konkret hinter diesen Bezeichnungen?

- Chat steht für die interpersonelle Kommunikation unter vier Augen. Ich schreibe einer Person, sie antwortet mir, so geht das hin und her, und da es in Echtzeit geschieht und auch optisch an die klassische Chat-Form erinnert, trägt diese Form des Austauschs auch bei WhatsApp den Namen „Chat". Neu ist hier lediglich, dass ich neben Textnachrichten auch Fotos, Videos und Tonaufnahmen verschicken kann.
- Ein Gruppen-Chat ist demzufolge der Austausch unter mehreren Personen, vergleichbar mit einer E-Mail-Verteilerliste. Allen Gruppenmitgliedern ist bekannt, wer sich noch in der Gruppe befindet, und alle können Nachrichten an alle anderen verschicken. Ein Knopfdruck genügt, und ich kann mit zig Personen Nachricht, Foto, Audio oder Video teilen. So kann ich beispielsweise in der Gruppe „7b" allen Klassenmitgliedern die Hausaufgaben oder ein witziges Foto schicken.
- Die Broadcast-Funktion ist eine interessante Neuerung: Sie steht für einen One-to-many-Kommunikationsweg, also eine (multimediale) Nachricht, die von einem Sender an mehrere Empfänger verschickt wird. Im Gegensatz zur Gruppe erkennen die Empfänger jedoch nicht, dass die Nachricht über eine Broadcast-Liste verschickt wurde, da sie bei ihnen im normalen Chat-Fenster angezeigt wird. Die Empfänger einer Broadcast-Liste sind nur dem Sender bekannt, der auf diesem Weg beispielsweise Urlaubsgrüße an diverse Bekannte verschicken kann, ohne allen einzeln schreiben zu müssen.

SPIEGEL ONLINE NETZWELT

Login | Registrierung

Politik | Wirtschaft | Panorama | Sport | Kultur | Netzwelt | Wissenschaft | Gesundheit | einestages | Karriere | Uni | Schule | Reise | Auto

Nachrichten > Netzwelt > Netzpolitik > Facebook > Facebook kauft Konkurrenten WhatsApp für Milliardenbetrag

Milliarden-Übernahme: Facebook kauft Konkurrenten WhatsApp

AP/dpa

Apps von WhatsApp und Facebook auf einem Smartphone: SMS-Alternative WhatsApp wird vom sozialen Netzwerk übernommen

Das weltgrößte soziale Netzwerk kauft den Kurzmitteilungsdienst WhatsApp. Insgesamt 19 Milliarden Dollar lässt Facebook sich die Übernahme der Konkurrenz kosten - der bisher größte Zukauf des Internetkonzerns.

Mittwoch, 19.02.2014 – 23:29 Uhr

Teilen | Empfehlen 15.295 | Twittern 617 | g+1

Der Aufkauf von WhatsApp durch Facebook sorgte im Februar 2014 für Schlagzeilen.

WhatsApp – ein (Alp-)Traum

Für Millionen Smartphone-User ist WhatsApp ein Traum, die perfekte App: Sie funktioniert unkompliziert und reibungslos, erfüllt wichtige Zwecke (Kommunikation und Dateiaustausch), und sie ist noch dazu werbefrei! Gegen die geringe Jahresgebühr von weniger als ein Euro erhält man einen umfangreichen Dienst, der nicht nach dem üblichen Muster der Werbefinanzierung läuft, sondern komplett frei von nervenden Bannern, Anzeigen und Pop-ups ist. Wo keine Werbung stattfindet, gibt es auch keine personalisierte Werbung, und so löst sich auch ein anderes Problem scheinbar in Luft auf: Während Facebook, Google & Co. kein Geheimnis daraus machen, möglichst viele Userdaten zu speichern und auszuwerten, betonten die WhatsApp-Gründer Jan Koum und Brian Acton in Interviews, dass sie keinerlei Daten sammelten. Sie hätten ja keine Verwendung für diese Daten, da sie keine personalisierte Werbung schalten, so die offizielle Begründung.

An dieser Stelle ist jedoch Skepsis angebracht, spätestens seit WhatsApp durch Facebook aufgekauft wurde. Der Erfolg der kleinen App war dem Netzwerkriesen offenbar unheimlich, sodass der Zuckerberg-Konzern im Februar 2014 zuschlug und für WhatsApp die Rekordsumme von rund 19 Milliarden Dollar auf den Tisch legte.

Zudem war WhatsApp in seinen Anfangsjahren durch gravierende Sicherheitslücken aufgefallen: Die Nachrichten wurden anfangs unverschlüsselt übertragen, sodass andere User, die z.B. dasselbe WLAN-Netz nutzten, die versendeten Nachrichten auf Umwegen mitlesen konnten. Zudem kursierten bald Hacking-Tools, die es erlaubten, einen Account zu übernehmen und unter fremdem Namen zu schreiben. Zu allem Übel gab es auch noch eine Sicherheitslücke, die Eindringlingen den Zugriff auf Bezahldienste wie PayPal erlaubte.

Diese Probleme wurden mittlerweile offensichtlich gelöst, die Anbieter haben angeblich entsprechende Sicherheitslücken geschlossen. Doch auch wenn die Anbieter in puncto Sicherheit nachgebessert haben, so gibt es mit Blick auf den Datenschutz einige weitere problematische Punkte, die wir auf der Folgeseite erläutern.

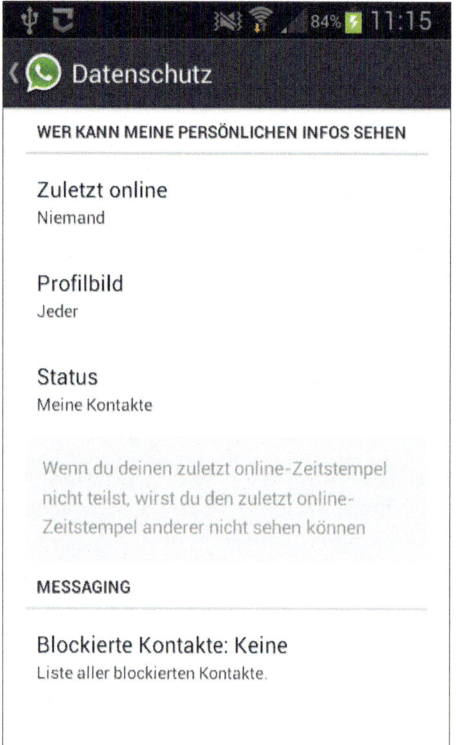

84% 10:53

You affirm that you are either more than 16 years of age, or an emancipated minor, or possess legal parental or guardian consent, and are fully able and competent to enter into the terms, conditions, obligations, affirmations, representations, and warranties set forth in these Terms of Service, and to abide by and comply with these Terms of Service. In any case, you affirm that you are at least 16 years old as the WhatsApp Service is not intended for children under 16. If you are under 16 years of age, you are not permitted to use the WhatsApp Service. You further represent and warrant that you are not located in a country that is subject to a U.S. Government embargo, or that has been designated by the U.S. Government as a" terrorist-supporting" country, and that you are not listed on any U.S. Government list of prohibited or restricted parties. WhatsApp is the developer of the Service, with an address at 3561 Homestead Road, #416, Santa Clara, CA 95010-5161, info at whatsapp.com.

In den Datenschutz-Einstellungen (links) lassen sich zumindest ein paar Details einstellen.
Wer die AGBs (rechts) gelesen hat, weiß, dass WhatsApp eigentlich ein Alter von 16 Jahren voraussetzt.

Privatsphäre und Zugriffsrechte bei WhatsApp

Eine oft kritisierte Funktionalität von WhatsApp ist, dass sich der Dienst nach seiner Installation Zugang zum kompletten Smartphone-Adressbuch verschafft und diese Adressen mit dem Datenpool auf dem eigenen Server abgleicht. Auch weitere Zugriffsrechte stehen in der Kritik: der Zugriff auf das Mikrofon, die Ortungsdienste oder auch das Fotoalbum. Hierbei muss man allerdings beachten, dass diese Zugriffsrechte benötigt werden, um bestimmte Funktionen wirksam werden zu lassen. Für den Versand von Sprachnachrichten ist nun mal ein Zugriff auf das Mikrofon erforderlich, um zu sehen, wer von den Freunden ebenfalls WhatsApp nutzt, braucht das Programm einen Zugriff auf das Adressbuch, für den Versand von Bildern den auf das Fotoalbum.

Das Problem hierbei ist die Tatsache, dass niemand kontrollieren kann, wann von diesen Rechten Gebrauch gemacht wird. An dieser Stelle bleibt lediglich das Vertrauen in die Aussagen der Betreiber, die diese Rechte angeblich nicht über ein erforderliches Maß hinaus beanspruchen.

Auch gibt es bislang keine einheitlichen Privatsphären-Einstellungsmöglichkeiten. Während iOS-Benutzer in den Einstellungen ihres Geräts den Zugriff auf Kontakte, Kalender und Ortungsdienste deaktivieren können, müssen Android-Nutzer mit dem allumfassenden Zugriff der App leben. Im Bereich Datenschutz können Benutzer lediglich einstellen, wer das Profilbild sehen kann, den aktuellen Status und den Zeitpunkt, an dem man das letzte Mal online war.

Geradezu aberwitzig ist die Tatsache, dass die WhatsApp-Nutzung laut AGBs erst ab einem Alter von 16 Jahren erlaubt ist. Allerdings wird an keiner Stelle das Alter abgefragt, und den wenigsten Usern ist diese Vorgabe überhaupt bekannt, was wohl vor allem auch daran liegt, dass die AGBs lediglich in englischer Sprache vorliegen. So sorgen Übersetzungsfehler immer wieder für falsche Panik, wie beispielsweise das Gerücht über die Abgabe sämtlicher Rechte beim Versand von Bildern über den Messenger. In dieser Passage der AGBs geht es aber gar nicht um die versendeten Fotos, sondern um die eingeschränkten Nutzungsrechte für das Profilfoto und den selbst gewählten Nutzernamen.

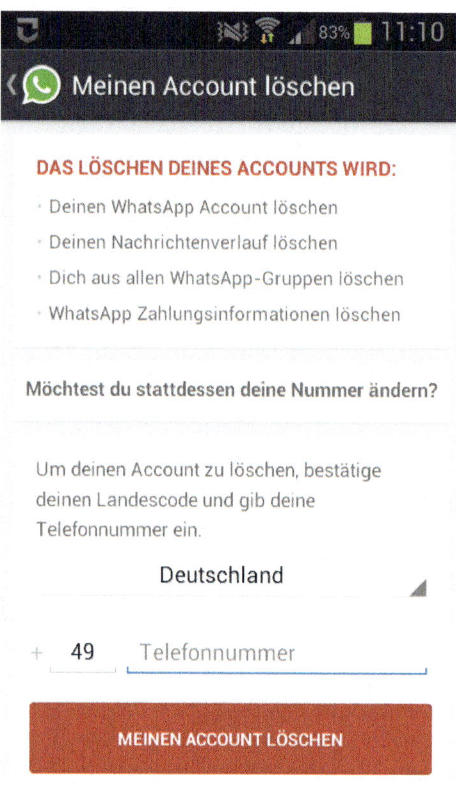

11:10
Meinen Account löschen
DAS LÖSCHEN DEINES ACCOUNTS WIRD:
Deinen WhatsApp Account löschen
Deinen Nachrichtenverlauf löschen
Dich aus allen WhatsApp-Gruppen löschen
WhatsApp Zahlungsinformationen löschen
Möchtest du stattdessen deine Nummer ändern?
Um deinen Account zu löschen, bestätige deinen Landescode und gib deine Telefonnummer ein.
Deutschland
+ 49
Telefonnummer
MEINEN ACCOUNT LÖSCHEN

Der Account lässt sich löschen. Was mit den übertragenen Daten passiert, bleibt fraglich.

Löschen des WhatsApp-Accounts

Wenn ich nun feststelle, das WhatsApp für mich doch nicht das ideale Medium ist, oder ich mit neuen Entwicklungen dieses Diensts nicht einverstanden bin, wie kann ich dann meinen Account wieder löschen?

Es reicht nicht, die App einfach zu deinstallieren, denn dann bleibt das Nutzerkonto erhalten. Jedoch ist das Löschen eines WhatsApp-Kontos relativ unkompliziert:

- An Android-Geräten öffnet man innerhalb der App das Menü, wählt dort Einstellungen & Account und klickt dann auf Meinen Account löschen. Anschließend muss man seine Nummer eingeben, und zwar im internationalen Format, also z.B. +49 176 1234567.
- Am iPhone geht man in der App zu den WhatsApp Einstellungen, dort zu Account und wählt dann Meinen Account löschen. Anschließend wird man ebenfalls noch zur Eingabe der Nummer aufgefordert.
- In Windows Phones öffnet man ebenfalls das App-Menü, geht auf Einstellungen & Account und dann auf Account löschen. Dann die Handynummer eingeben und bestätigen.

Wenn diese Schritte durchlaufen sind, kann die App deinstalliert werden, der gelöschte Account wird dann nicht mehr in den Adressbüchern der Kontakte angezeigt.

Eine Frage, die unbeantwortet bleibt, ist, ob WhatsApp auch alle Userdaten von seinen Servern löscht oder ob diese archiviert bleiben. Man muss wohl von Letzterem ausgehen.

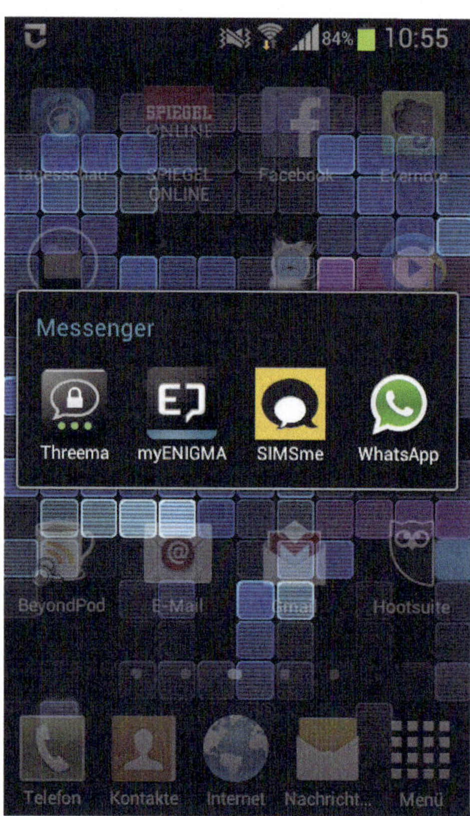

Es gibt auch Alternativen zu WhatsApp!

Mögliche Alternativen zu WhatsApp

Spätestens seit dem Kauf von WhatsApp durch Facebook sind sehr viele Alternativen im Gespräch. Das Bedürfnis nach Privatsphäre und sicherer Kommunikation ist spürbar gestiegen, was einerseits an der Fusion der genannten Dienste, andererseits auch an der Aufdeckung der Spähtätigkeit durch die NSA lag. Ein paar wenige Messenger waren oft im Gespräch und wurden im Internet als „DIE Alternativen" zu WhatsApp gehandelt. Threema, MyEnigma, TextSecure und SIMSme, der Messenger der Deutschen Post, sind nur einige Beispiele, die eine sichere mobile Kommunikation anpreisen. Auch im Bereich der Internettelefonie gibt es mit Redphone für Android und Signal für iOS zwei Apps, die sichere und verschlüsselte Telefonate anbieten.

Der Vorteil dieser „sicheren" Messenger liegt jedoch nicht in eingeschränkteren Zugriffsrechten auf das Smartphone, denn diese sind genau wie bei WhatsApp abhängig vom Funktionsumfang, sondern in der angewendeten Verschlüsselung, die es nur dem Sender und dem Empfänger ermöglichen soll, die Nachrichten zu lesen, nicht aber dem Anbieter, dem Serverbetreiber oder irgendwelchen Dritten. So die Aussage der Anbieter, denn auch hier ist es schlecht möglich, dies nachzuprüfen, da der Quellcode der Apps geschlossen ist. (Lediglich TextSecure arbeitet mit Open-Source-Code, die App ist aber derzeit nur für Android erhältlich.) Wollten wir also zu 100% sichergehen, müssten wir uns einen bedienerfreundlichen und plattformübergreifenden Open Source-Messenger mit einer anerkannten Verschlüsselung installieren, den es aber zum aktuellen Zeitpunkt noch nicht gibt.

Letztendlich müssen wir also entscheiden, ob wir einem Anbieter vertrauen wollen und welchen seiner Versprechen und wie sensibel die Nachrichten sind, die wir verschicken. Was unsere Daten angeht, geben wir diese auch bei angeblich sicheren Alternativen in die Hände einer Firma, die jederzeit – sollte sie mal interessant und wichtig genug werden – von einem anderen Internetgiganten aufgekauft werden kann. Am Geld wird es in dieser Branche nicht scheitern.

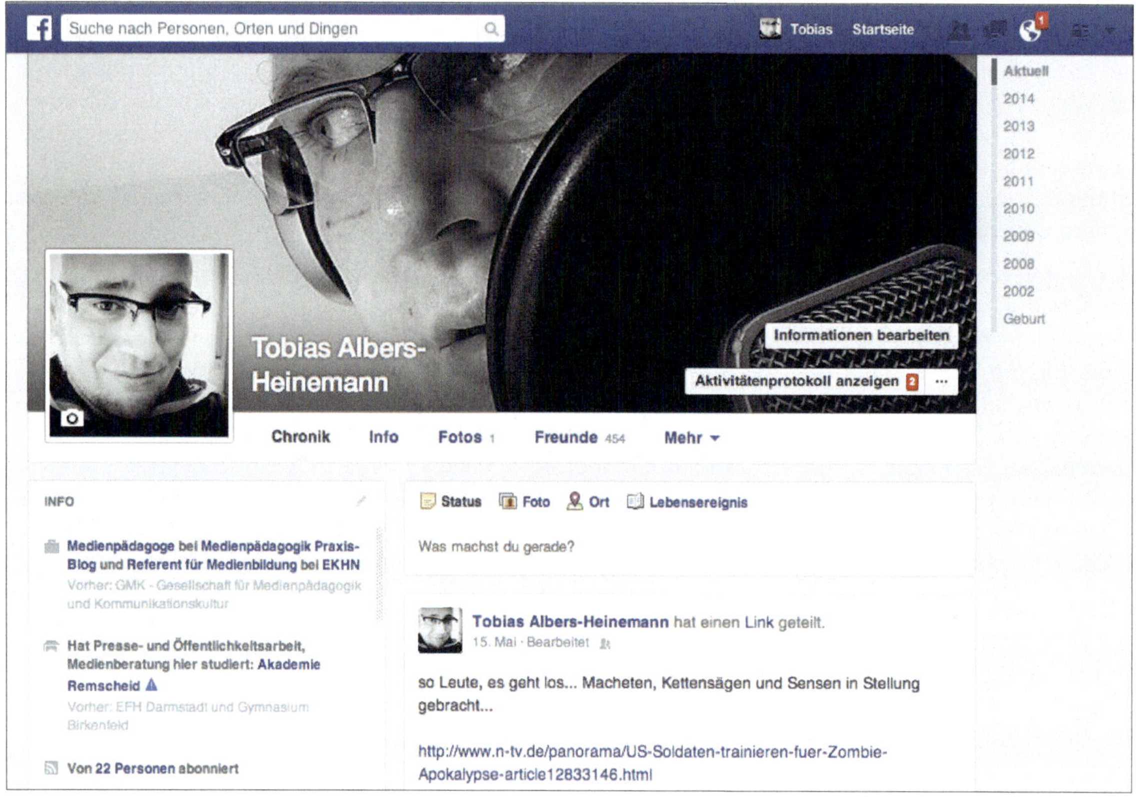

Beispiel für ein Facebook-Profil. Mehr darüber sowie über andere Facebook-Phänomene erfahren Sie in diesem Kapitel.

KAPITEL 5 | Facebook – das weltgrößte soziale Netzwerk

Teilen, liken, posten, Chronik, Timeline – das alles sind Facebook-typische Begriffe, die tagtäglich verwendet werden. Einige Begriffe stammen aus dem englischen, andere wiederum aus dem deutschen Sprachraum. Für Menschen, die noch nie oder nur wenig Kontakt mit dem blauen Riesen hatten, entsteht völlig berechtigt ein eher abschreckender Eindruck.

Bereits vorbelastet durch die teilweise amüsanten, aber dennoch sehr unverständlichen Bedienungsanleitungen, die aus dem Japanischen über Englisch ins Deutsche übersetzt wurden, entsteht vielleicht bei einigen Menschen die Frage, wie wir uns als Eltern mit den Funktionen des sozialen Netzwerks auseinandersetzen sollen, wenn wir noch nicht einmal die gängigsten Begrifflichkeiten verstehen, zumal die von Facebook angebotenen Hilfestellungen meist sehr dürftig sind.

Aus diesem Grund möchten wir Ihnen in diesem Kapitel die gängigsten Begriffe für die Verwendung von Facebook näherbringen. Sie werden merken, dass viele Begriffe gar nicht so kompliziert sind, wie sie anfänglich wirken, und die meisten auch selbsterklärend sind.

Allerdings werden Sie auch sehen, dass gleiche Begriffe in unterschiedlichen Zusammenhängen einen anderen Sinn ergeben. Das beste Beispiel hierfür ist das Wort „Öffentlichkeit". Wird ein Beitrag auf Facebook nämlich mit dem Attribut öffentlich versehen, ist er nicht wie bei einer Facebook-Seite für die gesamte Internetwelt sichtbar, sondern nur für Personen mit einem Facebook-Account. Aber dazu später mehr …

Foto: „Facebook Flower" von mkhmarketing (https://flic.kr/p/e1LKVj),

The story of the facebook

Die Geschichte beginnt im Februar 2004 in einem Studentenwohnheim der amerikanischen Eliteuniversität Harvard. Der damals 19-jährige Informatikstudent Mark Zuckerberg hatte im Oktober 2003 ein Portal namens „Facemash.com" gestartet, auf dem Studierende nach dem Prinzip „hot or not" bewertet werden konnten, das jedoch aufgrund zahlreicher Proteste bald wieder eingestellt werden musste. So entwickelte Zuckerberg zusammen mit drei Freunden das Konzept eines Onlinejahrgangsbuchs für Studierende. Am 4. Februar 2004 startete die Website „thefacebook.com" an der Harvard University.

Bald wurde das Angebot aufgrund der großen Nachfrage auch auf andere Universitäten in den USA ausgeweitet. Bereits im Dezember 2004, also nur zehn Monate nach dem Startschuss, hatten sich 1 Million Studierende bei Facebook angemeldet, und das Netzwerk öffnete die virtuellen Tore bald auch für Nicht-Studierende. Im Jahr 2008 expandierte Facebook ins Ausland und veröffentlichte eine spanische, eine englische, eine deutsche und eine französische Version seines Angebots. Im Herbst 2012 wurde die magische Grenze von 1 Milliarde Nutzern durchbrochen, heute sind es weltweit rund 1,4 Milliarden, darunter rund 26 Millionen Deutsche.

Zuckerberg treibt den Ausbau seines Unternehmens geschickt voran und hält bis heute die Fäden fest in der Hand. Doch er machte sich mit seinem Aufstieg natürlich auch Feinde, beispielsweise gab es bereits zum Start von Facebook die Anschuldigung, Zuckerberg hätte Ideen von Kommilitonen geklaut, die ein ähnliches Projekt namens „ConnectU" planten. Das eingeleitete Gerichtsverfahren wurde im Jahr 2008 mit einem Vergleich beendet, der Facebook 65 Millionen Dollar kostete. Am Zenit seiner Macht bewies Zuckerberg seinen ökonomischen Instinkt, indem er Konkurrenzdienste aufkaufte, die vor allem bei jungen Internetnutzern populär waren. Im Herbst 2012 wurde der Fotodienst Instagram geschluckt, im Februar 2014 der Kommunikationsdienst WhatsApp.

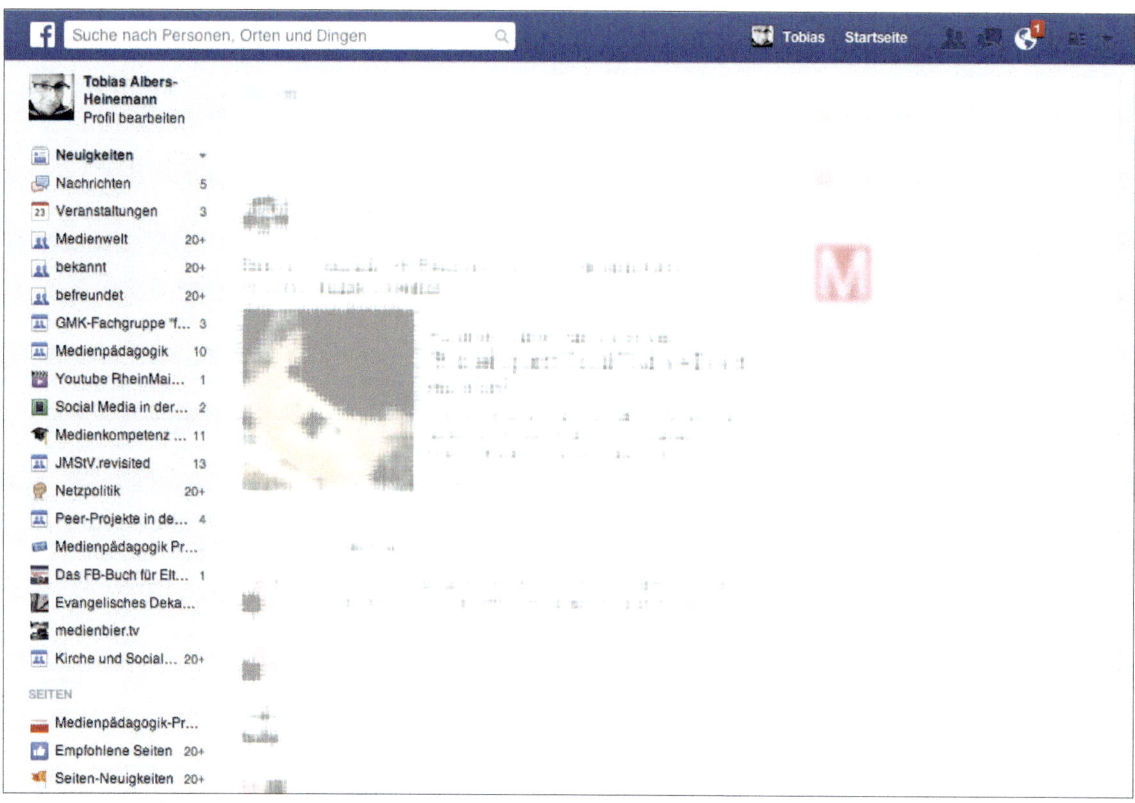

Mit der Navigationsleiste bewegen wir uns auf Facebook.

Die Oberfläche – Teil 1: den Überblick behalten

Die Oberfläche von Facebook wirkt auf den ersten Blick etwas verwirrend, was sich allerdings relativiert, wenn man sich etwas näher damit beschäftigt. Zusammenfassend lässt sich die Oberfläche in drei Teile splitten, die wir auf den nächsten Seiten jeweils einzeln behandeln werden. Diese Unterteilung ist auch deshalb wichtig, da im Laufe des Buchs die Begriffe Navigationsleiste, Newsfeed und Liveticker immer mal wieder vorkommen werden.

Der erste linke Teil ist im Prinzip die Navigationsleiste, mit der Sie sich auf Facebook bewegen und auf der Sie über Neuigkeiten informiert werden.

Rechts oben erhalten Sie einen Hinweis, sobald jemand Ihnen eine Freundschaftsanfrage stellt, Ihnen eine Nachricht schreibt oder irgendein Ereignis direkt mit Ihnen zu tun hat.

Der Bereich darunter dient der Navigation durch Facebook und den damit verbundenen Angeboten, wie z.B. Gruppen, Seiten, Freundeslisten usw. Diese werden wir im Laufe des Kapitels aber noch einzeln vorstellen.

In diesem Bereich sehen Sie auch durch die blau hinterlegte Zahl neben einer bestimmten Gruppe oder einer Seite, ob und wie viele neue Beiträge es in diesem Bereich gibt, und können so immer auf dem Laufenden bleiben.

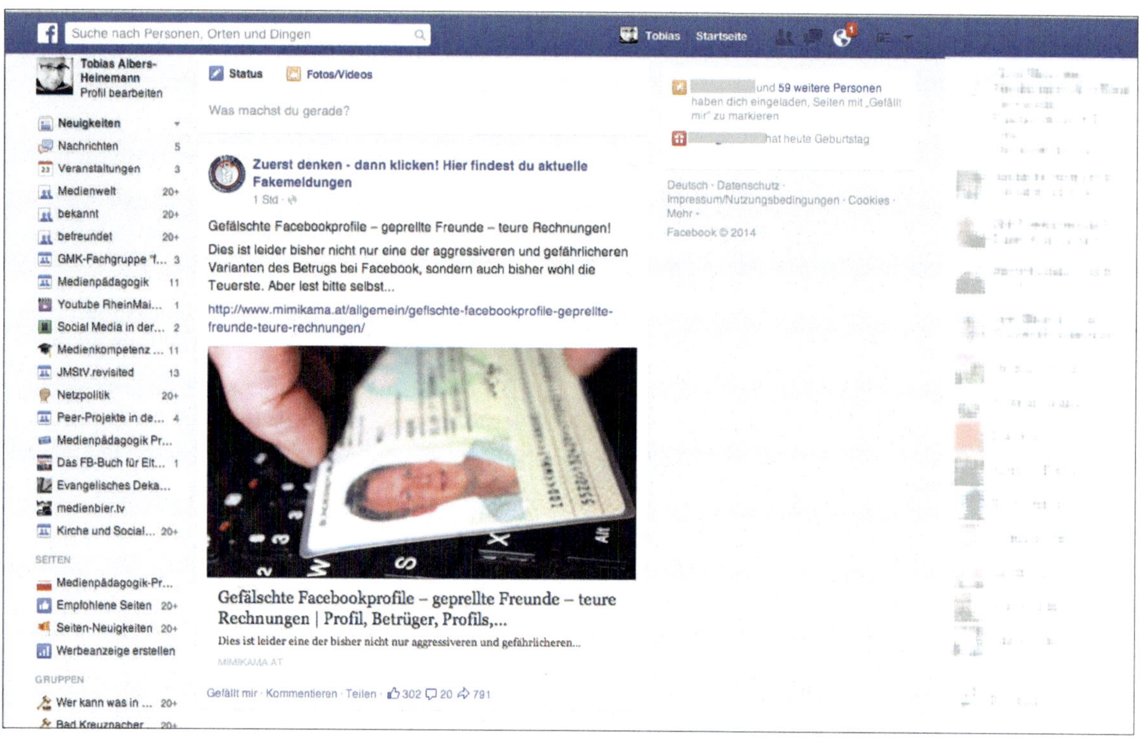

Im Newsfeed sehen Sie die Beiträge Ihrer Facebook-Freunde.

Die Oberfläche – Teil 2: der Newsfeed

Mit der Facebook-Suche ganz oben links können Sie nach Freunden, Gruppen oder Seiten innerhalb des Netzwerks suchen. Haben Sie beispielsweise einen Bekannten gefunden, können Sie ihm eine Freundschaftsanfrage senden. Wird dieser zugestimmt, sehen Sie von nun an die Statusmeldungen Ihres neuen Freundes in Ihrem Newsfeed, der Auflistung aller Statusmeldungen Ihrer Facebook-Freunde im mittleren Bereich der Oberfläche. Sie können die Beiträge Ihrer Freunde kommentieren, teilen und mit Gefällt mir markieren.

Der gesamte mittlere Teil ist im Prinzip das Herzstück Ihrer Facebook-Oberfläche. Er unterteilt sich in das Eingabefeld für Statusmeldungen, den Newsfeed und in den Bereich für Hinweise, Vorschläge und Werbeeinblendungen.

Selbst etwas veröffentlichen können Sie im Eingabefeld für Statusmeldungen. Eine solche Veröffentlichung wird auch Post oder Posting (englisch für Beitrag) genannt. Neben Textinhalten haben Sie die Möglichkeit, Fotos oder Videos hochzuladen oder beispielsweise eine Umfrage zu starten. Bitte beachten Sie hierbei unbedingt die in Kapitel 9 genannten Hinweise zu Bild- und Urheberrechten sowie zu Einstellungsmöglichkeiten zur Wahrung Ihrer Privatsphäre.

Im Laufe des Buchs werden Sie merken, dass Facebook jede Menge Informationen über seine Mitglieder hat. Je länger Sie Facebook nutzen, desto mehr werden Sie Vorschläge über neue Freunde sowie Werbung erhalten, die auf Sie abgestimmt sind. Außerdem werden von Facebook die Beiträge Ihrer Freunde aufgrund der enormen Anzahl neuer Veröffentlichungen nach Wichtigkeit und Grad der Interaktion gefiltert. Das heißt: Je weniger Sie mit einer Person zu tun haben, desto weniger wahrscheinlich ist es, dass ihre Beiträge in Ihrem Newsfeed auftauchen.

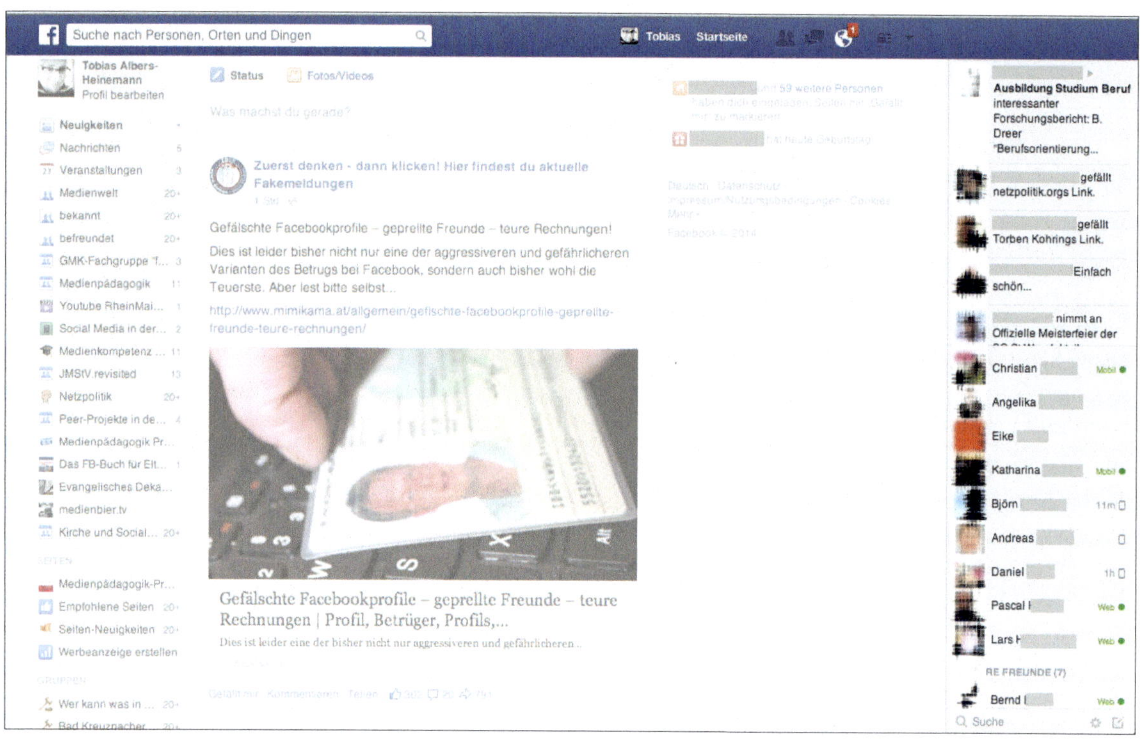

In der Chatleiste sehen Sie die Ihrer Facebook-Freunde, die gerade online sind.

Die Oberfläche – Teil 3: Liveticker und Chatleiste

Der dritte und letzte Bereich unserer Facebook-Oberfläche unterteilt sich in den Liveticker und die Chatleiste.

Der Liveticker steht allen Facebook-Benutzern mit mehr als 100 Freunden zur Verfügung und verschafft ihnen einen Überblick über die Aktivitäten ihrer Kontakte. Immer wenn einer der Facebook-Freunde auf Gefällt mir klickt, eine Seite teilt oder einen Kommentar schreibt, erscheint das in diesem Feld.

Die Chatleiste zeigt uns an, welche unserer Freunde gerade online sind. Mit einem Klick auf den entsprechenden Namen können Sie direkt einen Chat starten oder eine Nachricht senden. Der grüne Punkt neben einem Namen zeigt Ihnen den aktiven Onlinestatus an.

Bitte bedenken Sie, dass auch Sie bei Ihren Freunden in der Chatleiste erscheinen, sobald Sie online sind. Wenn Sie das nicht wünschen, können Sie über das Zahnradsymbol am Fuße der Chatleiste die erweiterten Einstellungen aufrufen und den Chat entweder für ausgewählte Facebook-Freunde aktivieren oder ihn komplett ausschalten.

Ist der Chat deaktiviert, landen die Nachrichten im Posteingang und können zu einem späteren Zeitpunkt abgerufen werden. Das ist beispielsweise sehr sinnvoll, wenn Sie aus schulischen oder beruflichen Gründen die eine oder andere Facebook-Gruppe ohne Ablenkung nutzen wollen.

Mit Ihrem Profil stellen Sie sich der Facebook-Öffentlichkeit vor.

Profil, Chronik, Timeline und Pinnwand

Ihr Profil ist der Bereich in Facebook, auf dem Sie sich anderen Facebook-Nutzern vorstellen. Ihr Profil erreichen Sie, indem Sie rechts oben neben Ihrem Profilfoto auf Ihren Namen klicken. Dort werden alle Beiträge von Ihnen angezeigt, also Statusmeldungen, Fotos, Ihre Gefällt mir-Angaben usw.

Die Pinnwand ist der Teil Ihres Profils, der die von Ihnen geschriebenen Statusmeldungen enthält. Dieser wird auch Chronik genannt, da nach einer grundlegenden Umstellung der Ansicht im Jahr 2012 alle Ihre Beiträge in chronologischer Reihenfolge angezeigt werden, in der sogenannten Timeline (Zeitstrahl). Diese Umstellung brachte aber auch mit sich, dass in Vergessenheit geratene Beiträge wieder erschienen und für alle Facebook-Freunde sichtbar waren. Längst vergessene Äußerungen zu bestimmten Personen sorgten für erneute Reibereien. Am Ende dieses Kapitels zeigen wir Ihnen, wie Sie Ihr Publikum für ältere Beiträge einschränken!

Stellen Sie sich Ihr Profil einmal als frisch gestrichene Wand in Ihrem Zimmer vor. Diese Wand ist weiß und langweilig, daher wollen Sie, dass sie individuell gestaltet wird und etwas über Sie als Person aussagt. Also hängen Sie in die Mitte der Wand eine riesige Pinnwand, an die Sie zum Beispiel Fotos von sich, Ihrem Partner, Freunden oder den Kindern hängen sowie Urkunden, Auszeichnungen und weitere tolle Dinge aus Ihrem Leben. Aber nicht nur Sie können etwas an diese Wand pinnen, auch Freunde, die Sie besuchen kommen, können nun Kommentare, Glückwünsche und Grüße auf dieser Pinnwand hinterlassen. Zudem können Sie entscheiden, wer die Inhalte sehen darf, und können Zielgruppen für einzelne Texte oder Bilder definieren.

Ein buntes und kommunikatives Miteinander – und genau so funktioniert Facebook.

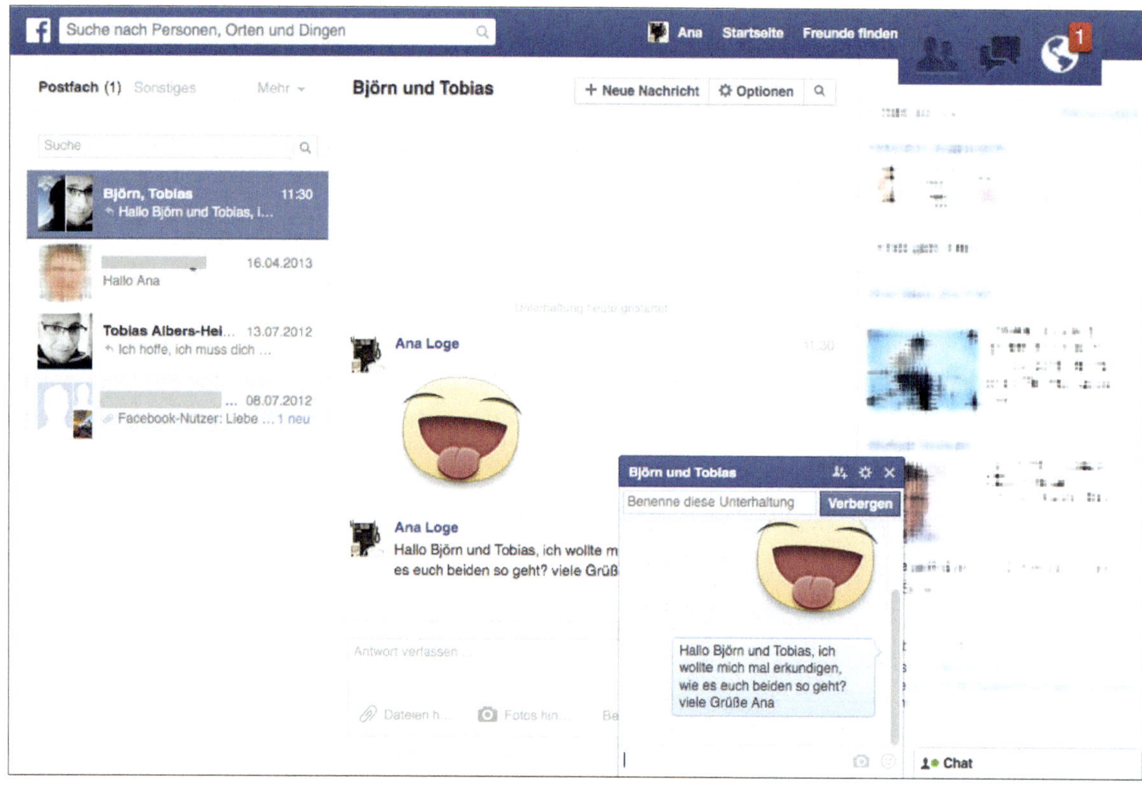

Zentrale der Facebook-Kommunikation: das Nachrichtensystem.

Nachrichten und Chat

Private Nachrichten und Chats sind Teil des Facebook-eigenen Messaging-Systems, und – wie der Name schon sagt – es sind Nachrichten zwischen zwei oder mehreren Personen, die nur von den Beteiligten gelesen werden können, also privat sind. Im Prinzip funktioniert das Ganze wie bei einer E-Mail. Ins Adressfeld werden die Empfänger eingetragen, und es können Fotos oder andere Dateien als „Anhang" verschickt werden.

Ist in der Chatleiste das kleine Handysymbol aktiviert, wird die Nachricht auf ein Smartphone oder Handy gesendet, was bedeutet, dass z.B. Fotos komprimiert versendet werden. Einziger Nachteil gegenüber der klassischen E-Mail ist die Tatsache, dass sich die Nachrichten auf Facebook weder sortieren noch archivieren oder ausdrucken lassen. Dafür erscheint beim Gegenüber, sofern dieser online ist, wie bei einem Chat sofort das Nachrichtenfenster, in das er dann seine Antwort eintippen kann.

Da sich junge Menschen sehr oft auf Facebook bewegen bzw. die Verbindung zu dem Netzwerk über ein Smartphone ständig gehalten wird, liegt die direkte Kommunikation via private Nachricht nahe. Es muss nicht erst ein zweites E-Mail-Programm geöffnet werden, in das dann umständlich Inhalte oder Links eingefügt werden müssen, die sich sowieso schon im Facebook-Netzwerk befinden. Die Facebook-Kommunikation via Smartphone bietet (wie z.B. auch die per WhatsApp) zudem die Möglichkeit eines schnellen Informationsaustauschs per Handy – genau wie bei einer SMS, nur eben kostenlos.

Jedoch muss an dieser Stelle auch erwähnt werden, dass der Inhalt der Nachrichten – genau wie bei anderen großen E-Mail-Providern – gescannt wird. Mitte 2012 sorgte Facebook mal wieder für einen datenschutzrechtlichen Aufschrei, nachdem bekannt wurde, dass private Nachrichten nach kriminellen Aktivitäten und Begriffen gescannt wurden. Dies geschieht durch eine automatisierte Software und hat das Ziel, kriminelle Aktivitäten und sexuelle Übergriffe im Vorfeld aufzudecken.

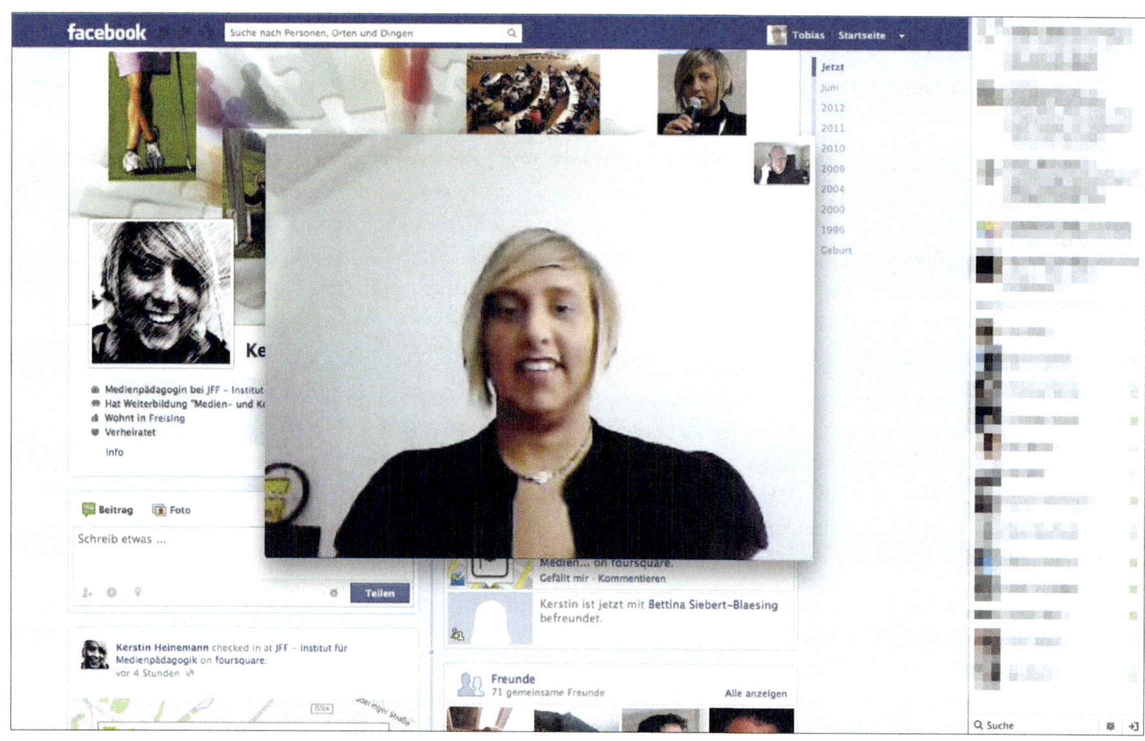

Auch Videotelefonate sind über Facebook möglich.

Video-Call

Chatten und Nachrichten sind nicht die einzigen Funktionen, um mit anderen Personen direkt in Kontakt zu treten. Bereits 2011 hat Facebook den Videotelefoniedienst Skype in das Programm eingebunden und ermöglicht seinen Mitgliedern so, sich von Angesicht zu Angesicht zu unterhalten. Als technische Voraussetzung benötigen Sie hierfür lediglich eine Webcam und ein Headset.

Skype ist ein zu Microsoft gehörender Dienst, der kostenlose Videotelefonate über das Internet ermöglicht. Um diese Funktion auch in Facebook nutzen zu können, muss ein kleines kostenloses Programm installiert werden, das unter http://www.facebook.com/videocalling/ heruntergeladen werden kann.

Ist nun ein Facebook-User mit einem Computer online, auf dem das Plug-in installiert wurde, erscheint in seinem Profil der Button Anrufen. Mit einem Klick darauf kann der Video-Chat gestartet werden.

Der kostenlose Anruf kann aber nicht nur über das jeweilige Profil getätigt werden. Sofern oben genanntes Zusatzprogramm installiert ist, wird im Chat-Fenster ein Videokamerasymbol angezeigt, das einen direkten Videoanruf ermöglicht.

Die Qualität eines Gesprächs ist jedoch von mehreren Faktoren abhängig: Die Internetverbindung, die Qualität des Mikrofons und der Kamera sowie die momentane Serverauslastung können Störungen und Verbindungsproblemen verursachen.

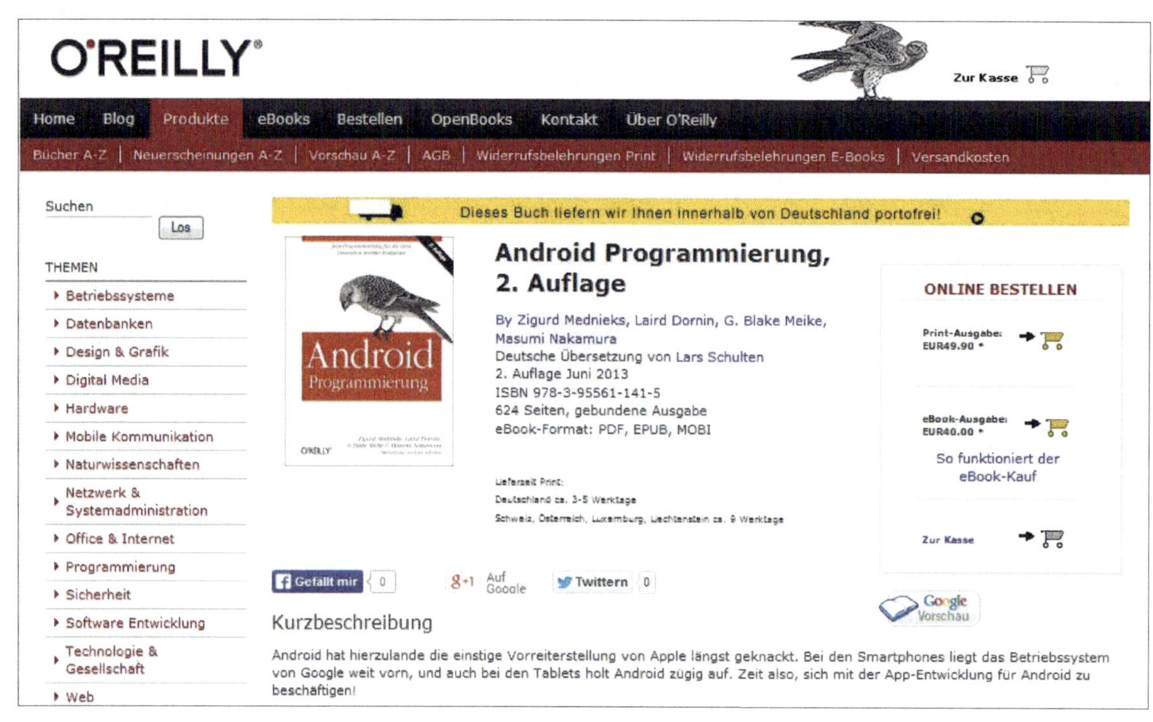

Fast überall im Internet präsent: der Gefällt mir-Button.

Gefällt mir

Der Wunsch, die eigene Verbundenheit zu jemandem oder etwas auszudrücken, kann ganz verschiedene Formen annehmen – sei es nun das Deutschlandfähnchen während einer Europa- oder Weltmeisterschaft an der Seitenscheibe des Autos oder der Name der Lieblingsband auf einem T-Shirt. Wir zeigen der restlichen Welt, wofür wir stehen und was uns gefällt. Auf diese Weise finden wir Gleichgesinnte, mit denen wir eine bestimmte Leidenschaft teilen. Das dadurch entstehende Gruppengefühl, das Gefühl, ein Teil einer Gemeinschaft zu sein, tut uns gut und wirkt sich positiv auf unser Selbstwertgefühl aus. Wir merken: Wir sind nicht allein. Facebook bietet uns daher eine schnelle und sehr umfassende Möglichkeit, unseren Freunden zu zeigen, was uns gefällt: den Gefällt mir- oder auch Like-Button. Allerdings macht es uns Facebook hier nicht gerade leicht, was die Begrifflichkeiten angeht. Gefällt mir kommt bei Facebook nämlich in unterschiedlichen Zusammenhängen vor:

- Man wird Fan einer Facebook-Seite, indem man auf dieser Seite auf den Gefällt mir-Button klickt. Von da an sieht man die Neuigkeiten dieser Seite im eigenen Newsstream.
- Man drückt sein Gefallen für einen auf Facebook veröffentlichten Beitrag (Text, Foto, Video etc.) aus, indem man direkt unter dem Beitrag auf Gefällt mir klickt.
- Man kann seine Zustimmung zu Artikeln, Produkten etc. durch einen Klick auf den Gefällt mir-Button außerhalb von Facebook ausdrücken (auf Nachrichtenseiten, auf Produktseiten von Unternehmen etc.) – dies wird dann auf Facebook für den eigenen Freundeskreis sichtbar.

Wichtig zu wissen ist, dass Facebook mitbekommt, wo wir uns im Internet bewegen. Jede externe Seite, auf der ein Gefällt mir-Button eingebaut ist, stellt automatisch eine Verbindung zu Facebook her, damit der Besucher auch gleich die Möglichkeit hat, dort sein Gefallen auszudrücken. Wenn Sie nicht wünschen, dass Facebook Ihre besuchten Seiten speichert, raten wir Ihnen, sich stets auszuloggen, wenn Sie die Facebook-Seite verlassen.

Eine super Funktion, Inhalte weiterzugeben: das Teilen.

Teilen

Neben der Gefällt mir-Funktion bietet Facebook eine weitere tolle Möglichkeit an, Inhalte an andere Personen weiterzugeben: das Teilen.

Wird Facebook geöffnet, können wir nicht nur die Nachrichten sehen, die auf unserer Pinnwand hinterlassen wurden, sondern auch die öffentlichen oder an uns adressierten Meldungen, Kommentare und Inhalte all unserer Facebook-Freunde.

Diese Inhalte können nun mit einem Gefällt mir versehen, kommentiert oder auch geteilt werden, wahlweise in der eigenen Chronik und somit mit dem gesamten eigenen Freundeskreis oder eben in einer Facebook-Gruppe oder auf einer Facebook-Seite.

Diese Funktion macht Facebook so dynamisch und interessant. Jeder kann mit der Teilen-Funktion schnell etwas veröffentlichen bzw. seinen Freunden zugänglich machen. Sehr beliebt sind hierbei, je nach der Zielgruppe, mit der geteilt wird, lustige Fotos, Spaßbilder und YouTube-Videos. Aber auch interessante Pressemeldungen, Berichte und Artikel werden gern an andere Personen weitergegeben.

Das Teilen geht zudem noch einen Schritt weiter als die Markierung eines Inhalts durch ein Gefällt mir. Hier steht nicht nur der Ausdruck des persönlichen Wohlgefallens im Vordergrund, sondern auch das aktive Bereitstellen von Inhalten für die Gemeinschaft.

Durch das Teilen von Inhalten können Jugendliche ihre eigenen Netzwerke mitgestalten und thematisch ausrichten. Sie können sich aktiv in Diskussionen und andere kommunikative Prozesse einbringen und z.B. andere Personen bei ihren Fragen durch die Weitergabe von Hilfelinks unterstützen. Auf diese Weise entsteht nicht nur eine neue Kommunikationskultur, sondern auch eine neue Kultur des Gebens und Nehmens.

Gruppen können von allen Facebook-Nutzern gegründet werden.

Gruppen – Teil 1

Ein wichtiger Bestandteil der Facebook-Netzwerke sind die Gruppen. Jedes Facebook-Mitglied kann sowohl eine offene als auch eine geschlossene Gruppe gründen. Offene Gruppen stehen allen Facebook-Nutzern frei zur Verfügung, und jeder kann die Inhalte sehen und Gruppenmitglied werden.

Die Inhalte einer geschlossenen Gruppe sind dagegen nicht öffentlich und somit nur für die jeweiligen Gruppenmitglieder sichtbar. Um einer geschlossenen Gruppe beizutreten, muss der Gruppenadministrator seine Zustimmung erteilen.

Gruppen haben den Zweck, einzelne Personen nach Interessen und Neigung an einem virtuellen Ort zu bündeln und ihnen eine Austauschmöglichkeit zu geben. Immer öfter werden z.B. geschlossene Facebook-Gruppen im schulischen Kontext eingesetzt, sei es für einzelne Klassen, Stufen oder Leistungskurse. Die Gruppen werden dann teilweise als offizielles Schulangebot von den Lehrern oder auf Eigeninitiative der Schüler gegründet. Auf diese Weise können relevante Informationen sehr schnell an die Schüler in einem nicht öffentlichen Raum kommuniziert werden.

Die Rückmeldungen der Lehrer und Pädagogen, die geschlossene Facebook-Gruppen in der Schule oder auch in der Jugendarbeit einsetzen, ist eindeutig positiv. Versuchen sie, die Jugendlichen per E-Mail zu erreichen, müssen sie zum Teil einige Tage auf eine Antwort warten. Innerhalb der Facebook-Gruppe gibt es binnen weniger Stunden eine Rückmeldung. Facebook-Gruppen ermöglichen also einen zielgerichteten Austausch von Informationen und bieten zudem eine schnelle Kommunikationsform unter den Gruppenmitgliedern.

Aber auch untereinander wissen Jugendliche die Gruppenfunktion zu nutzen, beispielsweise im privaten Einsatz. Jeder kann sich thematisch und inhaltlich so einbringen, wie er möchte, kann auf Einträge anderer Gruppenmitglieder reagieren, diese teilen oder auch einen Kommentar hinterlassen.

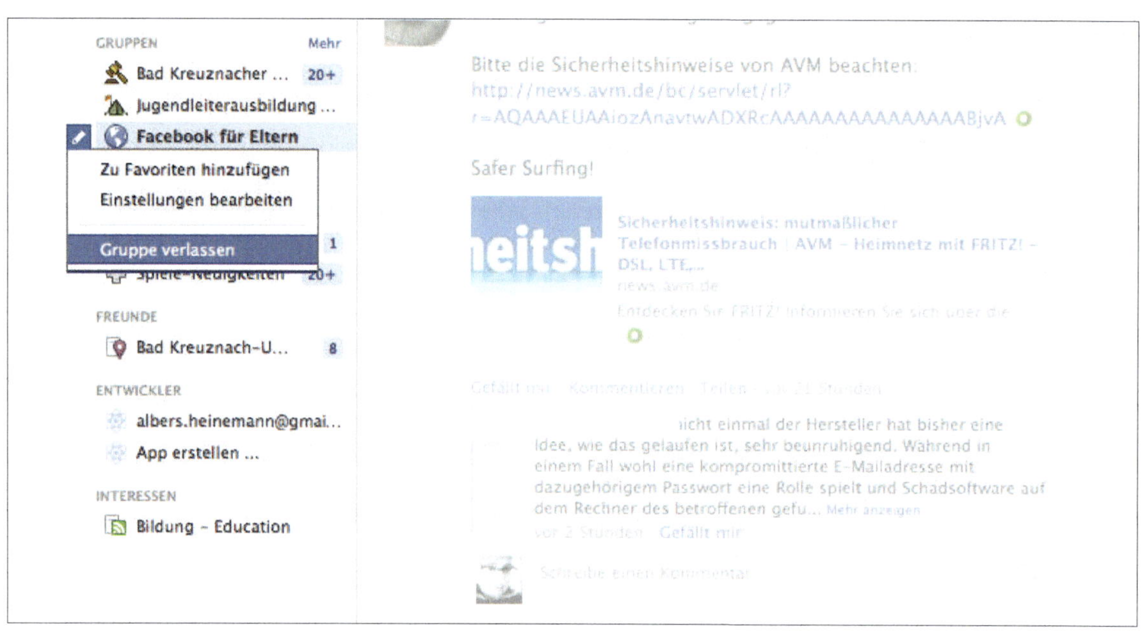

Mit ein paar Klicks kann man aus einer Gruppe austreten, der man nicht angehören möchte.

Gruppen – Teil 2

So viele Vorteile Gruppen auch mit sich bringen – an einem wesentlichen Punkt darf Kritik geäußert werden: **Die Teilnahme an einer Gruppe ist nicht immer freiwillig!**

Jeder Gruppengründer und jedes Mitglied einer Gruppe kann nämlich, ohne vorher zu fragen, andere Personen der Gruppe hinzufügen, ob der Betreffende das nun will oder nicht. Das grundlegende Problem hierbei ist, dass die hinzugefügte Person dieser neuen Mitgliedschaft nicht erst zustimmen muss oder sie ablehnen kann – sie ist direkt Gruppenmitglied.

So ist es beispielsweise möglich, eine Gruppe mit einem diskriminierenden oder radikalen Namen zu gründen und alle möglichen Personen hinzuzufügen. Diese Mitgliedschaften sind dann für alle sichtbar, und Gruppennamen wie „Kein Bock auf Schule – ich geh lieber saufen" oder „Kiffen, bis der Arzt kommt" wirken sich natürlich schlecht auf das Bild eines Menschen aus.

Das ist ziemlich bedenklich, vor allem wenn man nicht regelmäßig online ist und seine Facebook-Aktivitäten im Blick hat. Auf diese Weise würde einer Person der Hinweis über die neue Gruppenmitgliedschaft in der eigenen Timeline entgehen.

Wir raten daher zu einer regelmäßigen Kontrolle des eigenen Profils. Die Gruppen, in denen Sie Mitglied sind, werden im linken Navigationsbereich aufgelistet. Sollten Sie gegen Ihren Willen zu einer Gruppe hinzugefügt worden sein, sehen Sie es spätestens dort und können entsprechend handeln.

Mit einem Klick auf das Stiftsymbol neben dem Gruppennamen haben Sie die Möglichkeit, die Option Gruppe verlassen auszuwählen.

Facebook-Seiten und deren Inhalte sind für alle Menschen im Internet sichtbar.

Facebook-Seiten

Die Zeiten, in denen wir noch Programmiersprachen kennen mussten, um uns eine Internetpräsenz zu basteln, sind schon lange vorbei, das haben wir bereits in Kapitel 1 dargelegt. Eine sehr schnelle Möglichkeit für Jugendliche, eine zentrale Internetpräsenz für eine breite Masse an Menschen zu schaffen, ist die Facebook-Fanpage oder auch Facebook-Seite.

Ursprünglich ist die Facebook-Seite als Angebot für Vereine, Einrichtungen und Firmen gedacht. Mittlerweile bietet sie aber auch Jugendlichen mit ihren Gruppierungen, wie z.B. Jugendbands, Schulgruppen, Theatergruppen usw., eine Plattform zur Präsentation im Netz. Wichtig für Seitenbetreiber zu wissen ist, dass eine Facebook-Seite der Impressumspflicht unterliegt.

Facebook-Seiten und deren Inhalte sind für alle Menschen öffentlich, also auch für Menschen ohne Facebook-Account, und können ähnlich wie eine gewöhnliche Internetseite angesehen werden. Eine Facebook-Mitgliedschaft braucht der Besucher erst dann, wenn er mit dem Seitenbetreiber interagieren möchte, also wenn Beiträge geliked, geteilt oder kommentiert werden sollen.

Möchte der Seitenbesucher die jeweils neuen Inhalte der Facebook-Seite in der eigenen Timeline sehen, muss die entsprechende Seite mit eine Klick auf den Gefällt mir-Button geliked werden.

Da mittlerweile fast jeder zweite Jugendliche einen Facebook-Account hat, ist der Netzwerkcharakter entsprechend hoch. Jugendbands, Jugendgruppen und Sportvereine kommen über einen solchen Weg wesentlich schneller an ihre Zielgruppe als über eine herkömmliche Internetseite.

Für die Jugendlichen haben Facebook-Seiten den Vorteil, dass sie nicht alle Angebote einzeln aufrufen müssen, da neue Inhalte im eigenen Newsfeed erscheinen. Allerdings wird auch hier, wie in diesem Kapitel bereits beschrieben, nach dem Grad der Interaktion gefiltert. Beschäftigt sich eine Person oft mit einer Seite und kommentiert und liked sie die Beiträge, wird sie sehr wahrscheinlich auch künftig neue Veröffentlichungen angezeigt bekommen.

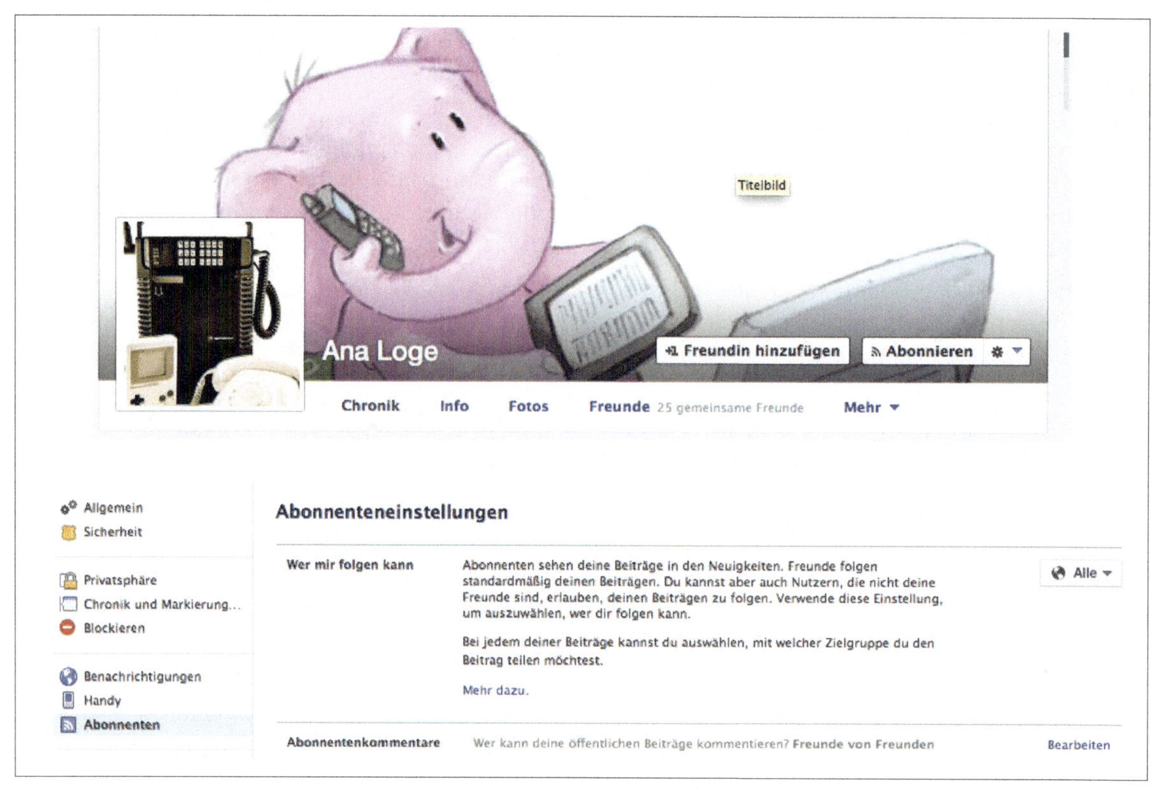

Mit Abonnements kann man Beiträge von Menschen empfangen, mit denen keine „Facebook-Freundschaft“ besteht.

Abonnements

Um die öffentlichen Statusmeldungen einer bestimmten Person empfangen zu können, muss man nicht zwangsläufig mit ihr befreundet sein. Es besteht auch die Möglichkeit, diese Person zu abonnieren. Das kann sehr sinnvoll sein, zumal bei dem einen oder anderen Facebook-Nutzer der Wunsch besteht, die Statusmeldungen von mehr oder weniger bekannten Personen zu empfangen, bei denen die Wahrscheinlichkeit sehr gering ist, dass sie eine Freundschaftsanfrage positiv beantworten würden.

Sie selbst können steuern, von wem Sie abonniert werden können, indem Sie für Ihr Profil in den Einstellungen unter Abonnements vorgeben, ob diese Option für alle Menschen oder lediglich Ihre Freunde zur Verfügung stehen soll.

Diese Funktion wurde ursprünglich für Prominente ins Leben gerufen, damit deren Fans öffentliche Statusmeldungen von ihnen erhalten können. Updates oder Beiträge, die an einen eingeschränkten Freundeskreis, also Freunde, Freunde von Freunden oder bestimmte Freundeslisten adressiert sind, können nicht abonniert werden und sind somit auch nicht für die Abonnenten sichtbar. In genau diesem Punkt liegt auch der Unterschied zwischen Abonnements und Facebook-Seiten, auf denen alle Beiträge für die ganze Welt öffentlich zu sehen sind.

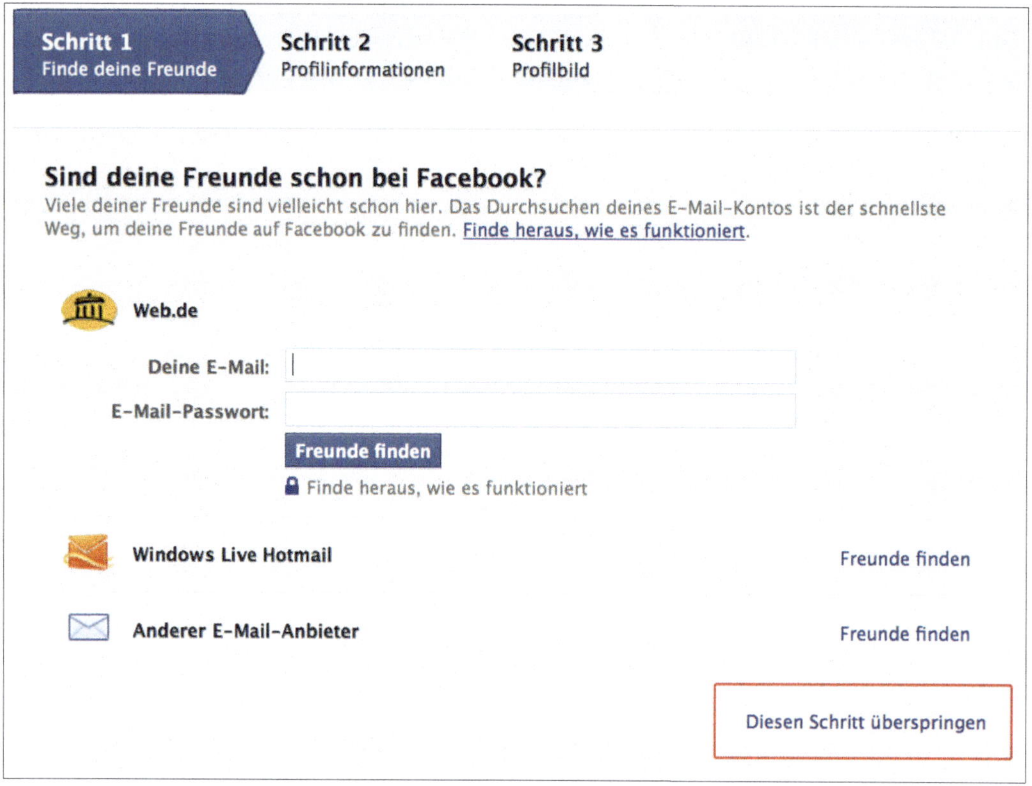

Schritt 1 Finde deine Freunde | **Schritt 2** Profilinformationen | **Schritt 3** Profilbild

Sind deine Freunde schon bei Facebook?

Viele deiner Freunde sind vielleicht schon hier. Das Durchsuchen deines E-Mail-Kontos ist der schnellste Weg, um deine Freunde auf Facebook zu finden. Finde heraus, wie es funktioniert.

Web.de

Deine E-Mail:

E-Mail-Passwort:

Freunde finden

Finde heraus, wie es funktioniert

Windows Live Hotmail Freunde finden

Anderer E-Mail-Anbieter Freunde finden

Diesen Schritt überspringen

Diesen Schritt können Sie getrost überspringen.

Der Start in Facebook

Um einen Facebook-Account anzulegen, gehen Sie im Internet auf www.facebook.de und registrieren sich dort. Benötigt werden hierfür Ihr Vor- und Nachname, eine gültige E-Mail-Adresse, ein Passwort, Ihr Geschlecht und Ihr Geburtstag.

Im nächsten Schritt kommt nun eine Funktion, die einerseits als guter Service empfunden werden kann, auf der anderen Seite aber ziemlich bedenklich ist:

Sind deine Freunde schon bei Facebook?

Facebook bietet mit dieser Funktion an, das persönliche E-Mail-Konto nach Freunden zu durchsuchen, die auch einen Facebook-Account haben. Eigentlich toll, so können wir ganz schnell schon erste Kontakte in dem neuen Netzwerk knüpfen. Allerdings ist es hierfür nötig, dass wir Facebook vollen Zugriff auf unseren E-Mail-Account geben. Facebook erhält somit einen kompletten Einblick in unsere E-Mails und unser Adressbuch, also auch Adressen, Telefonnummern usw. von Nicht-Facebook-Nutzern.

Wenn Sie also schon einmal eine Einladungsmail von Facebook mit dem Beisatz: „Onkel Hans ist auch bei Facebook“ bekommen haben, ist es sehr wahrscheinlich, dass Ihr Onkel Hans diese Funktion genutzt hat.

An dieser Stelle empfehlen wir ganz klar, diesen Schritt zu überspringen. Wenn Sie viele Freunde bei Facebook haben, werden Sie diese auch finden. Unserer Ansicht nach ist es nicht nötig, Facebook hierfür einen allumfassenden Einblick in unser persönliches und privates Adressbuch zu geben.

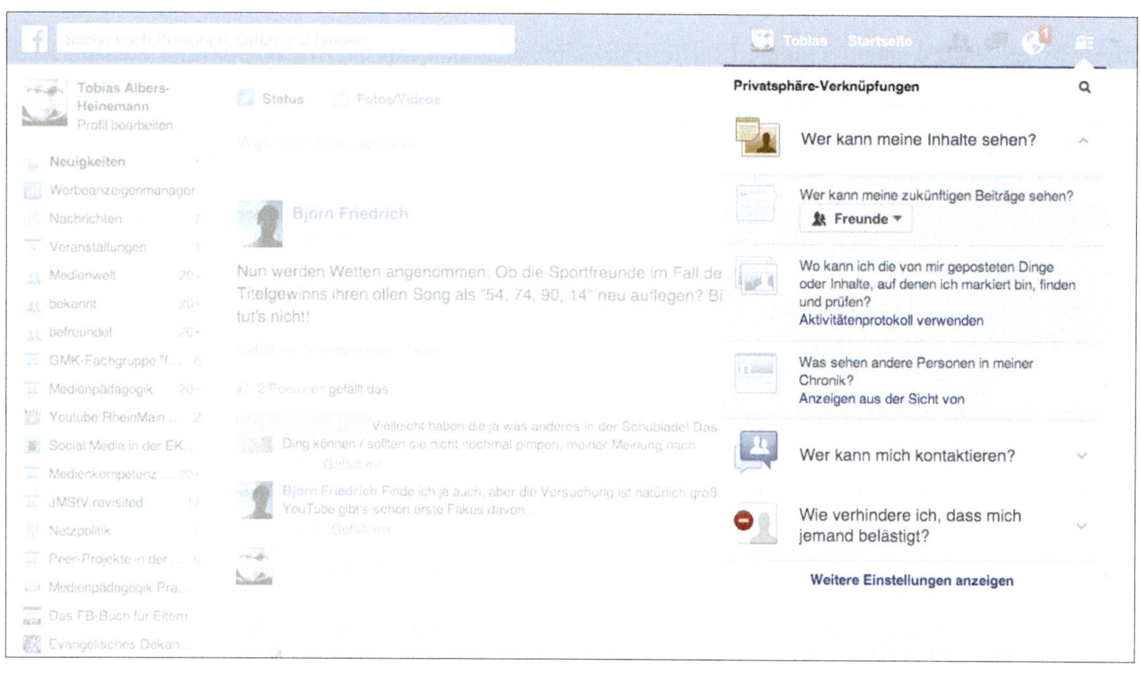

Tobias
Startseite
Tobias Albers-Heinemann
Profil bearbeiten
Status
Fotos/Videos
Neuigkeiten
Werbeanzeigenmanager
Nachrichten
Veranstaltungen
Medienwelt
bekannt
befreundet
GMK-Fachgruppe "f...
Medienpädagogik
Youtube RheinMain ...
Social Media in der EK...
Medienkompetenz ...
JMStV revisited
Netzpolitik
Peer-Projekte in der ...
Medienpädagogik Pra...
Das FB-Buch für Eltern
Evangelisches Dekan...
Björn Friedrich
Nun werden Wetten angenommen: Ob die Sportfreunde im Fall de
Titelgewinns ihren ollen Song als "54, 74, 90, 14" neu auflegen? Bi
tut's nicht!
2 Personen gefällt das
Vielleicht haben die ja was anderes in der Schublade! Das
Ding können / sollten sie nicht nochmal pimpen, meiner Meinung nach
Björn Friedrich Finde ich ja auch, aber die Versuchung ist natürlich groß.
YouTube gibt's schon erste Fakes davon...
Privatsphäre-Verknüpfungen
Wer kann meine Inhalte sehen?
Wer kann meine zukünftigen Beiträge sehen?
Freunde
Wo kann ich die von mir geposteten Dinge oder Inhalte, auf denen ich markiert bin, finden und prüfen?
Aktivitätenprotokoll verwenden
Was sehen andere Personen in meiner Chronik?
Anzeigen aus der Sicht von
Wer kann mich kontaktieren?
Wie verhindere ich, dass mich jemand belästigt?
Weitere Einstellungen anzeigen

Wer kann meine Inhalte sehen?

Facebook und die Privatsphäre, zwei Begriffe, die augenscheinlich gar nicht zusammenpassen. Dennoch: Die entsprechenden Funktionen hierfür gibt es bei Facebook schon länger. Und seit der letzten Designänderung Anfang 2014 sind sie auch sehr übersichtlich in den sogenannten Privatsphären-Verknüpfungen organisiert, die erscheinen, wenn Sie rechts oben im Browserfenster auf das kleine Schlosssymbol klicken.

In dem Bereich „Wer kann meine Inhalte sehen?" können Sie schnell die wichtigsten Einstellungen tätigen. Sie können standardmäßig festlegen, ob Ihre Beiträge für alle Facebook-User sichtbar sein sollen, das wäre die Einstellung öffentlich, oder nur für bestimmte Freundeslisten oder einzelne Personen. Alternativ können Sie dies auch bei jedem einzelnen Post im Fenster Ihrer Statusmeldung festlegen.

Vergessen Sie aber bitte nicht: Auch wenn Sie für ein Bild oder einen Text eine eingeschränkte Zielgruppe, beispielsweise „Freunde", definiert haben, können Personen aus dieser Zielgruppe ohne Probleme Ihren Beitrag teilen, kopieren und öffentlich zugänglich machen. Verstehen Sie daher diese Zielgruppenfunktion besser nicht als absoluten Schutz, sondern vielmehr als Hilfestellung für eine zielgerichtete Kommunikation.

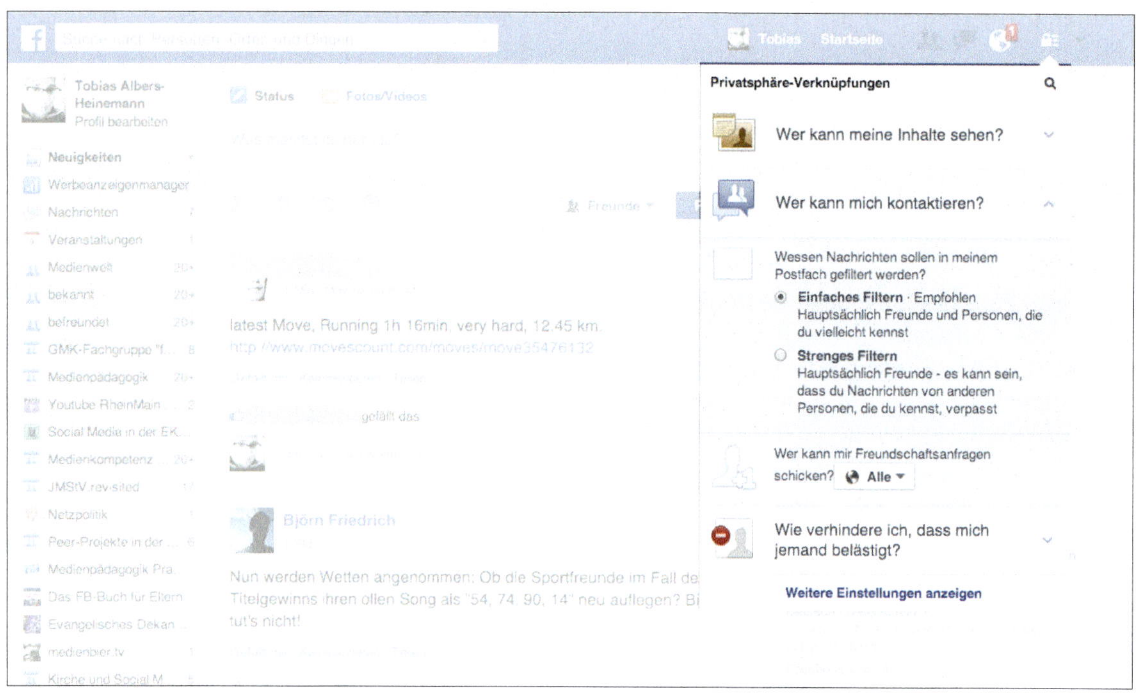
Tobias
Startseite
Tobias Albers-Heinemann
Profil bearbeiten
Status
Fotos/Videos
Neuigkeiten
Werbeanzeigenmanager
Nachrichten
Veranstaltungen
Medienwelt
bekannt
befreundet
GMK-Fachgruppe
Medienpädagogik
Youtube RheinMain
Social Media in der EK...
Medienkompetenz
JMStV revisited
Netzpolitik
Peer-Projekte in der ...
Medienpädagogik Pra...
Das FB-Buch für Eltern
Evangelisches Dekan...
medienbier.tv
Kirche und Social M...
Freunde
latest Move, Running 1h 16min, very hard, 12.45 km.
gefällt das
Björn Friedrich
Nun werden Wetten angenommen: Ob die Sportfreunde im Fall de
Titelgewinns ihren ollen Song als "54, 74, 90, 14" neu auflegen? Bi
tut's nicht!
Privatsphäre-Verknüpfungen
Wer kann meine Inhalte sehen?
Wer kann mich kontaktieren?
Wessen Nachrichten sollen in meinem Postfach gefiltert werden?
Einfaches Filtern · Empfohlen
Hauptsächlich Freunde und Personen, die du vielleicht kennst
Strenges Filtern
Hauptsächlich Freunde - es kann sein, dass du Nachrichten von anderen Personen, die du kennst, verpasst
Wer kann mir Freundschaftsanfragen schicken?
Alle
Wie verhindere ich, dass mich jemand belästigt?
Weitere Einstellungen anzeigen

Wer kann mich kontaktieren?

In diesem Bereich können Sie einstellen, wer Sie über Facebook anschreiben und kontaktieren darf und wer nicht. Unterschieden wird hier lediglich zwischen „einfaches Filtern" und „strenges Filtern". Beides sind Automatismen ohne Möglichkeiten einer Feinjustierung. Wenn Sie also nicht wollen, dass irgendjemand außerhalb Ihres Facebook-Freundeskreises Sie anschreiben kann, sollten Sie unbedingt die strenge Filteroption auswählen.

Darüber hinaus haben Sie in diesem Bereich die Möglichkeit, einzustellen, wer Ihnen alles eine Freundschaftsanfrage stellen darf. Hier können Sie wählen, ob dies jeder Facebook-Nutzer tun darf oder nur die Facebook-Freunde Ihrer eigenen Freunde.

Für den Start in Facebook ist die letztere Option relativ nutzlos, denn wenn Sie selbst noch keine Freunde haben, werden Sie so vergebens auf Anfragen warten. Sehen Sie daher diese Funktion lieber als Option für den Fall, dass Sie oder Ihr Kind sich zunehmend durch Anfragen belästigt fühlen.

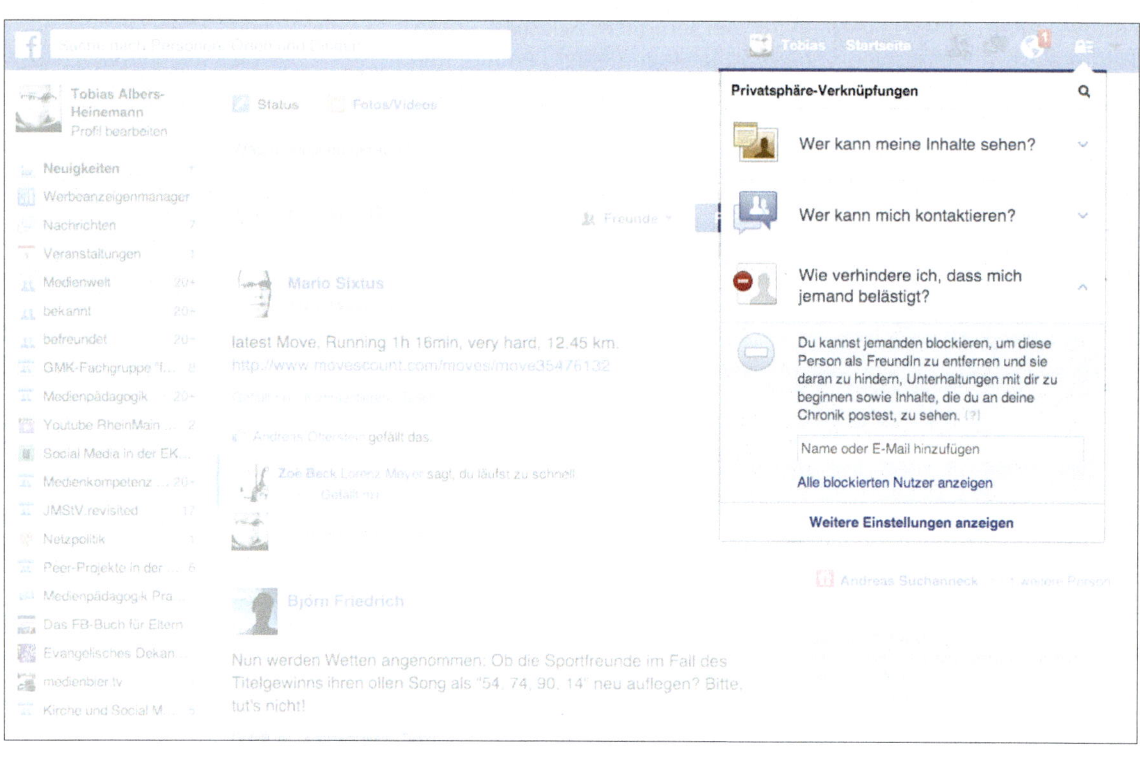
Privatsphäre-Verknüpfungen
Wer kann meine Inhalte sehen?
Wer kann mich kontaktieren?
Wie verhindere ich, dass mich jemand belästigt?
Du kannst jemanden blockieren, um diese Person als FreundIn zu entfernen und sie daran zu hindern, Unterhaltungen mit dir zu beginnen sowie Inhalte, die du an deine Chronik postest, zu sehen.
Name oder E-Mail hinzufügen
Alle blockierten Nutzer anzeigen
Weitere Einstellungen anzeigen

Wie verhindere ich, dass mich jemand belästigt?

Facebook ist ein bunter Tummelplatz für sehr viele Menschen, der von Kommunikation, Informationen und soziale Interaktionen lebt und sich weiterentwickelt. Dennoch finden sich immer wieder Menschen, die versuchen, andere zu ärgern oder zu provozieren oder die einfach nur nerven.

Freundschaftsanfragen werden schnell gestellt, und relativ oft klickt man einfach auf bestätigen und wünscht sich später, doch lieber nicht mit ihm auf Facebook befreundet zu sein.

Nehmen Sie sich bei neuen Freundschaftsanfragen deshalb einen Moment Zeit und erwägen Sie, diese Personen zu ignorieren bzw. zu blockieren. Personen, die Sie bereits als „Freund" bestätigt haben, können Sie nachträglich wieder aus Ihren Facebook-Freunden entfernen, und zwar direkt hier in den Privatspäre-Einstellungen. Tragen Sie einfach den Namen des zu Entfernenden ein und klicken Sie auf Blockieren. Möchten Sie diese Entscheidung irgendwann rückgängig machen, können Sie den blockierten Nutzer über den Link darunter verwalten und wieder freischalten.

Alternativ haben Sie die Möglichkeit, einen „Freund" über sein persönliches Profil zu entfernen. Klicken Sie hierfür im Headerbild auf die drei Punkte rechts neben dem Button Nachricht senden und dann auf Melden/Blockieren. Hier besteht darüber hinaus auch noch die Möglichkeit, die Person bei Verstößen gegen die Geschäftsbedingungen direkt bei Facebook zu melden.

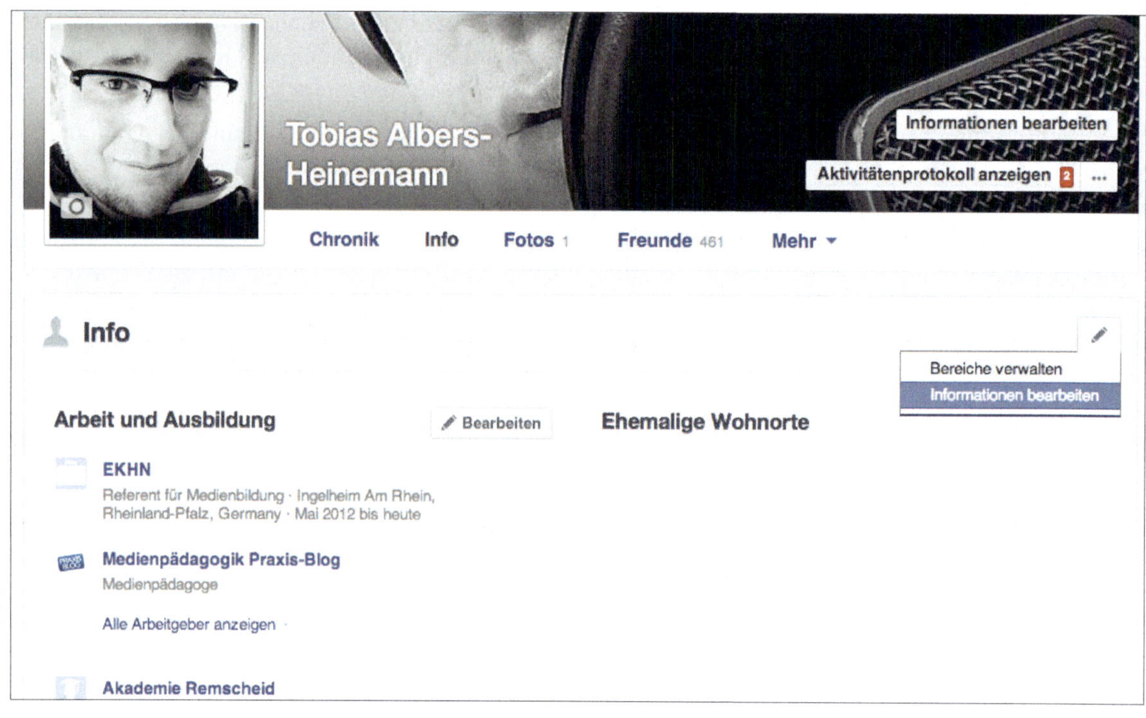
Tobias Albers-Heinemann
Informationen bearbeiten
Aktivitätenprotokoll anzeigen 2
Chronik
Info
Fotos 1
Freunde 461
Mehr
Info
Bereiche verwalten
Informationen bearbeiten
Arbeit und Ausbildung
Bearbeiten
Ehemalige Wohnorte
EKHN
Referent für Medienbildung · Ingelheim Am Rhein, Rheinland-Pfalz, Germany · Mai 2012 bis heute
Medienpädagogik Praxis-Blog
Medienpädagoge
Alle Arbeitgeber anzeigen
Akademie Remscheid

Sichtbarkeit der eigenen Informationen

Alle Menschen können Ihr Facebook-Profil aufrufen. Ihre Entscheidung ist es nun, welche Informationen diese Menschen von Ihnen zu sehen bekommen und welche nicht.

Sie haben bei Facebook die Möglichkeit, festzulegen, welche Daten Sie öffentlich machen und welche nur für Sie oder Ihre Freunde sichtbar sein dürfen, denn im Gegensatz zu Ihren öffentlichen Statusmeldungen können die öffentlichen Profilangaben auch von Personen gesehen werden, die keinen Facebook-Account haben.

Wenn Sie nun hierfür in Ihrer Chronik unter dem Titelbild auf den Bereich Info klicken, können Sie mit der Funktion Informationen bearbeiten alles verwalten, was in Ihrem Profil angezeigt werden soll, und für jeden Punkt in Ihrem Profil festlegen, ob es für alle Menschen öffentlich sein soll, nur für einen eingeschränkten Personenkreis oder für Sie (Nur ich), was bedeutet, dass nur Sie diese Information sehen können.

Tipp

Jungen Menschen raten wir auf jeden Fall davon ab, personenbezogene Daten wie Adresse, Klarnamen, Telefonnummer oder E-Mail-Adresse öffentlich freizuschalten. Zum einen können sie damit einer ungewünschten Nutzung ihrer Daten entgehen, zum anderen aber auch verhindern, ungewollt Anrufe oder sogar persönliche Besuche zu bekommen. Mehr zu diesem Thema finden Sie in Kapitel 9.

Lade deine Informationen herunter

Erhalte eine Kopie von den Dingen, die du auf Facebook geteilt hast.

Mein Archiv aufbauen

Welche Informationen sind enthalten?

- Von dir geteilte Beiträge, Fotos und Videos
- Deine Nachrichten und Chatunterhaltungen
- Info aus dem „Info"-Bereich deines Profils
- Und vieles mehr

Herunterladen einer Kopie der gespeicherten Daten

Im Laufe der Zeit werden von uns eine Menge Daten über Facebook veröffentlicht – Fotos, Statusmeldungen, Ortsangaben und vieles mehr.

Möchten Sie einmal genau wissen, welche Daten Facebook von Ihnen gespeichert hat, gehen Sie bitte wie folgt vor:

- Klicken Sie rechts oben neben dem Wort Startseite auf das kleine Dreieck und öffnen Sie die Einstellungen.
- Dort sehen Sie an unterster Stelle die Option Lade eine Kopie deiner Facebook-Daten herunter.
- Unter diesem Link können Sie nun die Erstellung eines Datenarchivs beantragen, das Sie nach erfolgter Erstellung von der Facebook-Seite herunterladen können.

Bist du sicher, dass du dein Konto deakivieren möchtest?

Durch die Deaktivierung deines Accounts wird dein Profil gesperrt und dein Name und Foto von den meisten Dingen, die du auf Facebook geteilt hast, entfernt. Manche Informationen können weiterhin für andere sichtbar sein, wie dein Name in den Freundeslisten und Nachrichten deiner Freunde.

Deine 467 Freunde können dann nicht mehr mit dir in Kontakt bleiben.

Markus wird dich vermissen
Martin wird dich vermissen
Timm wird dich vermissen
Heidi wird dich vermissen
Zaneta wird dich vermissen

Markus eine Nachricht senden
Martin eine Nachricht senden
Timm eine Nachricht senden
Heidi eine Nachricht senden
Zaneta eine Nachricht senden

Grund für den Austritt (erforderlich)

- Mein Konto wurde geknackt.
- Ich fühle mich bei Facebook nicht sicher.
- Ich verbringe zuviel Zeit auf Facebook.
- Das ist nur kurzfristig. Ich komme wieder.
- Ich sorge mich um den Schutz meiner Privatsphäre.
- Ich finde nicht, dass Facebook nützlich ist.
- Ich bekomme zu viele E-Mails, Einladungen und Anfragen von Facebook.
- Ich weiss nicht, wie ich Facebook verwenden kann.
- Ich habe noch ein weiteres Facebook-Konto.
- Sonstiges

Löschen des Facebook-Kontos

Angenommen, Sie oder Ihre Kinder stellen eines Tages fest, dass Sie Facebook nicht mehr nutzen möchten. Für den Fall sollte man annehmen, es gäbe irgendwo einen entsprechenden Button, über den Sie sich ebenso leicht wieder abmelden können, wie Sie sich angemeldet haben. Falsch gedacht!

Facebook macht es seinen Usern so schwer wie möglich, sich wieder abzumelden, man muss dazu in mehreren Schritten vorgehen:

- **Konto deaktivieren**: Zunächst klicken Sie in Ihrem Profil oben rechts auf die Kontoeinstellungen, gehen dann in den Bereich Sicherheit (links) und klicken auf den kleinen, unscheinbaren Textlink namens Deaktiviere dein Konto.

  Nun folgt eine rührselige Inszenierung: Sie bekommen Fotos einiger Ihrer Freunde angezeigt mit dem Hinweis, dass diese Sie „vermissen" werden, wenn Sie Ihr Konto deaktivieren. Zudem müssen Sie einen Grund für Ihren Austritt angeben und diesen nochmals erläutern, eine eigentlich unverschämte Aufforderung. Lassen Sie sich davon jedoch nicht irritieren.
- **Konto löschen**: Nun ist Ihr Zugang zwar deaktiviert, er kann jedoch jederzeit wieder reaktiviert werden. Ihre Daten bleiben daher gespeichert! Möchten Sie das Konto dauerhaft löschen, müssen Sie noch eine Seite aufsuchen, die Sie eigentlich gar nicht finden können, denn sie ist nirgendwo verlinkt. Also ist Handarbeit gefragt, geben Sie hierzu folgenden Link ein: www.facebook.com/help/delete_account. Hier werden Sie nochmals gefragt, ob Sie das Konto wirklich löschen möchten, was Sie bejahen müssen.
- **Nun ist der Zugang gelöscht?** Nein, noch nicht. Nun beginnt eine 14-tägige Frist, in der Sie nicht mehr auf Facebook zugreifen dürfen, auch nicht über Ihre Smartphone-App oder Ähnliches. Sobald Sie sich erneut einloggen, wird der Löschantrag storniert.
- **Danach ist das Konto aber gelöscht?** Nun ja, vermutlich schon, aber wir können es Ihnen nicht garantieren. Zumindest sind Sie nicht mehr bei Facebook sichtbar und auffindbar. Was der Konzern jedoch von Ihnen als „Andenken" behält, ob nicht weiterhin Daten, Fotos und andere Angaben von Ihnen gespeichert sind, das bleibt Facebooks Geheimnis, denn das kann niemand kontrollieren.

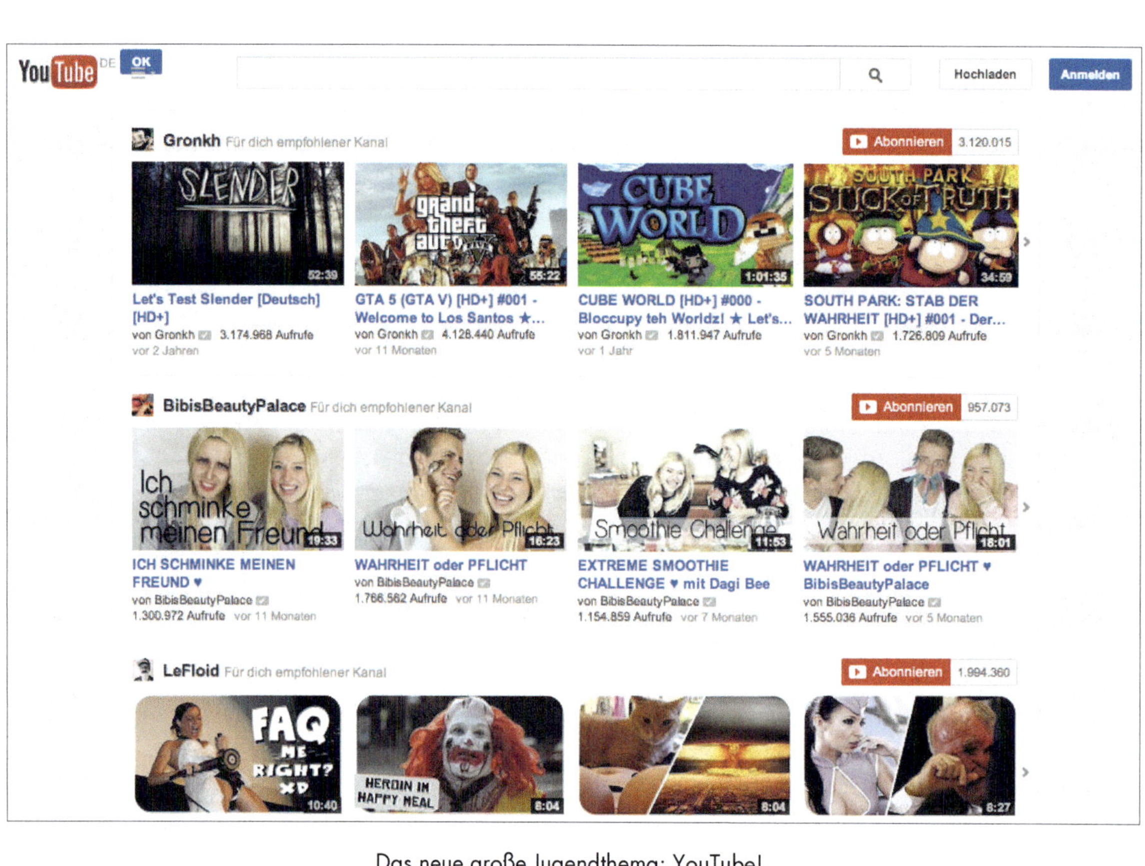

Das neue große Jugendthema: YouTube!

KAPITEL 6 | YouTube – das neue Leitmedium der Jugend

Das Videoportal YouTube kennen Sie sicher, denn es ist seit Jahren eine der größten und etabliertesten Anlaufstellen im Internet. Was vielen Erwachsenen jedoch nicht bewusst ist, ist die Rolle, die YouTube unter Jugendlichen spielt. Hier lassen sich jugendkulturelle Phänomene beobachten, die außerhalb der aktiven Zielgruppe nur in geringem Maße wahrgenommen werden, die jedoch enormen Einfluss auf die Kinder und Jugendlichen haben, sodass man wohl ohne Übertreibung von der Rolle YouTubes als „neues Leitmedium" für Jugendliche sprechen kann.

Kleiner Test: Kennen Sie Y-Titty? LeFloid, daaruum oder Gronkh? Fragen Sie mal Ihre Kinder, die kennen sie bestimmt, denn es sind vier sehr erfolgreiche YouTuber aus Deutschland. Y-Titty ist eine Comedytruppe, die in erster Linie mit Persiflagen auf aktuelle popkulturelle Phänomene (Songs, Filme, Produkte, Computerspiele) von sich reden macht, die aber mittlerweile auch eigene Songs produziert und damit bereits die deutschen Charts stürmte. Gronkh hingegen produziert „Let's Play"-Videos, d.h., er spielt ein neues Game und kommentiert es live. Diese Videos dauern rund eine Stunde, sodass man einen guten Einblick in das Spiel (und in die fachkundige Bewertung von Gronkh) erhält. Diese beiden Kanäle haben jeweils rund 3 Millionen Abonnenten (Stand: August 2014), ihre erfolgreichsten Videos erzielen 10 bis 20 Millionen Aufrufe. Im TV wären sie mit diesen Quoten Superstars, im Web sind sie es auch, nur werden sie vom erwachsenen Teil Deutschlands nicht so wahrgenommen.

Daneben gibt es diverse weitere YouTube-Topstars, die Comedy präsentieren (z.B. DieAussenseiter, freshhaltefolie), Schmink- und Schönheitstipps (daaruum, Herr Tutorial) oder auch News und Infos (Was geht Ab!, LeFloid). Über diese Stars spricht man auf dem Pausenhof, und sie sind Vorbild für Tausende Jung-YouTuber, die mit ähnlichen Konzepten eigene Clips produzieren und veröffentlichen.

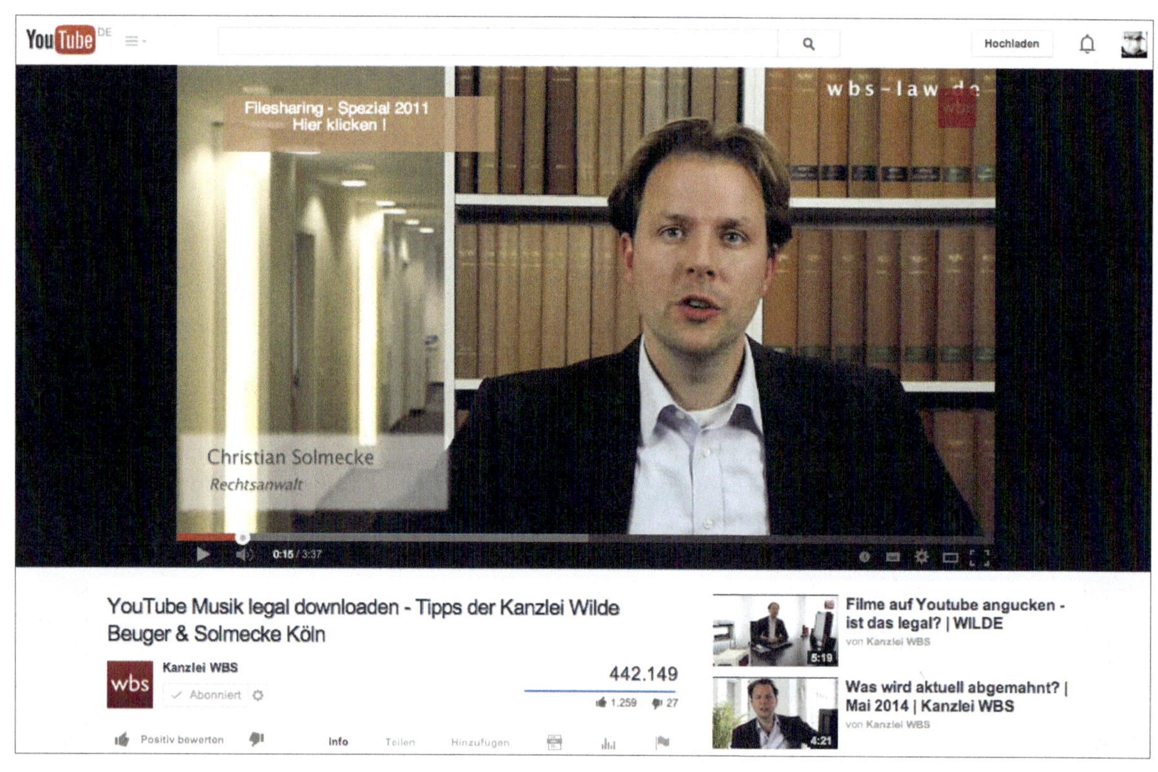

YouTube – die bessere Suchmaschine?

Suchen und informieren

Ich erinnere mich noch genau, als mich vor einiger Zeit ein Vater auf einem Elternabend fragte, ob es erlaubt sei, von einem YouTube-Video die Tonspur zu speichern und auf eine CD zu brennen. Auf diese Frage kam er, weil es bei YouTube sehr viele hochwertige Musikvideos gibt – und warum einen Song kaufen, wenn man ihn einfach herunterladen kann?

Da wir gerade beim Thema waren, habe ich ihn gebeten, nach vorne zu kommen und seine Frage einmal in eine klassische Suchmaschine seiner Wahl und einmal in YouTube einzugeben. Die Textsuche ergab viele Gesetzestexte und Auslegungen, die allein durch ihren Umfang und die Formulierung abschreckten.

Über YouTube kamen wir direkt zu einer Medienrechtskanzlei, die genau diese Frage in einem 3,37-minütigen Video beantwortete (siehe *http://youtu.be/Ucj18naVmqQ*). Zu diesen dreieinhalb Minuten kam noch ein Zeitaufwand von etwa zwei bis drei Minuten, um die Seriosität der Quelle zu überprüfen, denn letztendlich geht es ja nicht darum, zu wissen, wo etwas steht, sondern vielmehr um die Bewertung der gefundenen Informationen. (Mehr zum Thema „Herunterladen“ finden Sie übrigens in diesem Kapitel unter „Videos von YouTube downloaden“.)

Durch YouTube war es also möglich, mit einem sehr geringen Zeitaufwand eine fundierte Antwort auf eine komplexe Frage zu bekommen. Und das ist genau das, was YouTube ausmacht. In kurzen, verständlichen und prägnanten Videos können Informationen wesentlich schneller transportiert werden als über Texte oder Bilder. Daher ist YouTube weit mehr als nur eine Videoplattform, sondern vielmehr eine wunderbare Möglichkeit, Informationen, Fakten und Wissen zu erlangen und zu teilen.

Machen Sie einmal den Test. Suchen Sie etwas über YouTube und fragen Sie sich, wie zufrieden Sie mit den Ergebnissen waren, ob Ihre Frage beantwortet wurde und wie lange Sie über Google, Bing oder andere Suchmethoden gebraucht hätten, um diese Informationen zu bekommen.

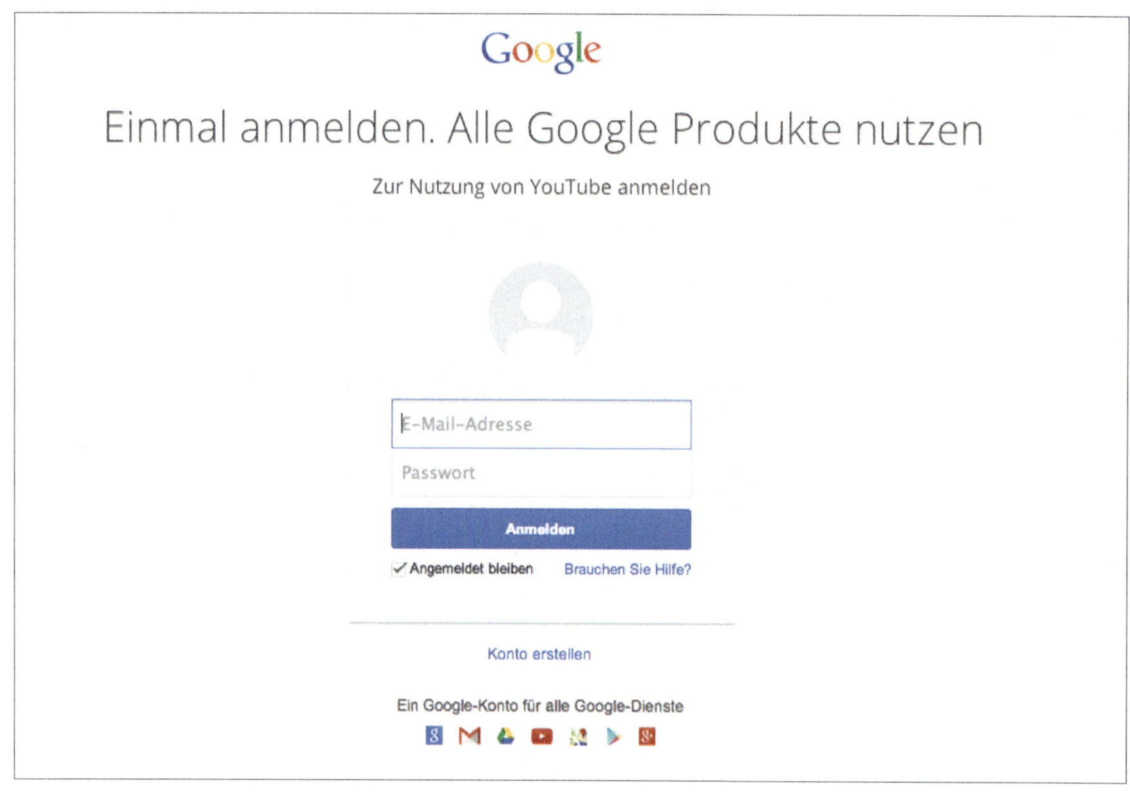

Unter dem großen Dach von Google haben viele Dienste ihren Platz.

Mit und ohne Benutzerkonto

Anders als andere soziale Netzwerke können Sie YouTube auch ohne Benutzerkonto in Gebrauch nehmen. Suchen und sich zu informieren, wie wir es bereits beschrieben haben, funktioniert auch anonym und ohne Anmeldung, denn sämtliche Videos stehen Ihnen dort kostenlos zur Verfügung. Sie können ohne Probleme nach Videos suchen, diese ansehen und Links per E-Mail an Freunde weiterschicken.

Das volle Potenzial von YouTube werden Sie jedoch erst entdecken, wenn Sie sich anmelden. Verfügen Sie bereits über ein Google-Konto, haben Sie schon Ihre Anmeldedaten parat, denn seit 2006 gehört die Videoplattform zum Suchmaschinengiganten. Ansonsten können Sie direkt über den Anmelden-Button auf der YouTube-Seite einen solchen kostenlosen Google-Account einrichten.

Denken Sie bitte daran, dass Ihr Google-Account gleichzeitig die Basis für Ihr Google+-Profil bildet, Googles Social-Network-Pendant zu Facebook. Sie sollten also darauf achten, welche Daten bei der Anmeldung Pflicht und welche optional sind. Wünschen Sie keine Google+-Mitgliedschaft, müssen Sie dies direkt nach der Anmeldung in den Einstellungen unter Google+ deaktivieren angeben.

Grundsätzlich empfehlen wir Jugendlichen, egal welche sozialen Netzwerke sie nutzen, keine personenbezogenen Angaben zu machen. Das bedeutet, dass weder der Benutzername noch die E-Mail-Adresse oder der Rest des Profils Rückschlüsse auf die Identität zulassen sollten.

Kostenloses Infomaterial zum Thema Recht und YouTube finden Sie unter *www.irights.info*.

Videos von YouTube downloaden

YouTube ist in erster Linie ein Video-Streamingportal, doch es wird häufig auch als Download-Quelle für Musik und Filme genutzt. Die Gründe dafür liegen auf der Hand: Hier finden sich fast alle (älteren und aktuellen) Hits und Clips, sie lassen sich unkompliziert herunterladen (es gibt dafür diverse Programme, Apps und Onlinetools), und der Download ist – im Gegensatz zu offensichtlich illegalen Filesharing-Diensten wie BitTorrent oder eMule – nicht verboten. Oder doch? Darf man hier wirklich hemmungslos downloaden?

Die Antwort auf diese Frage ist kompliziert, es gibt dafür derzeit in Deutschland keine eindeutige Gesetzeslage, sondern nur verschiedene Gerichtsurteile, die als Präzedenzfälle gelten. Derzeit (im August 2014) lässt sich der Stand der Dinge folgendermaßen zusammenfassen:

- Downloads von offensichtlich rechtswidrigen Quellen sind nicht zulässig. Darunter fallen beispielsweise die bereits erwähnten Filesharing-Dienste wie BitTorrent und eMule.
- Die bei YouTube auffindbaren Videos wurden zum Teil von den Künstlern oder deren Verlagen selbst eingestellt, die Quelle ist also nicht per se rechtswidrig. Daher kann ein Download für die rein private Nutzung, eine sogenannte Privatkopie, erlaubt sein.
- Die Privatkopie darf ich jedoch nur von Videos erstellen, die von einer legalen Quellle stammen. Dazu suche ich am besten den offiziellen YouTube-Kanal eines Künstlers oder einer Plattenfirma auf.
- Apps, die auf YouTube zugreifen, mir aber nicht verraten, woher genau sie die Musik beziehen, sollten nicht verwendet werden, da ich damit möglicherweise illegale Quellen anzapfe.
- Ganz anders ist die Lage, wenn ich ein YouTube-Benutzerkonto besitze: Damit habe ich den Nutzungsbedingungen zugestimmt, die vorschreiben, dass Inhalte nicht heruntergeladen werden dürfen!

Ausführliche und aktuelle Informationen finden Sie auf der Website *www.irights.info*, die Fragen zum Urheberrecht in der digitalen Welt fachkundig und verständlich beschreibt. Hier steht auch eine empfehlenswerte Broschüre zum kostenlosen Download bereit, die den aussagekräftigen Titel trägt: Nicht alles, was geht, ist auch erlaubt!

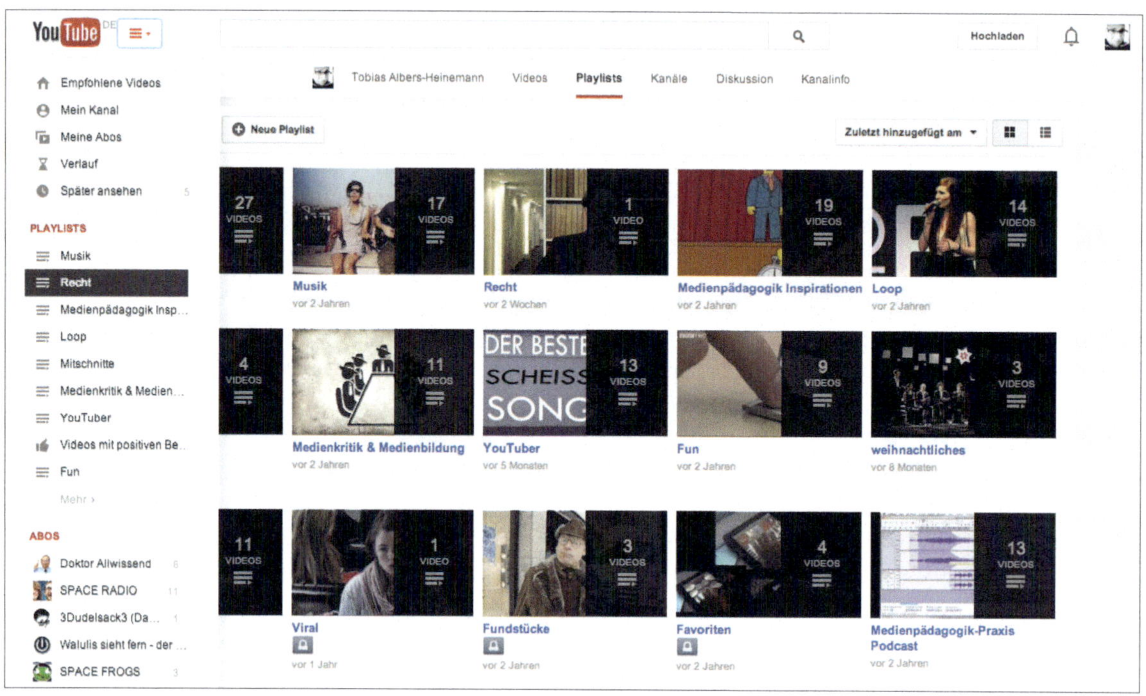

Nach der Anmeldung können Sie Videos abonnieren und in Playlists verwalten.

Kanäle, Abos und Playlists

Laut der aktuellen YouTube-Statistik werden pro Minute 100 Stunden Videomaterial hochgeladen. YouTube gibt es in 61 Ländern und 61 Sprachen, und jeden Monat werden mehr als 6 Milliarden Stunden Videos angesehen. Bei dieser Menge an Videos ist es schwierig, den Überblick zu behalten.

Aus diesem Grund gibt es einige Funktionen, die Ihnen nach einer Anmeldung zur Verfügung stehen. Gehören Sie zu den Produzierenden unter den YouTube-Nutzern, müssen Sie, bevor Sie ein Video veröffentlichen, einen Kanal eröffnen. So einen Kanal können Sie ruhig mit einem Fernsehkanal vergleichen, auf dem allerdings nur Sie senden können. Dieser ist kostenlos und unter einer festen URL erreichbar. Sie können mehrere Kanäle verwalten, und ebenso kann ein Kanal von mehreren Personen betrieben werden. Interessiert Sie ein Kanal, können Sie ihn abonnieren. Klicken Sie nun links oben neben dem YouTube-Logo auf die drei Striche, öffnet sich ein Navigationsbereich, in dem unter Meine Abos Ihre Abonnements und die Anzahl der neuen Beiträge angezeigt werden.

Eine weitere Möglichkeit, Ordnung in die Welt der Videos zu bringen, ist die Nutzung von Playlists. Unter jedem Video finden Sie die Buttons Info, Teilen und Hinzufügen. Klicken Sie auf Hinzufügen, erscheinen Ihre bereits erstellten Playlists, und das Video wird dort einsortiert. Sie können natürlich jederzeit eine neue Liste einrichten und dieser das Video zuordnen. Diese Playlists werden in dem linken Navigationsbereich direkt unter Ihren Abos angezeigt. Hier können Sie sie verwalten und in den Einstellungen festlegen, ob eine Playlist für alle Menschen öffentlich sein oder privat bleiben soll.

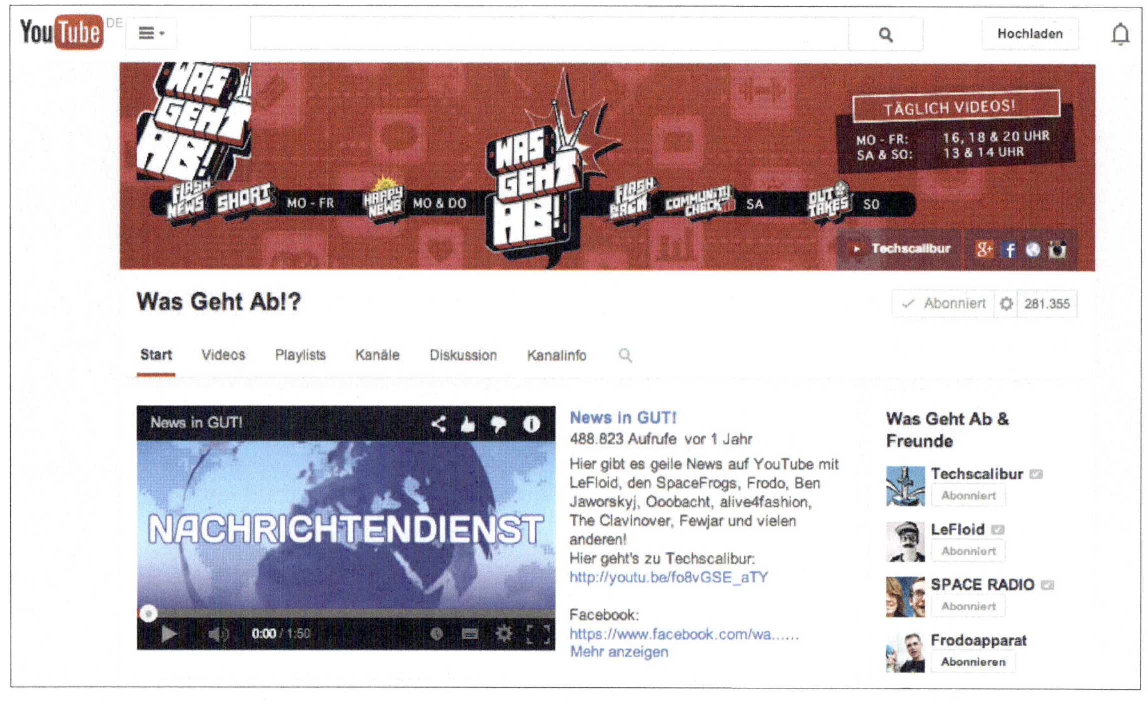

Was geht Ab!? – Aktuelle Kurznachrichten von prominenten YouTubern für Jugendliche.

Nutzungsmotive: Bildung, Erfahrung, Selbstdarstellung

Für Jugendliche ist YouTube nicht nur deshalb so reizvoll, weil es so komfortabel und umfangreich ist, sondern auch, weil es verschiedene Bedürfnisse der Persönlichkeitsentwicklung Jugendlicher bedient. Dabei ist das Verlangen nach Unterhaltung das offensichtlichste Nutzungsmotiv der Videoplattform, denn egal ob Musik, Comedy, Filmtrailer oder Filmausschnitte, es gibt hier ein unerschöpfliches Unterhaltungsangebot.

Doch YouTube wird durchaus auch als Quelle für bildungsrelevante Inhalte genutzt: So gibt es unzählige Anleitungen, Erklärvideos und Tutorials zu unterschiedlichsten Themen. Ob man Tipps zur Fahrradreparatur benötigt, Gitarre lernen möchte oder mathematische Logarithmen nicht kapiert hat, bei YouTube findet sich garantiert eine Anleitung. Beeindruckendstes Beispiel ist die Khan Academy, deren Grundstein gelegt wurde, als der Nachhilfelehrer Salman Khan seine Erklärungen als YouTube-Videos einstelllte. So entstand eine nicht kommerzielle Bildungswebsite, die heute mehr als 4.000 Lehrvideos bereitstellt, zum Teil auch in deutscher Sprache, und durch Spenden finanziert wird.

Daneben ist YouTube ein wichtiger Erfahrungsraum für Jugendliche: Zum einen können sie sich hier über verschiedenste Themen, die für sie relevant sind, informieren und aktuelle Entwicklungen aus Bereichen wie Musik, Sport, Mode, Games usw. verfolgen. Zum anderen können sie sich, und das ist noch bedeutsamer, darüber auch austauschen: Als registrierter Nutzer kann man nicht nur Videos mit „Daumen hoch" oder „Daumen runter" bewerten, sondern auch in den Kommentarspalten diskutieren oder Videoantworten posten, um in einen Austausch mit dem Videoersteller und anderen Usern einzutreten.

Nicht zuletzt dient YouTube natürlich auch der Selbstdarstellung: Es ist eine klassische Web 2.0-Plattform, die dazu einlädt, eigene Videos hochzuladen. Auch wenn die erfolgreichen Videos heute von professionellen YouTubern stammen, so gibt es immer noch zahlreiche unbekannte Jugendliche, die eigene Clips produzieren und dort einstellen.

Foto: Deutscher Webvideopreis 2014 von C.Wolff/European Web Video Academy (*https://flic.kr/p/ns8bj7*), Lizenz: CC-BY 2.0

Populäre YouTuber werden auch jenseits des Internets gefeiert wie Popstars.

YouTube-Star werden

Ist es also ein erfolgversprechendes Berufsziel, YouTuber zu werden? Schließlich ist es kinderleicht, eigene Videos hochzuladen, und offensichtlich kann man damit zig Millionen Aufrufe (und entsprechend hohe Werbeeinnahmen) erzielen.

Leider ist es in der Realität natürlich nicht ganz so einfach: Die Nachwuchs-YouTuber, die ich kenne, freuen sich schon, wenn sie 10 Abonnenten und 100 Videoaufrufe verbuchen können, und für einen durchschnittlichen YouTube-Clip sind das auch durchaus realistische Zahlen – bei der Masse an verfügbaren Videos ist es schwer, herauszustechen und Leute außerhalb des eigenen Bekanntenkreises als Zuschauer oder Abonnenten zu gewinnen. (Dies gilt übrigens auch für unsere medienpädagogischen Videos.)

Im Prinzip ist die Frage „Wie werde ich ein Star?" genau so zu beantworten wie von jeher: Es gibt einige wenige, die durch eine Kombination aus Talent, Glück und einem richtigen Riecher berühmt werden. Während man früher einen guten Agenten benötigte, der Filmauftritte oder einen Plattenvertrag an Land zog, so benötigt man heute eine der zahlreichen Agenturen, die sich um die Vermarktung von YouTube-Clips kümmern. Die erfolgreichste Agentur in Deutschland ist derzeit Mediakraft Networks, die mit dem gänzlich unbescheidenen Slogan werben, der „größte Online-TV-Sender in Mitteleuropa" zu sein. Falsch ist das vermutlich nicht, schließlich gehören rund 500 YouTube-Kanäle zu diesem Netzwerk, das dafür sorgt, dass die beteiligten Kanäle besser promotet werden und mehr Klicks erzielen.

Um als noch unbekannter YouTuber erfolgreich zu werden, kann man sich natürlich bei Mediakraft oder anderen Agenturen bewerben – ob man allerdings unter deren Fittiche genommen wird, ist genauso fraglich, wie es vor 30 Jahren für eine Schülerband war, einen Plattenvertrag zu bekommen.

Foto 93/365 „Mindestlohn" von Dennis Skley (*https://flic.kr/p/mHZC6T*), Lizenz: CC-BY-ND 2.0

Geld verdienen mit YouTube? Möglich, aber nicht einfach!

Geld verdienen mit YouTube

Wie lässt sich eigentlich auf einem kostenlosen Videoportal Geld verdienen? Und wie bekommt man gleich so viel Geld zusammen, dass man davon leben kann? Des Rätsels Lösung ist natürlich die Werbung, die nach wie vor die bedeutendste Einnahmequelle des Internets ist. Allerdings ist es nicht ganz einfach, auf diesem Weg zu Geld zu kommen.

Prinzipiell kann sich jeder YouTube-Kanal dem sogenannten Partnerprogramm von YouTube anschließen. Das bedeutet, dass YouTube den Videos Werbeclips voranstellt oder Links in die Videos einblendet. Die Klickzahlen auf diese Clips und Links werden dann ausgewertet, und wenn der Grenzwert von 70 Euro Werbeeinnahmen überschritten ist, bekommt man das Geld auf sein Konto überwiesen. Doch wie viel Geld man pro Klick verdient und wie rasch diese 70-Euro-Hürde überschritten ist, lässt sich schwer sagen, hier sind verschiedene Aspekte zu beachten.

Prinzipiell verdient man, wie gesagt, Geld durch Werbevideos am Anfang eines Clips oder durch eingeblendete Links. Dann kommt es jedoch darauf an, ob ein Link oder ein Werbevideo auch angeklickt oder nur angesehen wird. So errechnet sich irgendwann der Verdienst, allerdings muss das Geld noch in relativ kurzer Zeit zusammenkommen, sonst zahlt YouTube nichts aus.

Das Geschäft ist also undurchsichtig, zumal YouTube keine Zahlen veröffentlicht – und die Partner keine Summen veröffentlichen dürfen. Eines der wenigen bekannten Beispiele ist der Clip zu „Gangnam Style“: Daran wurden insgesamt 8 Millionen Dollar verdient, also rund 6 Millionen Euro, die sich YouTube und der Künstler Psy teilten (in welchem Verhältnis, ist nicht bekannt). Allerdings konnte der Clip auch 1,2 Milliarden Aufrufe verzeichnen! Rechnet man das herunter, gab es pro Klick einen halben Cent. Nehmen wir an, der Künstler bekommt davon die Hälfte, dann benötigt man 28.000 Klicks, um auf 70 Euro zu kommen. Um wirklich Geld zu verdienen, bräuchte man somit Millionen Klicks im Monat – ein relativ schwieriges Unterfangen!

Foto „Social Networks“ von 10ch (*https://flic.kr/p/66Kkbk*), Lizenz: CC-BY 2.0

YouTube: der Weg vom Videoportal zum sozialen Netzwerk.

YouTube als Social Network

Die große Mehrheit der YouTube-User verfolgt jedoch sowieso nicht das Ziel, mit eigenen Videos bekannt zu werden, die wenigsten laden überhaupt eigene Videos hoch. Dennoch haben viele Jugendliche ein Konto bei YouTube, und somit zählt dieses Videoportal durchaus auch zu den größten sozialen Netzwerken.

Wie wir bereits beschrieben haben, können Sie mit einem eigenen Account andere Kanäle abonnieren, Playlists mit Lieblingsvideos anlegen und Videos kommentieren. Sie können zudem Ihren Verlauf nachverfolgen, also die bislang angesehenen Videos, und Sie können über die Option später ansehen interessante Videos vormerken, für die Sie im Moment keine Zeit haben.

Zudem gibt es im Reiter Kanalinfo die Option Nachricht senden, über die Sie dem Kanalbetreiber eine private, nicht öffentliche Nachricht schicken können. Somit gibt es neben den öffentlichen Austauschmöglichkeiten auch einen geschlossenen Bereich, über den man Kontakt aufnehmen kann. Diese Möglichkeit gibt es nicht nur in aktiven Kanälen, sondern auch bei Usern, die keine eigenen Videos hochgeladen haben. Es bestehen also diverse Möglichkeiten, mit anderen YouTube-Usern zu kommunizieren.

Insgesamt betrachtet, hat YouTube sicherlich nicht das gleiche Networking-Potenzial wie beispielsweise Facebook, aber das muss es auch nicht, denn in erster Linie ist und bleibt YouTube ein Videoportal. Dennoch ist es interessant, zu sehen, wie viele weitere Funktionen dieses Portal seinen Nutzern bietet – und damit wird es auch verständlich, dass dieses Angebot so rege genutzt wird.

THE CONVERSATION PRISM

Brought to you by
Brian Solis & JESS3

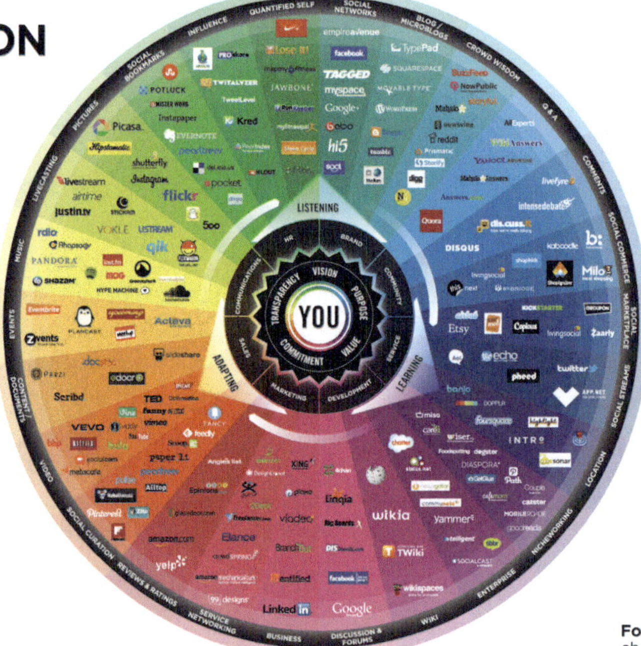

For more information
check out conversationprism.com

Quelle: *https://conversationprism.com/*

Diese Grafik gibt einen Einblick in die Vielfalt digitaler Kommunikationskanäle.

KAPITEL 7 | Instagram, Snapchat, Twitter & Co.

Die drei derzeit beliebtesten Onlineangebote für Jugendliche haben wir uns nun ausführlich angesehen, doch wie Sie vermutlich bei Ihren eigenen Kindern schon festgestellt haben, ist das Mediennutzungs- und Kommunikationsverhalten der jungen Generation heute überaus vielfältig und facettenreich.

Es gibt heute diverse Dienste, die teils ähnliche, teils aber auch ganz unterschiedliche Funktionen erfüllen, wie wir bereits auf den vorherigen Seiten gesehen haben: Während WhatsApp eher der interpersonellen Kommunikation oder dem Austausch in Gruppen dient, ist Facebook ein Portal zur (halb) öffentlichen Selbstdarstellung und zur Information, wohingegen YouTube meist eher rezeptiv als Videoplattform genutzt wird, die wiederum Elemente der Kommunikation und Selbstdarstellung beinhaltet.

Für weitere jugendliche Bedürfnisse gibt es spezifischere Angebote, beispielsweise Instagram für das Knipsen und Veröffentlichen von Fotos (eine Option, die zwar auch von Facebook und WhatsApp angeboten wird, die aber bei Instagram noch mal eine andere Qualität erfährt). Für User, die nicht möchten, dass die Empfänger sämtliche Fotos und Videos auf ihren Smartphones abspeichern, ist Snapchat der bessere Kanal (auch wenn dieses Modell Hintertürchen offen lässt). Ganz anders gestrickt sind Portale wie der Kurznachrichtendienst Twitter oder die Frage-Community ask.fm. Und da Onlinevideos nicht nur bei YouTube angesehen werden, sondern oftmals auch bei dubiosen Anbietern wie kinox.to, möchten wir uns diese im Folgenden ebenfalls näher ansehen.

Dieses Kapitel erhebt keinen Anspruch auf Vollständigkeit, denn dies wäre angesichts der Fülle an Angeboten vermessen. Aber wir möchten Ihnen noch einige Dienste vorstellen, die derzeit bei Jugendlichen hoch im Kurs stehen.

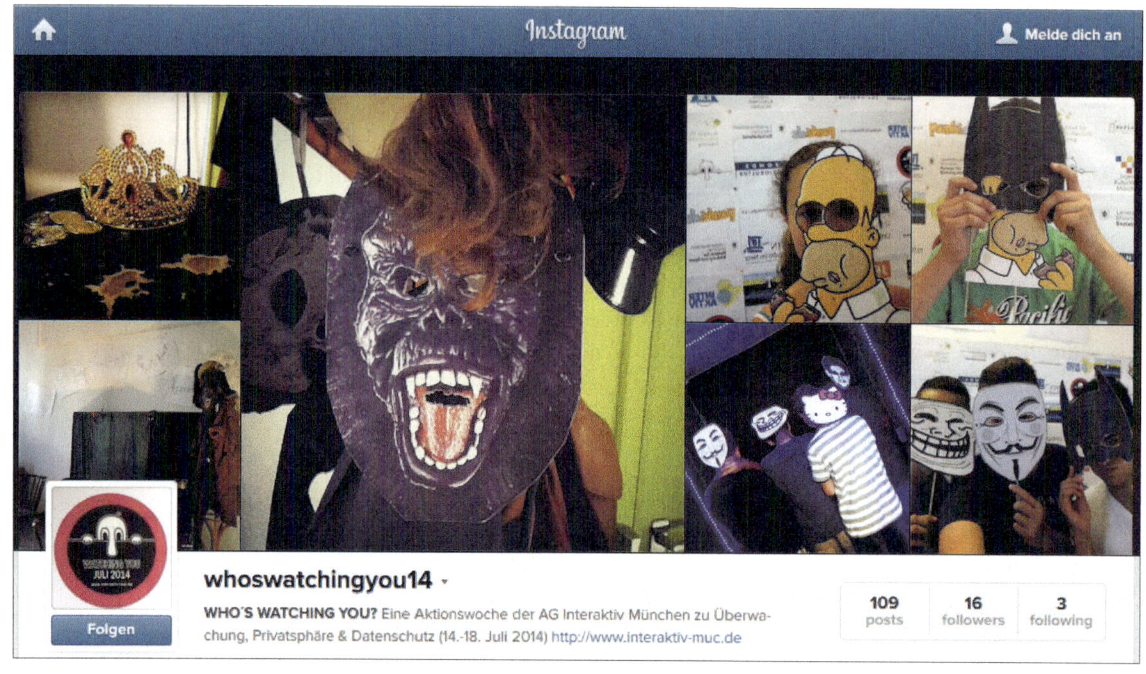

Die Startseite eines Instagram-Accounts erinnert (wohl nicht zufällig) an ein Facebook-Profil.

Instagram: Von der Foto-App zur Onlinecommunity

Der Großteil aller Handyfotos sieht aus, wie ein Handyfoto nun mal aussieht: Es ist eher ein Schnappschuss, meist nicht besonders farbenfroh, oft verwackelt oder unscharf, und somit in seiner Ästhetik weit entfernt von der Qualität eines (digitalen oder analogen) Spiegelreflexerzeugnisses. Erst als Smartphones und entsprechende Apps den Markt eroberten, erlebten Handyfotos eine Aufwertung und wurden zunehmend als kreative Ausdrucksform verwendet, für die heute ganz eigene Spielregeln gelten.

Die bedeutendste App war dabei von Anfang an der Dienst Instagram, der 2010 in San Francisco entwickelt wurde. Instagram zeichnet sich durch zwei entscheidende Merkmale aus: Zum einen nimmt die App keine Fotos im Format 4:3 auf, sondern nur quadratische Bilder, ähnlich wie das früher bei Polaroids der Fall war. Zum anderen beinhaltet Instagram verschiedene vorgefertigte Filtereffekte, die auf die geknipsten Bilder gelegt werden können, um sie ansehnlicher zu gestalten. Die Effekte erzeugen meist einen Retrolook, mit dem die Bilder aussehen wie vergilbte Fotos aus alten Alben oder wie Schwarz-Weiß- oder Sepiafotos.

Dieser Polaroid-Retrostil kam bei den Usern so gut an, dass Instagram schnell Kultcharakter erlangte und millionenfach genutzt wurde. Die App bot anfangs nur die Möglichkeit, die Bilder in einem eigenen Fotostream zu veröffentlichen, der von anderen Instagram-Usern verfolgt werden konnte.

Schließlich rief der Erfolg auch größere Firmen auf den Plan, und so kam es, dass Instagram im April 2012 aufgekauft wurde. Von wem wohl (raten Sie mal)? Natürlich von Facebook – für eine durchaus beachtliche Kaufsumme von einer Milliarde Dollar. Danach wurden auch öffentlich zugängliche Profil-Websites aller Instagram-User eingerichtet, sodass die Fotos nun online auffindbar sind.

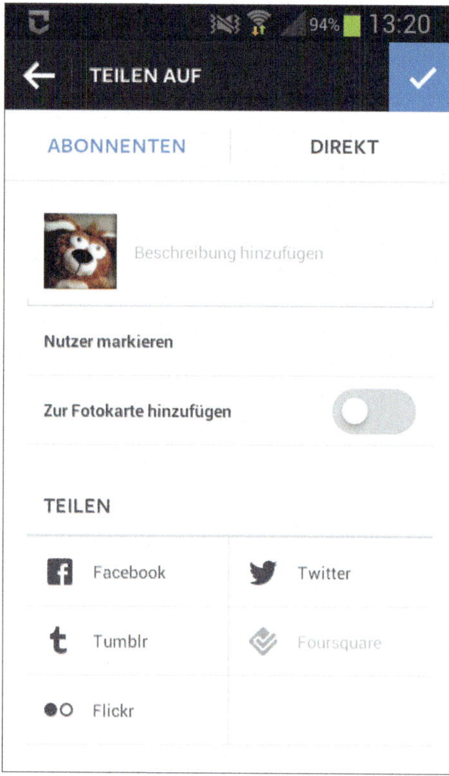

Wenn ein passender Fotofilter gefunden ist, kann das Ergebnis entweder öffentlich geteilt oder direkt an Freunde verschickt werden.

Instagram-Einstellungen und -Eigenschaften

Ähnlich wie bei Facebook besteht auch bei Instagram die Möglichkeit, seine eigenen Inhalte wahlweise nur für Freunde oder für die ganze Onlinewelt freizugeben. Allerdings muss diese Einstellung bei Instagram innerhalb der App vorgenommen werden.

Damit die eigenen Bilder nicht öffentlich angezeigt werden, kann man eine Privateinstellung wählen. Diese findet man in der App in der Ansicht des eigenen Profils. Dort kann man das Profil bearbeiten und dann unten bei der Option Beiträge sind privat ein Häkchen setzen. Nun können nur noch diejenigen Personen die Fotos sehen, die dem eigenen Profil „folgen".

Das Prinzip des Folgens stellt sich übrigens anders dar als bei Facebook: Während bei Facebook die „Freundschaft" die Standardverbindung ist, die nur durch beiderseitiges Einverständnis zustande kommt, nutzt Instagram das Prinzip der „Follower", das von Diensten wie Twitter bekannt ist. Jeder User kann beliebigen anderen Usern folgen, ohne dass diese zustimmen müssen – die Funktion entspricht also eher der Gefällt mir-Funktion bei Seiten oder der Abonnieren-Funktion von Facebook. Wer jedoch seine Fotos privat schaltet, muss eine „Folgen"-Anfrage erst bestätigen, bevor der andere User die Bilder sehen darf.

Eine weitere Option, um Fotos gezielt zu veröffentlichen, ist Instagram Direct: Dabei werden Bilder als Privatnachricht an ausgewählte User versendet, die einem folgen – diese Funktion gleicht also einem Bildversand bei WhatsApp. Sobald Sie ein Foto gemacht haben, können Sie auswählen, ob Sie das Bild allen Followern zeigen oder es direkt an einzelne User versenden möchten.

Zudem erlaubt Instagram seit 2013, neben Fotos auch kurze Videos zu veröffentlichen. Diese dürfen eine Länge von maximal 15 Sekunden haben und können ebenfalls wahlweise öffentlich, privat oder für einzelne User freigegeben werden.

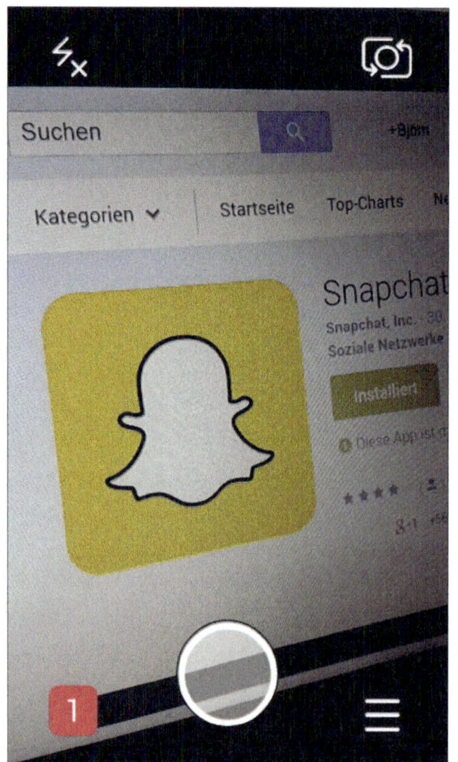

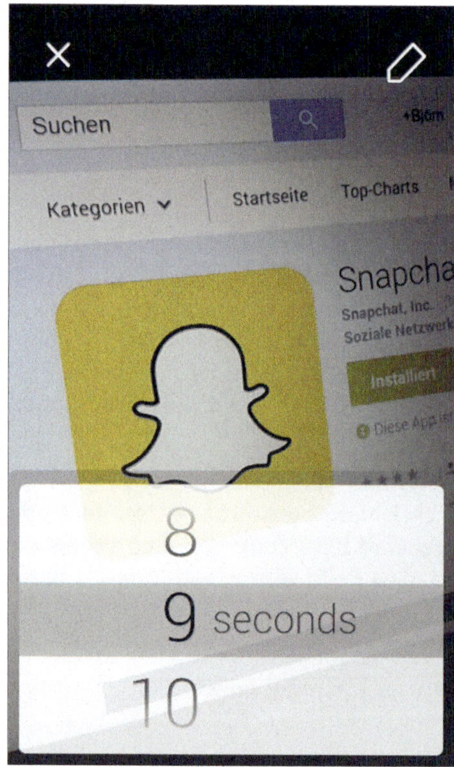

Bevor ein Snapchat-Foto verschickt wird, lässt sich einstellen, wie lange das Bild beim Empfänger zu sehen ist.

Snapchat – Eine Reaktion auf Bilderflut und Sammelwut

Eine komplett neuartige Form medialer Kommunikation stellt Snapchat dar: Der Dienst, der (ebenso wie WhatsApp) nur als Smartphone-App verfügbar ist, distanziert sich von anderen Angeboten dadurch, dass die Inhalte nicht langfristig gespeichert und somit einer (undifferenzierten) Öffentlichkeit unbegrenzt zur Verfügung gestellt werden. Vielmehr setzt Snapchat auf die Flüchtigkeit des Augenblicks und löscht die versendeten und erhaltenen Inhalte sofort wieder.

An sich ist Snapchat eine klassische Foto- und Video-App. Mit ihrer Grundfunktion lassen sich sogenannte „Snaps" erstellen, also Fotos, die mithilfe eines Malstifteditors verziert werden können, oder kurze Videos mit einer Länge von maximal 9 Sekunden. Diese Snaps können an befreundete Snapchat-User verschickt werden. Viel Text ist dabei nicht vorgesehen, lediglich eine kurze Bildunterschrift lässt sich hinzufügen. Das Besondere ist nun aber, dass sich vor dem Versenden eines Snaps einstellen lässt, wie lange diese Datei beim Empfänger angezeigt werden soll. Die mögliche Zeitspanne reicht von 1 bis 10 Sekunden – eine äußerst kurze Zeit also, die aber genügt, um sich ein Foto oder Kurzvideo anzusehen. Der Empfänger kann den Snap dann für einige Sekunden sehen, er ist aber nicht (wie bei anderen Diensten) lokal bei ihm abgespeichert, sondern zerstört sich selbst. Auch auf dem Smartphone des Versenders ist die Datei sofort wieder gelöscht.

Wozu das Ganze? Nun, der Erfolg zeigt, dass das Konzept von Snapchat einen Nerv trifft: Der Dienst meldete 2014 rund 350 Millionen verschickte Dateien pro Tag und wurde mit 4 Milliarden Dollar bewertet. Offensichtlich gibt es unter Jugendlichen ein Bedürfnis nach flüchtiger visueller Kommunikation, die nicht gespeichert und archiviert wird. Es zählt nur der Augenblick, das Hier und Jetzt – danach bleibt die Abbildung vielleicht im Gedächtnis gespeichert, aber nicht auf irgendwelchen Geräten. Damit werden ein Weiterversenden an Dritte und ein Veröffentlichen der privaten, oft intimen Botschaften ausgeschlossen – so zumindest im Snapchat-Ehrenkodex. Daran halten sich aber längst nicht alle User, wie wir auf der Folgeseite sehen.

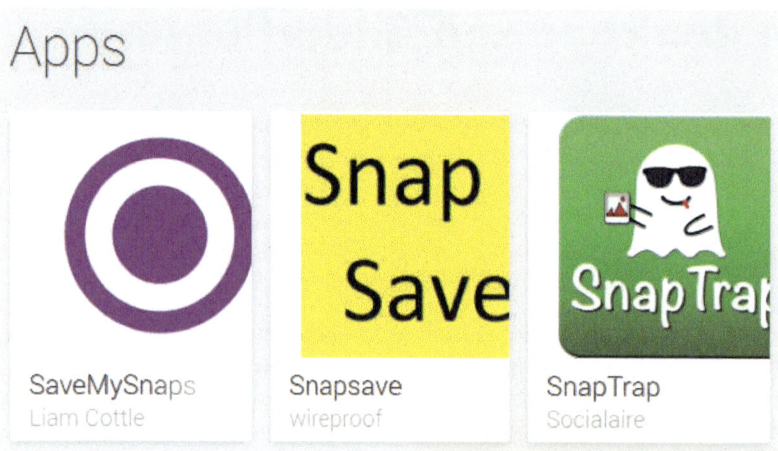

Die oben gezeigten Apps ermöglichen das Abspeichern der sich selbst zerstörenden Snaps.
Für Kinder unter 13 Jahren gibt es SnapKidz.

Nutzungs- und Einstellungsmöglichkeiten von Snapchat

Snapchat könnte eine ideale Antwort auf die Datengier einiger Konzerne und auf mögliche Vertrauensbrüche von Fotoempfängern sein, gäbe es nicht ein paar Haken an der Sache:

Zunächst ist davon auszugehen, dass die verschickten Fotos zwar von den Userhandys verschwinden, hingegen auf dem Snapchat-Server gespeichert bleiben. Der Dienst nutzt das Internet (anstelle des Mobilfunknetzes), und der Anbieter sitzt in Los Angeles, was bedeutet, dass sämtliche Nachrichten über amerikanische Server laufen und dort möglicherweise archiviert werden. Zudem lässt sich das Verschwinden der empfangenen Nachrichten leicht umgehen, beispielsweise durch eine der zahllosen „Snapsave"-Apps, die mittlerweile kursieren und die die erhaltenen Fotos und Videos abspeichern. Auch gibt es Anleitungen, wie sich in temporären Unterordnern eines Smartphones die erhaltenen Snapchat-Dateien auffinden lassen.

Den Benutzern von Snapchat muss also bewusst sein, dass der Dienst zwar keine Dateispeicherung vorsieht, dass es interessierten Usern jedoch auf unkomplizierten Umwegen ermöglicht wird, die Fotos und Videos abzugreifen. Wirklich geheime oder gar intime Abbildungen sollten über Snapchat daher nicht verschickt werden, da diese durchaus den Weg an die Öffentlichkeit finden können.

Mit der Option Story (in der deutschen Version Geschichte genannt) versucht Snapchat selbst den Spagat zwischen sich selbst zerstörenden Botschaften und der Archivfunktion, die Social-Media-Angeboten eigentlich zu eigen ist: Die eigenen Snaps können der Story hinzugefügt werden, was zur Folge hat, dass alle befreundeten User diese Datei in den folgenden 24 Stunden beliebig oft ansehen können.

Snapchat ist laut AGB erst ab 13 Jahren freigegeben. Registrieren sich jüngere Kinder, wird bei ihnen automatisch die reduzierte Version „SnapKidz" installiert, mit der sich Fotos und Videos lediglich erstellen, nicht aber versenden lassen. Allerdings lässt sich auch dieser Kinderschutz leicht umgehen, indem man sich ab- und neu anmeldet und bei der Neuanmeldung ein früheres Geburtsdatum angibt.

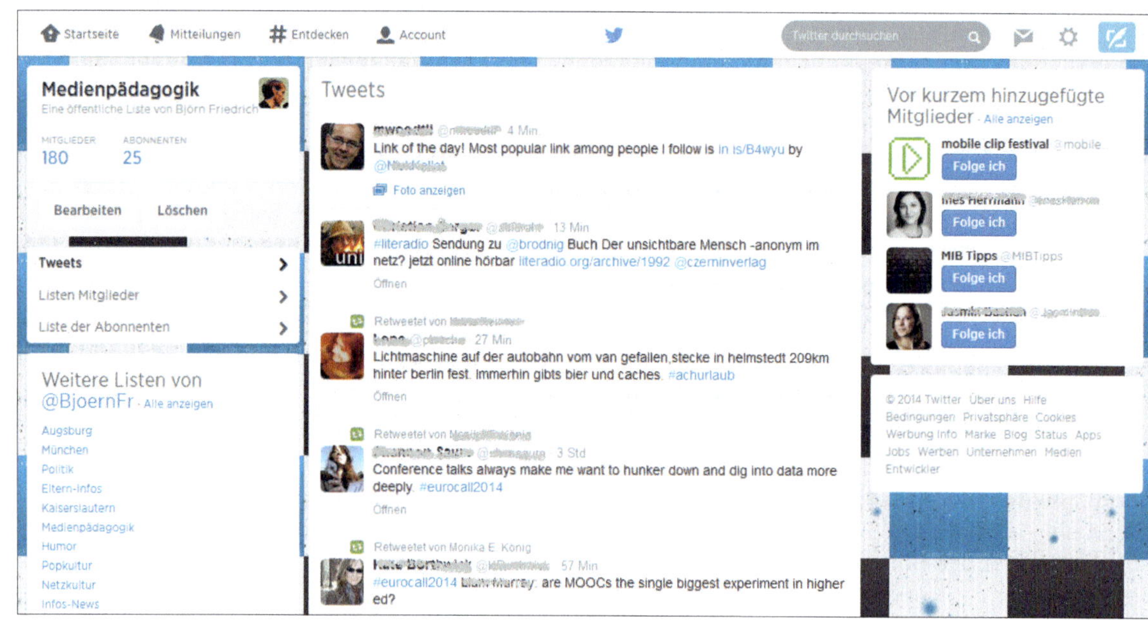

Einblick in einen Twitter-Account und eine dort angelegte thematische Liste.

Twitter

Der Kurznachrichtendienst Twitter ist in Deutschland ein gewisses Paradoxon: Einerseits ist das Angebot bekannt und in aller Munde, andererseits wird es von den Deutschen relativ zurückhaltend genutzt. Weltweit sind rund 250 Millionen Menschen bei Twitter aktiv, aus Deutschland kommen davon nur ca. 2 Millionen.

Warum ist Twitter dann so bekannt? Vermutlich liegt es daran, dass sich Twitter global betrachtet zu einem bedeutenden schnellen Informationsmedium entwickelt hat. Gerade viele Politiker, Prominente, Stars und Sternchen nutzen den Dienst als „direkten Draht“ zu Fans und Interessenten. Ihnen steht mit Twitter ein ungefiltertes Kommunikationsmedium zur Verfügung, denn hier werden die Äußerungen nicht von Presseredaktionen aufgegriffen (und möglicherweise falsch zitiert), sondern direkt an das Publikum gesendet.

So kommt es, dass es viele passive Twitter-User gibt, also Personen, die lediglich die Veröffentlichungen anderer Leute verfolgen, aber selbst nichts schreiben. Auch unter Jugendlichen ist dieser Trend zu beobachten: Zwar gibt es vereinzelt jugendliche Twitter-Begeisterte, doch ist der Kurznachrichtendienst ein Randmedium geblieben, das laut JIM-Studie 2013 von nur 3 % der deutschen Jugendlichen aktiv genutzt wird.

In den USA sind die Zahlen deutlich höher, Deutschland ist, wie gesagt, im weltweiten Twitter-Vergleich ohnehin unterdurchschnittlich repräsentiert. In jedem Land gelten eben eigene Gesetze.

Was aber sicherlich für viele Jugendliche interessant ist, sind die Twitter-Postings ihrer Lieblingsstars und -sternchen, und diese sind auch öffentlich lesbar, ohne dass man dafür einen Twitter-Account anlegen muss. Der Dienst ist und bleibt also relevant – wenn Sie neugierig sind, gucken Sie doch mal rein, z. B. beim deutschen Regierungssprecher Steffen Seibert (*www.twitter.com/regsprecher*), bei Barack Obama (*www.twitter.com/barackobama*), der deutschen Fußballnationalmannschaft (*www.twitter.com/dfb_team*) oder bei Lena Meyer-Landrut (*www.twitter.com/lenas_view*). Viel Spaß!

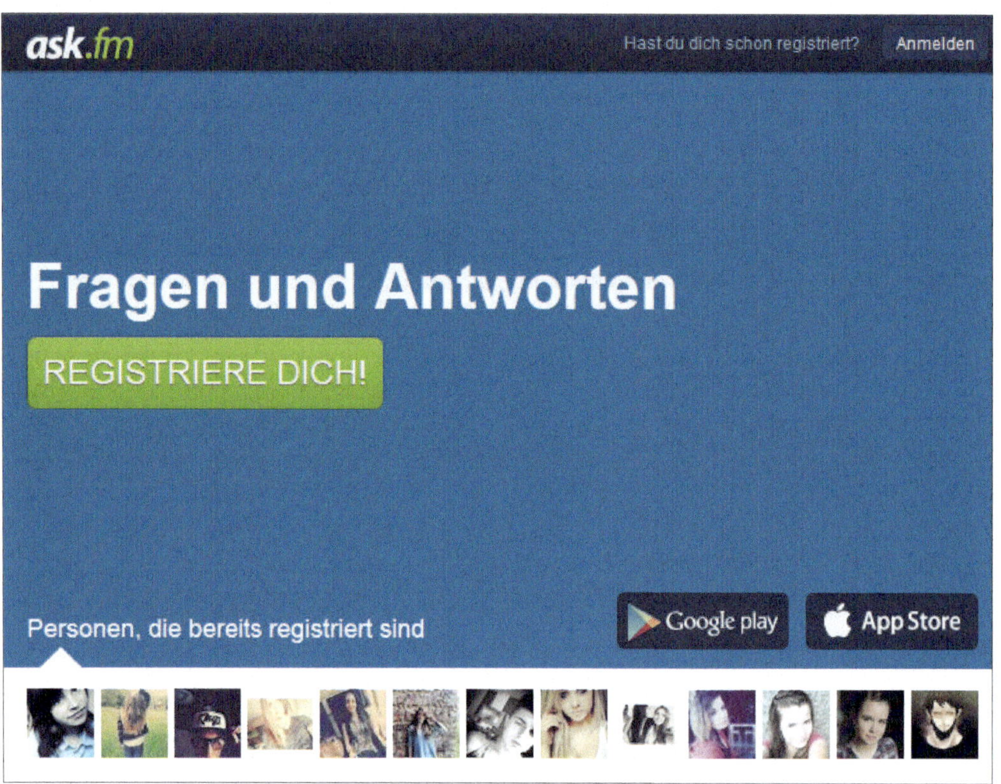

ask.fm ist als Website und natürlich auch als App verfügbar.

ask.fm

Ein anderes Tool, das sich in den letzten Jahren unter Jugendlichen verbreitet hat, ist ask.fm. Dieser Dienst, der 2010 in Lettland gegründet wurde, sollte eigentlich nur dazu dienen, anderen Usern Fragen zu stellen, die diese dann beantworten. An sich also kein problematisches Ansinnen – die meisten Fragen sind durchaus harmlos und lauten z.B. „An was glaubst du?", „Was war der glücklichste Moment in deinem Leben?" oder „Hast du einen Freund?".

Allerdings gibt es die Option, anonym Fragen zu stellen – und hier beginnt leider ein Problem: Ask.fm entwickelte sich nämlich in einigen Fällen zu einer Plattform für Cybermobbing-Angriffe. Wer die Option anonyme Fragen zulassen aktiviert hat, kann nicht herausfinden, wer ihm welche Frage stellt. Diese Funktion wird von Mobbing-Tätern ausgenutzt, indem sie ihre Opfer mit peinlichen und beleidigenden Fragen (oder Aussagen) belästigen. Das Opfer kann diese Fragen zwar ignorieren oder löschen, in beiden Fällen werden sie nicht öffentlich angezeigt, doch die psychische Verletzung und eine starke seelische Belastung bleiben natürlich.

Die Lösung für dieses Problem ist denkbar einfach: In den Einstellungen gibt es unter dem Punkt Datenschutz die Möglichkeit, anonyme Fragen zuzulassen oder von vornherein auszuschließen. Auf diesem Weg kann also zumindest anonymes Mobbing unterbunden werden. Sollten die Täter dann unter ihrem Usernamen weitermachen, empfiehlt es sich wohl, den ask.fm-Account ruhen zu lassen oder sich bei diesem Dienst komplett abzumelden. So können zumindest in diesem Medium Mobbing-Angriffe abgewehrt werden.

In den meisten Fällen wird ask.fm allerdings nur für seinen eigentlichen Zweck genutzt: das Fragen und Beantworten von mehr oder weniger wichtigen Informationen zwischen Jugendlichen.

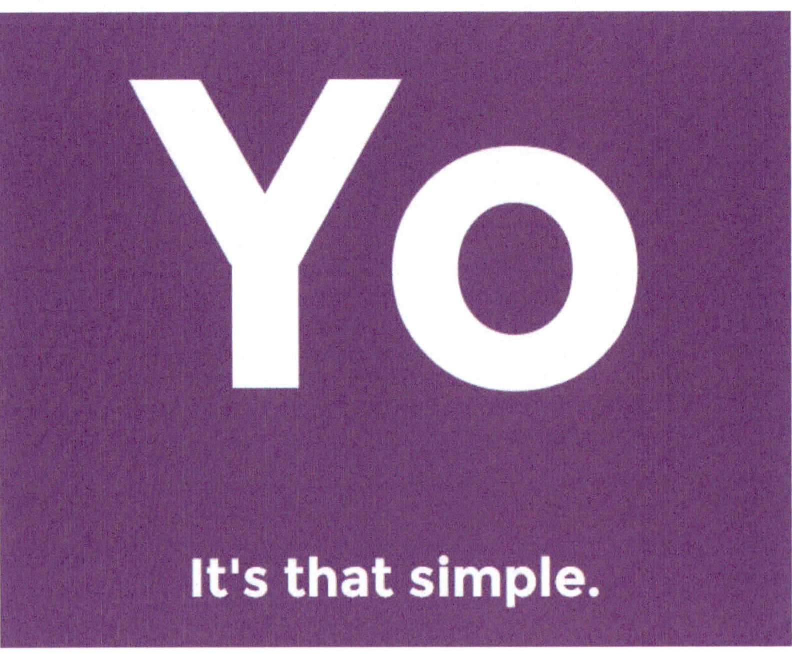

Yo. Sonst nix.

Yo

Eigentlich ist es ein Frevel, die App Yo mit mehr als einem Wort zu beschreiben, denn Yo lebt von eben diesem einen Wort, von einem „yo“. Die App stellt somit die absolute Reduktion von Kommunikation dar: zwei Buchstaben, viel weniger geht nicht.

Die App wurde am 1. April 2014 veröffentlicht und war doch kein Aprilscherz, sondern eine ebenso kuriose wie erfolgreiche Idee: Sie schicken beispielsweise Ihrer Tochter ein „yo“, sie schickt Ihnen ein „yo“ zurück, und beide wissen, dass alles bestens ist. So funktioniert das Grundprinzip: Es ist eine kurze Kontaktaufnahme, eine digitale Aufmerksamkeit, ähnlich wie das Anstupsen bei Facebook. Yo dient aber auch der Information: Beispielsweise informiert die App, wenn ein abonnierter YouTube-Kanal ein neues Video veröffentlicht. Medien wie die Washington Post oder das TechCrunch-Magazin melden via Yo, wenn ein neuer Artikel veröffentlicht wird. Ist an einer Citibike-Station in Manhattan ein Fahrrad frei, kann man das ebenfalls via Yo erfahren. Und wenn der FC Chelsea ein Tor schießt, piepst das Smartphone aller Fans und sagt: Yo.

Die App bezeichnet sich selbst ganz unbescheiden als „das einfachste und effizienteste Kommunikationswerkzeug der Welt“. Zugegebenermaßen haben die Entwickler ihr simples Prinzip gut umgesetzt – so gut, dass die App in wenigen Wochen 2 Millionen Mal heruntergeladen und von Investoren auf 10 Millionen Dollar bewertet wurde.

Für die Zukunft plant das Unternehmen noch einiges, beispielsweise sollen bald auch Links verschickt und Profilseiten mit Foto eingerichtet werden können und vieles mehr. Ideen gibt es genug, aber ob daraus ein dauerhafter Erfolg erwächst oder ob Yo nur ein Hype im Sommer 2014 war, muss sich noch zeigen.

„Nicht alles, was geht, ist auch erlaubt" – dieser Merksatz gilt auch für Filmportale wie kinox.to.

kinox.to, movie4k, Kinokiste & Co.

Weit verbreitet sind unter Jugendlichen auch Filmportale wie kinox.to, movie4k, Kinokiste und Konsorten. Ihnen ist gemeinsam, dass sie ein umfangreiches Angebot an Filmen und Serien bereitstellen, darunter auch aktuelle Kinofilme oder Serien, die nur im Pay-TV oder auf DVD erhältlich sind. Hier sind also Inhalte zu finden, für die anderswo Geld bezahlt werden müsste. Der Vorteil dieser Portale besteht darin, dass die Inhalte hier zum kostenlosen Streaming (und meist auch kostenlosen Herunterladen) bereitstehen.

Doch wie kann das sein? Natürlich geht hier nicht alles mit rechten Dingen zu, stattdessen handelt es sich um hochumstrittene Portale, die nach deutschem Recht nicht zulässig sind. Die Betreiber dieser deutschsprachigen Portale agieren jedoch im Ausland (das „.to" hinter kinox steht beispielsweise für das südpazifische Archipel Tonga), daher kann das deutsche Urheberrecht hier nicht einfach durchgesetzt werden: Die Ermittlungsbehörden sind auf die Kooperation Tongas angewiesen, die jedoch nicht erfolgt.

Was bedeutet das für uns Nutzer?

- Zunächst gilt, dass das Hochladen von Inhalten, an denen man nicht das Urheberrecht besitzt, streng verboten ist. Wer also im Kino einen Film mitschneidet oder eine DVD auf Festplatte digitalisiert, darf die Ergebnisse nicht bei kinox.to veröffentlichen. (Genau aus diesen Quellen speisen sich die Portale.)
- Das Herunterladen von offensichtlich rechtswidrigen Inhalten ist ebenfalls nicht zulässig (siehe Kapitel 6, „YouTube"). Es muss uns allen klar sein, dass ein aktueller Kinofilm, der online zum kostenlosen Download bereitsteht, keine rechtskonforme Vorlage sein kann, daher ist das Herunterladen strafbar.
- Das Streaming, also das bloße Ansehen von illegalen Vorlagen, ist hingegen umstritten. Derzeit (Stand: August 2014) gilt, dass das Ansehen solcher Streams zwar Unsicherheiten birgt, aber nicht eindeutig illegal ist, zumindest wurde bislang in Deutschland noch niemand dafür bestraft.

Die Rechtslage in dieser Thematik ist jedoch schwierig, da es noch keine eindeutigen Gesetze gibt (hier ringen Politik und Medienindustrie weiterhin miteinander). Für aktuelle Informationen sei noch mal auf das Portal *www.irights.info* verwiesen, das sich mit rechtlichen Fragen in der digitalen Welt beschäftigt.

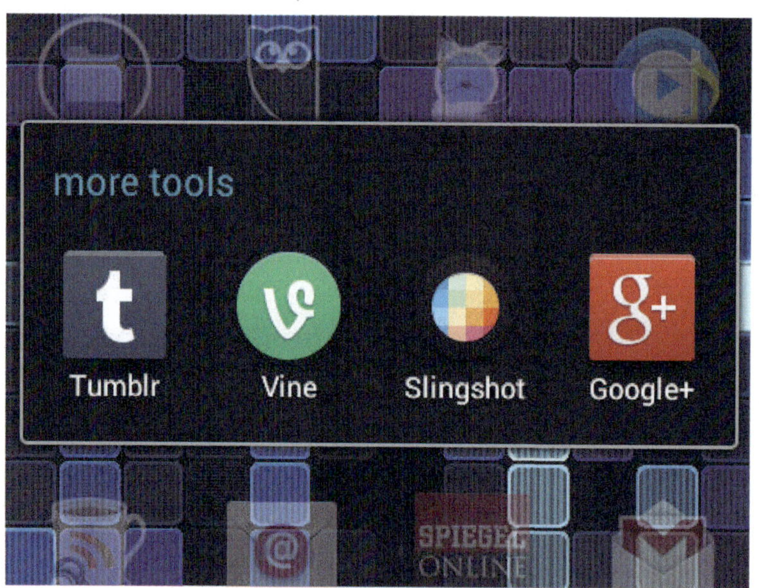

Einige weitere Tools, die derzeit populär sind.

Tumblr, Vine, Slingshot, Google+

Das Angebot an Onlineportalen und Apps für Jugendliche entwickelt sich rasend schnell. Wir möchten Ihnen aus der unüberschaubaren Palette digitaler Tools noch vier weitere Angebote vorstellen, die sich (auch) an Jugendliche richten und die derzeit intensiv genutzt werden:

- Tumblr ist ein vergleichsweise altes Angebot, das bereits seit 2007 existiert und 2013 von Yahoo! aufgekauft wurde. Dahinter steckt ein Weblog-System, das im Laufe der Zeit Anleihen bei einigen anderen Diensten gemacht hat: Sie können hier nicht nur Ihr eigenes Tumblr-Blog mit Inhalten füllen, sondern auch die Beiträge anderer User rebloggen und Usern oder Blogs folgen.
- Vine ist ein relativ junger Dienst aus dem Hause Twitter: Während bei Twitter Kurznachrichten versendet werden, ist Vine ein Portal für kurze Videos. Kurz bedeutet hier ultrakurz, denn für ein Vine-Video stehen maximal 6 Sekunden zur Verfügung. Diese Verknappung führt zu dem interessanten Effekt, dass es zu einer neuen Kunstform geworden ist, Vine-Videos zu produzieren. In der Kürze liegt bekanntlich die Würze, und hier lassen sich sehenswerte Videoexperimente beobachten.
- Slingshot ist ein billiger Klon eines erfolgreichen Portals: Facebook hat hier sein eigenes Snapchat gebaut (nachdem vorhergehende Übernahmeverhandlungen offensichtlich gescheitert waren). Slingshot macht also das, was Snapchat erfunden hat: versendete Nachrichten sofort wieder zu zerstören. Neu ist lediglich der Zusatz, dass man selbst Inhalte teilen muss, um die Nachrichten von anderen überhaupt sehen zu können. Interessanterweise wurde mit dem Instagram-Ableger Bolt gleich noch ein Snapchat-Konkurrent gestartet.
- Google+ ist der mäßig erfolgreiche Versuch von Google, ein eigenes soziales Netzwerk zu etablieren. Zwar hat Google+ derzeit angeblich 500 Millionen User, allerdings darf man das Portal dennoch guten Gewissens als „mäßig erfolgreich" bezeichnen, da die meisten User inaktive Karteileichen sind, die über einen anderen Google-Dienst wie YouTube oder Gmail zu Google+ geleitet wurden. Es gibt dort durchaus eine aktive Szene, aber der erhoffte Effekt, eine Facebook-Konkurrenz zu etablieren, gelang bisher nicht.

Welche Dienste noch aus dem Boden sprießen, welche Anbieter plötzlich gigantische Erfolge erzielen werden und welche eher Insiderportale bleiben, muss die Zukunft zeigen. Bleiben Sie neugierig!

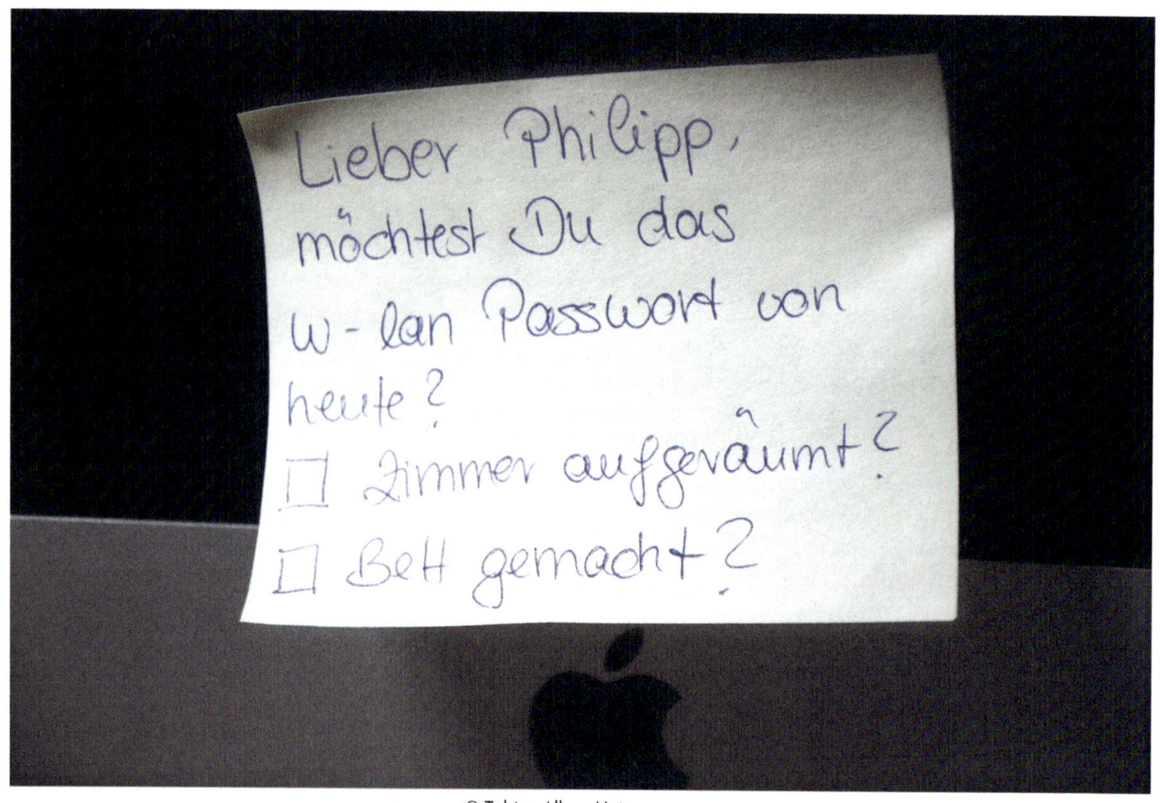

© Tobias Albers-Heinemann

Es ist gar nicht die Frage, „ob“ wir unsere Kinder begleiten müssen, sondern „wie“ wir es machen.

KAPITEL 8 | Eltern im Netz – wie begleite ich mein Kind?

In den letzten Kapiteln haben wir ausführlich betrachtet, was unsere Kinder alles im Internet machen: kommunizieren, sich präsentieren, sich informieren, spielen, sich vernetzen und partizipieren.

Die Frage, die sich nun stellt, ist, ob und wie wir als Eltern unsere Kinder in dieser digitalen Welt begleiten können oder sogar müssen. Oder ist es vielleicht sogar zwecklos, da sich unsere Kinder sowieso viel besser mit den digitalen Medien auskennen als wir? Zur Erinnerung: Wir sind ja die Digital Immigrants, diejenigen, die in einer analogen Welt aufgewachsen sind, während unsere Kinder als Digital Natives von klein auf mit den Medien aufgewachsen sind.

Wie wir aber bereits in Kapitel 1 geschrieben haben, gibt es einen elementaren Unterschied zwischen der reinen Nutzung von Medien und einem verantwortungsvollen Umgang damit, und genau an diesem Punkt gibt es eine Menge Möglichkeiten, unsere Kinder zu begleiten und zu eigenständigen und verantwortungsbewussten Individuen zu erziehen. Unserer Meinung nach sollte deshalb die Frage nicht lauten, ob wir unsere Kinder begleiten können, sondern vielmehr wie wir es am besten machen.

In diesem Kapitel wollen wir Ihnen Hinweise und Hilfestellungen geben, die es Ihnen einfacher machen, die Bedürfnisse und Argumente Ihrer Kinder zu verstehen.

Wir wollen mit Ihnen zusammen die ersten Schritte in Richtung eines begleitenden Umgangs mit den sozialen Medien gehen und praxisnahe Tipps geben, die Ihnen den Einstieg in dieses vielleicht fremde Thema erleichtern.

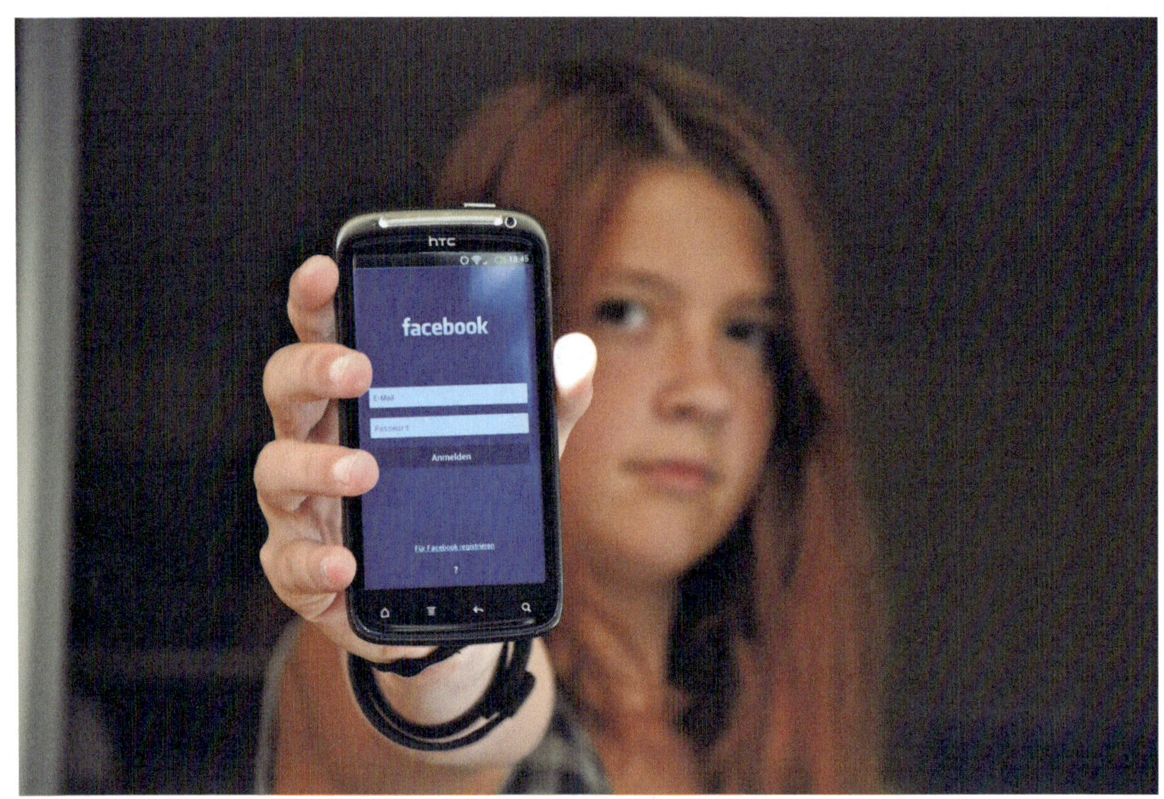

© Tobias Albers-Heinemann

Ich will einen Facebook-Account – JETZT!

Mein Kind will ... – was nun?

Irgendwann im Leben eines digital geprägten Menschen kommt der Wunsch nach Vernetzung und Kommunikation mit Gleichgesinnten, Freunden, Mitschülern und Sportkameraden über digitale Medien, also Messenger, soziale Netzwerke usw.

Derzeit sind Facebook und WhatsApp die Marktführer in diesen Bereichen, und YouTube wird sich zu einem neuen Leitmedium entwickeln. Daher ist es mehr als wahrscheinlich, dass unsere Kinder irgendwann diese Dienste nutzen wollen. Was also können wir machen, wenn unsere Kinder vor uns stehen und uns mitteilen: „Ich möchte gern einen Facebook-Account einrichten" oder „Ich brauche WhatsApp auf dem Smartphone ..."?

Nun, als Erstes können wir uns freuen, dass wir nicht vor vollendete Tatsachen gestellt wurden, indem es heißt: „Ich bin jetzt bei YouTube und Facebook." Möglichkeiten, sich einen Account anzulegen, haben junge Menschen genügend, sei es am eigenen Computer, über ein Smartphone, in der Schule, bei einem Freund, im Jugendzentrum oder einem öffentlichen Internetcafé.

Die Tatsache, dass unser Kind im Vorfeld seinen Wunsch nach einer solchen Mitgliedschaft äußert, ist in erster Linie ein Vertrauensbeweis bzw. ein Ausdruck einer intakten und funktionierenden Kommunikation in Ihrer Familie. Darüber hinaus formuliert ein junger Mensch mit einem solchen Wunsch das Bedürfnis, Teil einer Gemeinschaft zu werden, einem Netzwerk beizutreten und sich mit anderen Menschen auszutauschen, auch wenn dies in einem digitalen Raum stattfindet. So ein Bedürfnis ist wichtig und sehr bedeutsam für die Entwicklung junger Menschen und sollte nicht einfach so ignoriert werden.

Calendars 5
Erinnerungen
Kontakte
WhatsApp
Threema
social

Unsere drei Möglichkeiten

Wenn also so ein Wunsch von unseren Kindern geäußert wird, haben wir drei Möglichkeiten zu reagieren.

1. Wir können „nein, auf keinen Fall" sagen und damit riskieren, dass unsere Kinder hinter unserem Rücken ohne Begleitung einen Account anlegen, denn der Wunsch nach Gemeinschaft und Zugehörigkeit ist sehr stark.
2. Wir können auch „mach mal" sagen, jedoch wird auch hier die Welt der Netzwerke und Dienste allein erforscht, und das Risiko, den einen oder anderen Haken falsch zu setzen, ist natürlich größer.
3. Die dritte Möglichkeit wäre, dass wir mit unseren Kindern ins Gespräch zu kommen, um zu erörtern, warum sie denn gerade bei Facebook, WhatsApp, YouTube oder Instagram einen Account möchten und was sie dort machen wollen.

Wichtig für uns Eltern ist bei der Wahl der dritten Option, dass wir uns selbst über diese Angebote informieren. Viele Eltern verbieten beispielsweise Facebook – eben genau aufgrund des medial präsenten rosa Elefanten aus Kapitel 1 – und erlauben Instagram. Dass auch hier Fotos öffentlich sichtbar sind, ist vielen nicht bewusst. Die konstruktive Auseinandersetzung mit einem Dienst hilft es uns, ein objektiveres Bild über vermeintliche „Gefahren und Risiken" zu bekommen, die uns im Unterbewusstsein begleiten und beeinflussen.

© Tobias Albers-Heinemann

Christiane, Mutter von drei Kindern: „Ich bin begeistert, wie unkompliziert es ist, durch Facebook mit Freunden und Bekannten in Kontakt zu bleiben."

Wenn andere von der Brücke springen ...

Stellen Sie sich doch mal bitte folgenden Dialog vor:

Martin (13 Jahre): *Papa, ich möchte gerne einen Facebook-Account.*

Vater: *Für was brauchst du denn so was?*

Martin: *Das ist echt cool! All meine Freunde sind auch da ...*

Vater: *Ach, und wenn die von einer Brücke springen, springst du dann auch?*

Viele von uns kennen diese Brückenargumentation aus der eigenen Jugend. Damit sollte nur zu oft gegen das Prinzip des Gruppenzwangs gearbeitet werden. Dass andere etwas haben, darf und sollte kein Argument sein, das Gleiche haben zu wollen. Ganz unabhängig davon, wie berechtigt man das Brückenargument grundsätzlich findet, geht es in unserem Beispiel gar nicht darum, „etwas haben zu wollen". Denn wenn ein Mensch einem sozialen Netzwerk beitreten möchte, weil seine Freunde auch dort sind, hat das in erster Linie etwas mit Kommunikation zu tun.

Wie viele Kinder besitzen z.B. ein Handy, nur damit sie „in Notfällen" erreichbar sind und mit ihren Eltern kommunizieren können? Laut KIM-Studie 2012 des medienpädagogischen Forschungsverbunds Südwest (mpfs) haben 65 % der Kinder zwischen 6 und 12 Jahren ein eigenes Handy. Im Jahr 2003 waren es „nur" 24 %.

Diese Form bzw. dieser meist elterliche Wunsch nach medialer Kommunikation und Verfügbarkeit etabliert sich von Jahr zu Jahr mehr. Wieso soll es denn nicht normal sein, wenn Jugendliche untereinander medial kommunizieren wollen? Soziale Netzwerke haben einfach den Vorteil, dass orts- und zeitunabhängig der Kontakt zu Freunden hergestellt und gehalten werden kann. Und wenn wir einmal einen Blick auf die Zeit werfen, die unseren Kindern neben Schule, Hausaufgaben, Verein usw. noch bleibt, kann das durchaus von Vorteil sein.

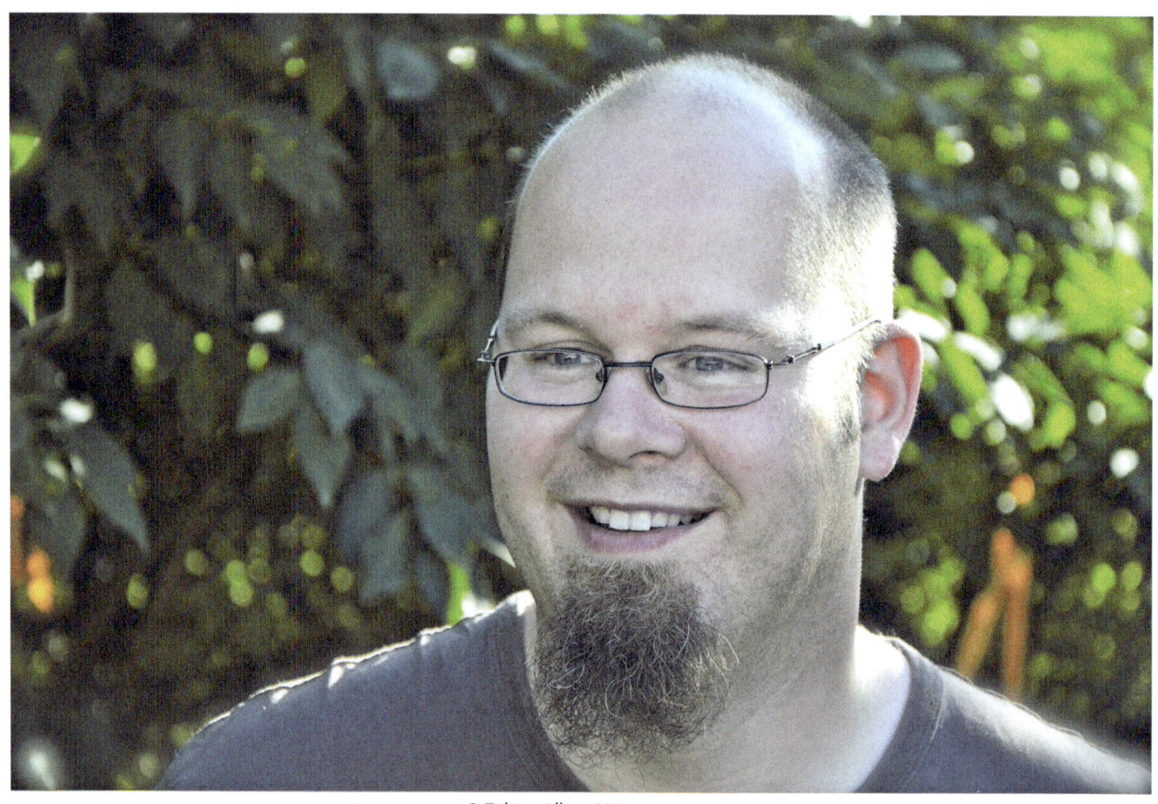

© Tobias Albers-Heinemann

Malte, Vater von vier Kindern: „Am wichtigsten ist für mich, dass meine Kinder lernen, sicher, eigenständig und verantwortungsvoll mit Medien umzugehen. Das Mindestalter bei einem Kommunikationsmittel ist auch wichtig, aber zweitrangig."

Eine Frage des Alters

Wäre Martin noch etwas jünger, könnte die Antwort seines Vaters auch wie folgt lauten:

Für so etwas bist du noch zu jung, Facebook ist erst ab 13 Jahren.

In der Tat, in den allgemeinen Geschäftsbedingungen (AGB) von Facebook heißt es, dass erst ab 13 Jahren eine Mitgliedschaft möglich sein soll. Allerdings ist es nicht schwer, sich selbst bei der Anmeldung ein bis zwei Jahre älter zu machen. Die Frage, die sich also stellt, ist, was zu tun ist, wenn Kinder, die unter 13 sind, einen Facebook-Account haben wollen. Verbieten mit dem Risiko, dass das Kind woanders und heimlich einen Account anlegt, oder erlauben und gegen die AGB verstoßen?

Eine schwierige Frage, auf die es keine pauschale Antwort gibt, weil diese sehr vom persönlichen Entwicklungsstand des Einzelnen abhängt. Zudem wissen wir, dass eine Altersgrenze immer nur bedingt funktioniert, in manchen Bereichen sogar der Verstoß dagegen gesellschaftlich geduldet wird.

Nehmen wir nur einmal als Beispiel das Rauchen in der Öffentlichkeit, das ab 18 Jahren erlaubt ist. Wie oft werden hier alle Augen zugedrückt? „Wenn sie hier nicht rauchen dürfen, rauchen sie eben woanders", heißt es ja auch richtig. Und so wird es zumindest geduldet, dass Minderjährige auf Festen, vor Jugendtreffs oder auf anderen öffentlichen Veranstaltungen rauchen. Darüber hinaus haben die Eltern sogar das Recht, ihren Kindern das Rauchen zu Hause zu erlauben.

Wäre es dann nicht auch logisch, wenn Eltern ihren unter 13 Jahre alten Kindern die Nutzung von Facebook erlauben dürften, sofern sie der Ansicht sind, dass diese über die entsprechende Reife und das entsprechende Basiswissen verfügen? Die allgemeinen Geschäftsbedingungen sind in erster Linie keine Gesetze, sondern lediglich vom Anbieter formulierte Voraussetzungen für die Nutzung eines bestimmten Diensts. Im schlimmsten Fall kann also nur der Account gesperrt werden, rechtliche Konsequenzen wird es nicht geben.

PS: Wussten Sie, dass WhatsApp laut seinen AGB erst ab 16 Jahren genutzt werden darf?

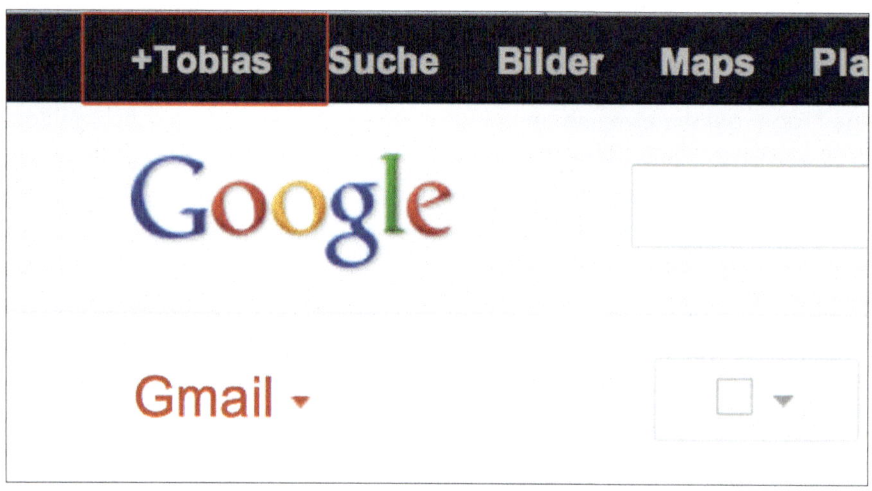

Jeder neue Google Mail-Benutzer ist automatisch Mitglied im sozialen Netzwerk Google+.

Gemeinsam einen Account anlegen

Soziale Netzwerke wie z.B. Facebook sind für Jugendliche ein wichtiges Kommunikationsmedium. Da der Zugang durch die weite Verbreitung internetfähiger Endgeräte wirklich sehr einfach ist, ist es unserer Meinung nach wenig sinnvoll, die Facebook-Nutzung zu verbieten und zu hoffen, dass die Kinder und Jugendlichen sich daran halten.

Im Fall des sozialen Netzwerks Google+ kann es sogar passieren, dass ein entsprechender Account eingerichtet wird, ohne dass der betroffene Jugendliche selbst davon etwas mitbekommt. Mittlerweile ist hier nämlich die Nutzung von Google Mail, Kalender, Docs usw. an eine Google+-Mitgliedschaft gebunden. Sobald also ein E-Mail-Konto eingerichtet wird, erstellt Google anhand der persönlichen Daten automatisch ein Google+-Konto. Dieses lässt sich zwar in einem separaten Schritt deaktivieren, was aber auch nur möglich ist, wenn man selbst von seiner eigenen Mitgliedschaft weiß.

Eine sehr gute Möglichkeit, unsere Kinder sinnvoll auf ihrem Weg durchs Netz zu begleiten, ist daher, entsprechende Konten und Accounts gemeinsam anzulegen. Dies gilt nicht nur für soziale Netzwerke, sondern auch für E-Mail-Anbieter und andere Provider. Sprechen Sie mit Ihrem Kind darüber, warum welche Angaben gemacht werden müssen, und achten Sie gemeinsam auf die entsprechenden Sicherheitseinstellungen. Informieren Sie sich z.B. über eine Suchmaschine im Vorfeld über das digitale Angebot, über potenzielle Sicherheitslücken und entsprechende Privatsphäre-Einstellungen. Fragen Sie Ihr Kind, wie und in welchem Umfang es eigentlich das entsprechende Angebot nutzen möchte. Nur so können Sie die idealen Einstellungen herausfinden.

© Tobias Albers-Heinemann

Der Respekt vor der Privatsphäre und den Persönlichkeitsrechten des Einzelnen ist nicht nur im digitalen Leben wichtig.

Begleiten oder kontrollieren?

Nachdem Sie gemeinsam einen Account angelegt haben, steht nun der Facebook-Nutzung nichts mehr im Weg. Die Jugendlichen können Bilder veröffentlichen, Statusmeldungen posten, sich mit anderen Menschen vernetzen, neue Kontakte knüpfen und innerhalb ihrer Clique auf dem Laufenden bleiben.

Aber wie können wir als Eltern sicherstellen, dass sich unsere Kinder in geordneten Bahnen bewegen, niemanden beleidigen, keine peinlichen Fotos veröffentlichen und dass vor allem keine Kontakte zu zweifelhaften Menschen entstehen? Erst vor Kurzem war noch im Jahresbericht der Zentralstelle der Länder für Jugendschutz im Internet zu lesen, dass z. B. rechtsradikale Gruppen vermehrt soziale Netzwerke nutzen, um dort Nachwuchs zu finden. Selbstverständlich wollen wir nicht, dass unsere Kinder mit so etwas in Kontakt kommen. Was also tun?

Nun, eine Möglichkeit wäre natürlich – da wir vom gemeinsamen Einrichten die Passwörter kennen –, sich ab und zu als unser Kind einzuloggen und einfach mal zu schauen, was es denn so alles macht. Wir könnten die privaten Nachrichten lesen, den Freundeskreis nach unseren Vorstellungen optimieren und die für uns anzüglichen Partyfotos durch seriöse und anständige Bilder des letzten Oma-Besuchs ersetzen.

Wahrscheinlich finden Sie selbst, dass diese Variante in einem vertrauensvollen Erziehungsumfeld niemals infrage kommen kann. Schließlich lesen wir ja auch nicht die persönlichen Tagebücher unserer Kinder und haben auch keinerlei Einfluss auf deren Freundeskreis. Warum sollte das im Internet anders sein? Der Respekt vor der Privatsphäre und den Persönlichkeitsrechten des Einzelnen ist nicht nur im digitalen Leben wichtig. Vor allem als Eltern sollten wir Vorbilder sein und uns so verhalten, wie wir es von unseren Kindern verlangen. Was wir machen können, ist, unsere Kinder zu begleiten, ein vertrauensvoller Ansprechpartner zu sein und ein offenes Ohr für die Belange und Bedürfnisse zu haben. Tun wir also genau das Gleiche, das wir auch im analogen Leben machen, um unseren Kindern zur Seite zu stehen.

© Lisa Prinzler

Lisa: „Ich chatte und skype regelmäßig mit meiner Freundin in Dänemark auf Englisch. So lerne ich die Sprache wesentlich besser, was ich auch in der Schule merke ..."

Vom behüteten Schutzraum hin zur jugendlichen Eigenverantwortlichkeit

Um einen kindgerechten Start ins Internet zu ermöglichen, gibt es verschiedene Optionen. Sie können z.B. eine Kindersuchmaschine wie www.frag-finn.de oder www.blinde-kuh.de als Startseite einrichten, Sie können aber auch im Browser kindgerechte Internetseiten als Favoriten anlegen. Egal wie Sie es machen, bei Kindern im Grundschulalter sollte generell die Regel gelten: Niemals allein im Internet!

Es gibt diverse Programme, die sich selbst als Jugendschutzfilter oder Jugendschutzprogramme bezeichnen, keines davon ist allerdings zu 100 % sicher. Entweder werden zu viele gute Seite gesperrt (Overblocking), oder das Programm ist mit wenigen Klicks zu umgehen. Unterschätzen Sie hierbei bitte nicht den Einfallsreichtum Ihrer Kinder!

Wie bereits gesagt, bei kleinen Kindern ist eine durchgängige Begleitung notwendig, die sich jedoch mit zunehmendem Alter verringern sollte. Je älter die Kinder werden, desto mehr wird das Internet inhaltlich und kommunikativ genutzt. Hausarbeiten werden vielleicht in einer Facebook-Gruppe besprochen, Inhalte über Suchmaschinen recherchiert. Manchmal kann für ein Referat auch ein YouTube-Video nützlich sein. Und was bringen unseren Kindern dann Filterprogramme, die alles mit dem Wort SEX sperren, wenn sie für den Geschichtsunterricht etwas zum Thema RechtSEXtremismus suchen?

Es ist wie im analogen Leben. Irgendwann setzt die Pubertät ein, der elterliche Einfluss schwindet. Die Jugendlichen sind auf der Suche nach ihrer eigenen Identität und grenzen sich dabei bewusst vom Elternhaus ab. In solchen Fällen können wir als Eltern auch nur Eltern sein, unsere Kinder auf das, was kommt, vorbereiten, ihnen zur Seite stehen und darauf vertrauen, dass sie eigenverantwortlich ihre Entscheidungen treffen. Wie heißt es so schön in einem Sprichwort: „Wir können unsere Kinder nicht davor bewahren, hinzufallen, jedoch können wir ihnen beim Aufstehen helfen."

Hessische/Niedersächsische Allgemeine — Wetter | Radio HNA | Kontakt | Kartenservice | Veranstaltungen — HNA stellenanzeigen.de — Freitag, 11.07.2014

HNA.DE — Suchen — Meine HNA

Lokales Nachrichten Sport Multimedia Radio HNA Magazin Anzeigen Abo-Shop

HNA Online > Lokales > Kassel > Weil Eltern zu oft telefonierten: Handys in städtischen Kitas in Kassel tabu — RSS: Kassel

01.06.14 | Kassel | 0

Viele kümmerten sich nicht mehr um ihre Kinder

Weil Eltern zu oft telefonierten: Handys in städtischen Kitas sind jetzt tabu

Empfehlen 192 | g+1 | Twittern 4

Kassel. In den 29 städtischen Kindergärten gilt jetzt ein Handyverbot für Eltern. Dies wurde auf Wunsch der Kita-Leitungen eingeführt, da Eltern beim Bringen und Abholen ihrer Kinder immer häufiger ein Handy am Ohr hatten.

Dadurch sei es für die Erzieher nicht möglich gewesen, mit den Eltern Probleme und Fragen zu klären, teilt die Stadt mit. Zudem würden die Kinder darunter leiden, wenn ihre Eltern sie wegen eines Telefonats weder vernünftig verabschiedeten noch in Empfang nähmen.

In den Kitas der Stadt weist nun der Aushang „Handy-freie-Zone" auf das Verbot hin. Dieser Schritt sei nötig geworden, weil viele Eltern so ablenkt seien, dass sie ihre Kinder nicht mehr beim An- und Ausziehen unterstützten und Aushänge in der Kita nicht mehr wahrnehmen würden. Oft erteilten sie ihren Kindern nur noch „kurze Kommandos, stumme Gesten oder Handzeichen", heißt es in einer Pressemitteilung der Stadt.

Die neue Regelung wird nach Informationen aus dem Rathaus von vielen Eltern begrüßt. Auch städtische Erzieher dürften in den Kitas keine privaten Gespräche führen.

Der Blog für unterwegs

Kassel LIVE

Mitmachprojekt „Kassel-live" - Nachrichten unserer Stadt schnell, kurz und übersichtlich.

Lokale Nachrichten

Kassel	Kreis Kassel
→ Kassel live	→ Flughafen Calden
Frankenberg	Fritzlar/Homberg
Göttingen	Hann. Münden
Hofgeismar	Korbach/Waldeck
Melsungen	Northeim

Reaktion hessischer Kitas: Smartphone-Verbot für Eltern.

Regeln, Absprachen und Vorbildfunktionen

Für viele Eltern ist es eine Herausforderung, den Medienumgang der Kinder zu begleiten. Dennoch kommen wir nicht drum herum und müssen uns mit bestimmten medienerzieherischen Pflichten auseinandersetzen. Was uns in der Familie sehr unterstützen kann, sind feste Regeln und Absprachen, denn Kinder und auch Jugendliche brauchen diese.

Das ist erst einmal nicht Neues, denn Regeln und Absprachen gibt es ja schon länger: „Um zehn bist du zu Hause" oder: „Erst die Hausaufgaben, dann das Schwimmbad" usw. Genau wie in anderen erzieherischen Bereich Regeln getroffen werden, muss es sie auch in Bezug auf die Mediennutzung geben. So könnten Regeln beispielsweise lauten:

- Nachts gehören weder Smartphones und Laptops noch Fernseher ins Kinderzimmer.
- Während des Essens nutzt keiner das Telefon.
- In einem Face-to-Face-Gespräch bricht man nicht ab und geht ans Handy.
- ...

Solche Regeln sind nur Beispiele und sollen dazu anregen, eigene und auf Ihre Familie bezogene zu erstellen. Wichtig ist jedoch, dass auch wir als Eltern uns an diese Regeln halten und uns unserer Vorbildfunktion bewusst sind, denn Kinder lernen schließlich von uns und schauen sich Verhaltensmuster ab. Wenn wir als Erwachsene ständig am Smartphone hängen und diese Art der Kommunikation manchmal wichtiger ist als die mit unseren Kindern, müssen wir uns nicht wundern, wenn die Kleinen solche Eigenschaften erlernen und übernehmen.

Smartphone wichtiger als Kinder – das kommt nicht vor? In Hessen sind einige Kindergärten mittlerweile dazu übergegangen, ein Handyverbot für Eltern auf dem Gelände auszusprechen, weil diese bei der Übergabe des Kindes geistig abwesend waren, Kinder in ihren Jacken stehen ließen und keine Absprachen mehr mit den Mitarbeitenden treffen konnten ...

© Tobias Albers-Heinemann

Johannes: „Ab und zu spiele ich auch mal gerne am Computer. In dieser Zeit bin ich aber auch froh, neben Schule, Familie, Verein, Jugendgruppe und anderen Hobbys meine Ruhe zu haben."

Angemessene Nutzungszeiten – Teil 1

So ziemlich auf jedem Elternabend taucht die Frage auf, wie lange die Kinder/Jugendlichen eigentlich pro Tag den Computer nutzen dürfen. Diese Frage ist berechtigt, allerdings können wir darauf keine allgemeingültige Pauschalantwort geben, da hier viele Faktoren eine Rolle spielen: Alter des Kindes, persönliche Reife, Art der Nutzung, Wetter usw.

Abhängig vom Wetter? Ja, denn es ist ein großer Unterschied, ob unsere Kinder an einem sonnigen Tag am PC sitzen und spielen, während alle Freunde draußen sind und auf sie warten, oder ob es regnet und stürmt und im ganzen Ort nichts los ist. Hier dürfen wir mit ruhigem Gewissen auch mal Ausnahmen machen und die Nutzungszeiten variieren.

Es ist jedoch sehr wichtig, dass wir gemeinsam mit unseren Kindern die Nutzungszeiten festlegen und diese besprechen – genau wie die Konsequenzen bei einer Nichteinhaltung. Allerdings muss uns als Eltern auch klar sein, dass gewisse Inhalte ihre Zeit brauchen und nicht einfach so beendet werden können. Das weiß jeder, der schon einmal einen Skat- oder Canasta-Abend mitgemacht oder sich selbst in einem guten Buch verloren hat.

Nehmen wir als Beispiel einmal ein Computerspiel. Die Abfolge bzw. die Handlung eines Spiels ist in der Regel in sogenannte Level unterteilt. Level sind Spielabschnitte, die bewältigt werden müssen, um in den nächsten Abschnitt vordringen zu können. Vergleichbar ist das Level mit einem Akt in einem Theaterstück oder einem Kapitel in einem Buch. Viele Spiele bieten leider nicht die Möglichkeit, mitten in einem Level einen Speicherpunkt zu setzen. Wird das Spiel also mittendrin beendet, muss der Spieler bei Neubeginn das komplette Level neu spielen. Es gibt keine digitalen Lesezeichen, und wer möchte schon bei einem Buch das komplette Kapitel noch mal lesen, nur weil die vereinbarte Zeit abgelaufen ist?

© Tobias Albers-Heinemann

Jahn (links): „Ich wollte es wissen und habe drei Tage auf Facebook verzichtet. Ich war überrascht, wie schnell ich mit den Hausaufgaben fertig war ..."

Angemessene Nutzungszeiten – Teil 2

Wie bereits geschrieben, ist es weder sinnvoll noch möglich, für einen 14-Jährigen die pädagogisch wertvolle Computernutzungszeit in Minuten zu definieren, zumal es ja auch der Fall sein könnte, dass der Computer, oder eben YouTube oder Facebook, für die Hausaufgaben verwendet wird.

Wenn Sie jedoch das Gefühl haben, dass der Computer während der Hausaufgaben nur aufhält und ablenkt, schlagen Sie Ihrem Kind doch einmal eine Testphase vor, in der es drei Tage den Computer und das Smartphone während der Hausaufgabenzeit ausmacht. In vielen Fällen merken die Jugendlichen selbst, dass sie dann viel schneller mit den Hausaufgaben fertig sind, weil ganz einfach die mediale Ablenkung geringer ist.

Das ist aber eine Erfahrung, die unsere Kinder selbst machen müssen. Und es ist vor allem auch eine Erfahrung, die viele Erwachsene noch machen müssen, denn wie oft lenken uns die Angebote des Internets von unserer eigentlichen Arbeit ab? Schnell mal eine private E-Mail geschrieben, bei Amazon nach einem Buch geschaut, Preisvergleich bei eBay usw. Es kommt einem vor wie in einer Zeitmaschine: Um neun Uhr mal kurz ins Internet – und schwups ist Mittagspause.

Natürlich gibt es aber auch Situationen, in denen der Computer, das Spiel oder Facebook sehr intensiv genutzt wird. In vielen Medien hört oder liest man in diesem Kontext dann von Computersucht usw. Dieses Thema ist sehr sensibel und nicht ganz so einfach zu behandeln, wie es manche Fachleute gern hätten.

In Zeiten einer internetgestützten Kommunikation kann man nicht einfach von einem Suchtverhalten sprechen, weil jemand acht bis zehn Stunden täglich online ist. Was wäre dann mit Smartphone-Besitzern, die fast rund um die Uhr eine Verbindung zum Internet haben?

Aus diesem Grund wollen wir uns auf der folgenden Infoseite ein wenig genauer mit dem Begriff „Computersucht" beschäftigen.

Diagnostische Kriterien für eine pathologische Internetnutzung von Young (1996), modifiziert von Beard (2001):

Alle folgenden Kriterien (1–5) müssen vorliegen:

1. Ständige gedankliche Beschäftigung mit dem Internet – Gedanken an vorherige Onlineaktivitäten oder Antizipation zukünftiger Onlineaktivitäten.
2. Zwangsläufige Ausdehnung der im Internet verbrachten Zeiträume, um noch eine Befriedigung zu erlangen.
3. Erfolglose Versuche, den Internetgebrauch zu kontrollieren, einzuschränken oder zu stoppen.
4. Ruhelosigkeit, Launenhaftigkeit, Depressivität oder Reizbarkeit, wenn versucht wird, den Internetgebrauch zu reduzieren oder zu stoppen.
5. Längere Aufenthaltszeiten im Internet als ursprünglich geplant.

Zumindest eines der folgenden Kriterien (6–8) muss vorliegen:

6. Aufs Spiel setzen oder Riskieren einer engen Beziehung, einer Arbeitsstelle oder eines beruflichen Angebots wegen des Internets.
7. Belügen von Familienmitgliedern, Therapeuten oder anderen, um das Ausmaß und die Verstrickung mit dem Internet zu verbergen.
8. Internetgebrauch als ein Weg, Problemen auszuweichen oder dysphorische Stimmungen zu erleichtern (wie Gefühle von Hilflosigkeit, Schuld, Angst, Depression).

Computersucht

Wie wir bereits im ersten Kapitel beschrieben haben, wird der Begriff „Computersucht" ziemlich oft verwendet, meistens jedoch in einem pauschalisierenden und polemischen Zusammenhang. Dennoch darf nicht bestritten werden, dass es ein problematisches Nutzungsverhalten gibt.

Auch wenn es laut Fachverband für Medienabhängigkeit e.V. noch nicht exakt möglich ist, psychisch kranke Internetabhängige von gesunden Internetusern sicher zu unterscheiden, ist es unter den an der Forschung beteiligten Wissenschaftlern Konsens, dass die Kriterien für stoffgebundene Abhängigkeiten, wie z.B. Alkohol oder Nikotin, auch für die Internetabhängigkeit bzw. Computersucht anwendbar sind.

Bereits 1996 entwickelte die amerikanische Psychologin Dr. Kimberly Young aufgrund dieser Annahme Kriterien für eine Internetsucht, von denen mindestens fünf erfüllt sein müssen, um die Diagnose Internetsucht zu stellen. Diese Kriterien wurden 2001 von Dr. Keith Beard dahin gehend verändert, dass für die Diagnose die ersten fünf Kriterien plus eines der letzten drei erfüllt sein müssen (siehe Tabelle auf der gegenüberliegenden Seite).

Mit dieser Tabelle wird uns vielleicht noch einmal deutlich, welche Indikatoren für das Thema Sucht eine Rolle spielen. Sie können für unsere Beurteilung wichtig sein, wenn wir den Eindruck haben, dass unsere Kinder ein suchtartiges Verhalten an den Tag legen.

Oftmals hervorgebrachte Zusammenhänge zwischen schulischem Leistungsabfall, Übergewicht und sozialer Isolation mit einem übermäßigen Computernutzungsverhalten erscheinen damit auch in einem anderen Licht. Als Grund für einen schulischen Leistungsabfall kann natürlich das Computerspiel oder Facebook infrage kommen. Möglich wäre es aber auch, dass der oder die Jugendliche ganz andere Probleme hat und diese mit dem Computerspiel kompensiert. Die Computernutzung wäre dann eine Folge des Problems, nicht aber die Ursache.

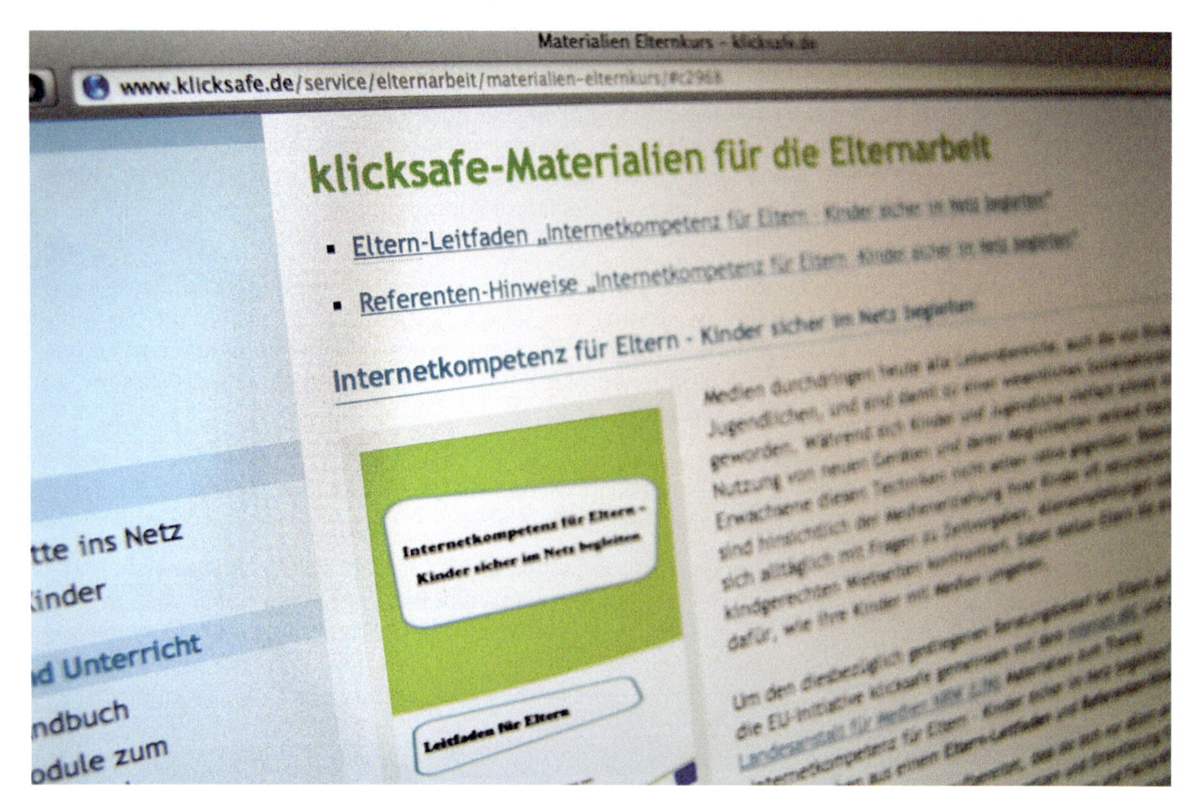

Auch im Internet finden Eltern gutes und aktuelles Informationsmaterial wie hier bei klicksafe.de.

Fazit

Medienerziehung ist eine wirklich große Herausforderung für uns Eltern. Ständig gibt es neue Entwicklungen und neue Trends, die einzige Konstante ist im Prinzip die Veränderung. Aber bitte lassen Sie sich nicht entmutigen. Wie Sie in diesem Kapitel gelesen haben, ist für eine sinnvolle Begleitung unserer Kinder kein Expertenwissen notwendig. Es ist vollkommen ausreichend, wenn Sie sich interessieren und informieren. Hierfür stellen wir Ihnen am Ende des Buchs einige empfehlenswerte Internetseiten vor.

Nutzen Sie die stetigen Veränderungen der aktuellen Medien, um mit Ihren Kindern ins Gespräch zu kommen. Wie gesagt, es macht überhaupt nichts, dass wir in einigen Punkten auch von unseren Kindern lernen können.

Wichtig ist vor allem eins: Unsere Kinder sollen das Gefühl haben, dass sie in uns jederzeit interessierte und vertrauensvolle Ansprechpartner haben. Wir werden ab einem bestimmten Alter nicht mehr steuern können, wie und wohin sich unsere Kinder im Internet bewegen, genau so, wie wir den Freundeskreis und die abendlichen Aktivitäten ab einem bestimmten Alter nicht mehr regulieren können. Letzteres ist klar und für uns normal, denn in diesem Punkt war es bei uns, als wir jung waren, nicht anders. Wichtig ist jedenfalls, zu versuchen, unsere Kinder in ihrer Entwicklung zu emotional gefestigten und sozial gestärkten Persönlichkeiten zu begleiten.

Natürlich sind Sie nicht die Einzigen, die sich diesen Herausforderungen stellen müssen. Andere Eltern und Großeltern stehen vor der gleichen Aufgabe. Viele Fragen, die WhatsApp, Facebook und andere Social-Media-Dienste betreffen, sind pädagogischer Natur. Es gibt keine allgemeingültigen Antworten, die für jedes Kind und für jeden Jugendlichen verbindlich gelten. Nutzen Sie daher die kommunikativen Stärken der neuen Medien und tauschen Sie sich mit Ihren Kindern und mit anderen Eltern aus. Eine Möglichkeit dazu bietet Ihnen die Facebook-Seite zu diesem Buch.

Foto: Tobias Albers-Heinemann

Einige Grundlagen erleichtern uns den Umgang im digitalen Zeitalter.

KAPITEL 9 | Was Sie und Ihr Kind wissen sollten ...

Die Technik entwickelt sich immer schneller, gleichzeitig werden die Nutzer immer jünger. Mittlerweile besitzen 65 % der Zehn- bis Elfjährigen ein eigenes Handy, Tendenz steigend. Man muss kein Hellseher sein, um zu prognostizieren, dass in wenigen Jahren fast alle Grundschüler über ein Smartphone verfügen werden. Die steigenden Anforderungen an uns Eltern sind nicht zu unterschätzen. Hinzu kommt, dass Kinder und Jugendliche zwar in einer digitalen Gesellschaft aufwachsen, teilweise aber grundlegende Kenntnisse über die Kommunikation in und den Umgang mit einer solchen völlig fehlen.

Wir haben jedoch eins in den letzten Jahren gemerkt. Es ist völlig gleichgültig, wie die Dienste heißen, die wir nutzen, ob das nun Facebook, WhatsApp, YouTube oder Instagram ist. Es kommen so schnell neue Entwicklungen, Apps und Angebote hinzu, dass niemand sagen kann, über welchen Messenger die Jugendlichen in zwei Jahren kommunizieren werden. Jedes Angebot hat für sich seine Bedeutung, seine positiven wie auch negativen Seiten, aber im Kern sind die Anforderungen an uns Eltern die gleichen.

Es geht um digitale Grundlagen, um Grundkompetenzen, die jeder haben sollte, Kinder wie auch Erwachsene. Es geht darum, zu begreifen, was es bedeutet, digital zu kommunizieren und uns in verschiedenen Öffentlichkeiten zu bewegen. Aus diesem Grund möchten wir in diesem Kapitel ein paar Basisinformationen kurz und bündig an Sie weitergeben, die Sie und Ihr Kind im Umgang mit digitalen Medien kennen und begreifen sollten. Wir sind fest davon überzeugt, dass es bei Berücksichtigung der folgenden Punkte zu wesentlich weniger Reibereien und Konflikten im Netz kommen wird.

Ilse Aigner

„Facebook nutzt persönliche Daten als Währung"

Samstag, 17.07.2010, 11:15

Empfehlen 119 Twittern 30

Das Profil von Facebook-Gründer Mark Zuckerberg dpa

Internetgigant Facebook holt sich persönliche Daten von den iPhones seiner Mitglieder. Verbraucherschutzministerin Aigner sieht darin eine Verletzung der bestehenden Gesetze, wie sie FOCUS erläutert.

„Facebook ist zu einem Einwohnermeldeamt für die ganze Welt geworden", sagte Ilse Aigner (CSU) zu FOCUS. Besonders eklatant sei, dass sich ... die Daten von unbeteiligten Dritten besorge, die das ... Problem damit, wenn ein Teil

Eine neue Währung im digitalen Zeitalter.

Persönliche Daten als Währung – Teil 1

Stellen Sie sich vielleicht auch manchmal die Frage, warum wir im Internet so viele Angebote einfach so nutzen können, ohne dafür mit Geld bezahlen zu müssen? Allein das Angebot von Google: eine tolle Suchmaschine, ein E-Mail-Client mit einem sehr guten Spam-Filter, verbunden mit einem Kalender und vielen weiteren tollen Funktionen – und das alles kostenlos! Und dabei macht Google jetzt wirklich nicht den Eindruck, am virtuellen Hungertuch zu nagen ... Das Gleiche finden wir bei Facebook. Fallen hier wirklich keine Kosten an? Oder ist es so, dass im digitalen Zeitalter mit einer anderen Währung als Geld bezahlt wird?

Die Antwort lautet: Wir bezahlen, und zwar mit DATEN.

Persönliche Daten sind ein wertvolles Gut im digitalen Zeitalter. Auf Basis der gesammelten Informationen über eine Person, also persönliche Interessen, Freundeskreise, Lieblingsorte, Surfgewohnheiten usw., lässt sich ein digitales Profil erstellen, das für werbetreibende Firmen ungemein wichtig ist. Durch diese Informationen sind zahlende Unternehmen in der Lage, ihre Werbung sehr zielgerichtet im Internet zu streuen und an den Mann oder die Frau zu bringen.

Diese wichtigen Informationen werden durch eine Vielzahl von Mechanismen gesammelt. Soziale Netzwerke sind hier natürlich ganz vorne mit dabei, aber auch für uns unsichtbare Vernetzungen einzelner Seiten tun ihren Dienst. Haben Sie sich schon einmal gewundert, warum Sie auf YouTube beim ersten Video eine iPhone-Werbung sehen, wenn Sie sich direkt davor bei eBay nach so etwas umgesehen haben?

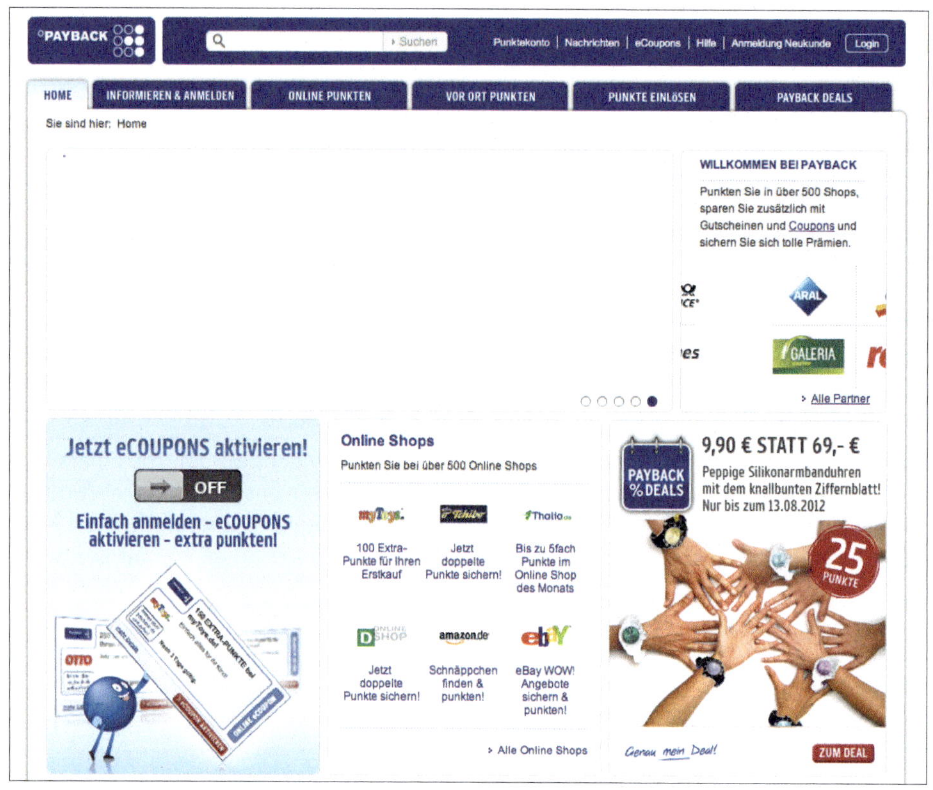

Auch jenseits des Internets leben Firmen von gesammelten Daten.

Persönliche Daten als Währung – Teil 2

Letztlich ist diese Art der Datensammelei nichts Neues. Vor 20 Jahren waren es die Versandhäuser, die Daten sammelten, und heute erstellt Payback außerhalb des Internets komplette Konsumentenprofile der Kartennutzer. Allein dadurch, dass die Payback-Karte bei jedem Einkauf vorgezeigt wird, weiß der Betreiber, was Sie wann und wo am liebsten einkaufen, wie Sie am liebsten bezahlen, wo Sie am liebsten tanken und in welchem Gebiet Sie gern einkaufen. Es wird festgehalten, wie viel Sie im Monat für Obst, Gemüse, Süßigkeiten und Spielzeug ausgeben und vieles mehr. Das Einzige, was sich in den letzten Jahren durch die Entwicklung der Medien verändert hat, ist die Vielfalt der Methoden und die zunehmend mangelnde Transparenz der Datensammler.

Kinder und Jugendliche, die sich mit Medien beschäftigen, online kommunizieren sowie soziale Netzwerke und Auktionshäuser nutzen, müssen im Prinzip über dieses Finanzierungsmodell aufgeklärt werden. Zwar gibt es technische Möglichkeiten, im Internet anonym zu surfen, doch dieser Schritt dürfte für viele zu kompliziert sein. Daher sollte uns wenigstens die Entscheidung bleiben, welche Daten wir wem zur Verfügung stellen bzw. welche Daten wir bei welchem Anbieter weitergeben.

Wie bereits beschrieben, müssen wir bei der Einrichtung eines Facebook-Accounts lediglich einen Namen, ein Geburtsdatum, eine E-Mail-Adresse und das Geschlecht angeben, alle weiteren Informationen sind freiwillig und somit nicht für die Nutzung des Netzwerks erforderlich.

Keine der Pflichtangaben muss personenbezogen sein oder der Wahrheit entsprechen, wir haben hier also schon einmal die Wahl, welche Daten von uns gespeichert werden und welche nicht.

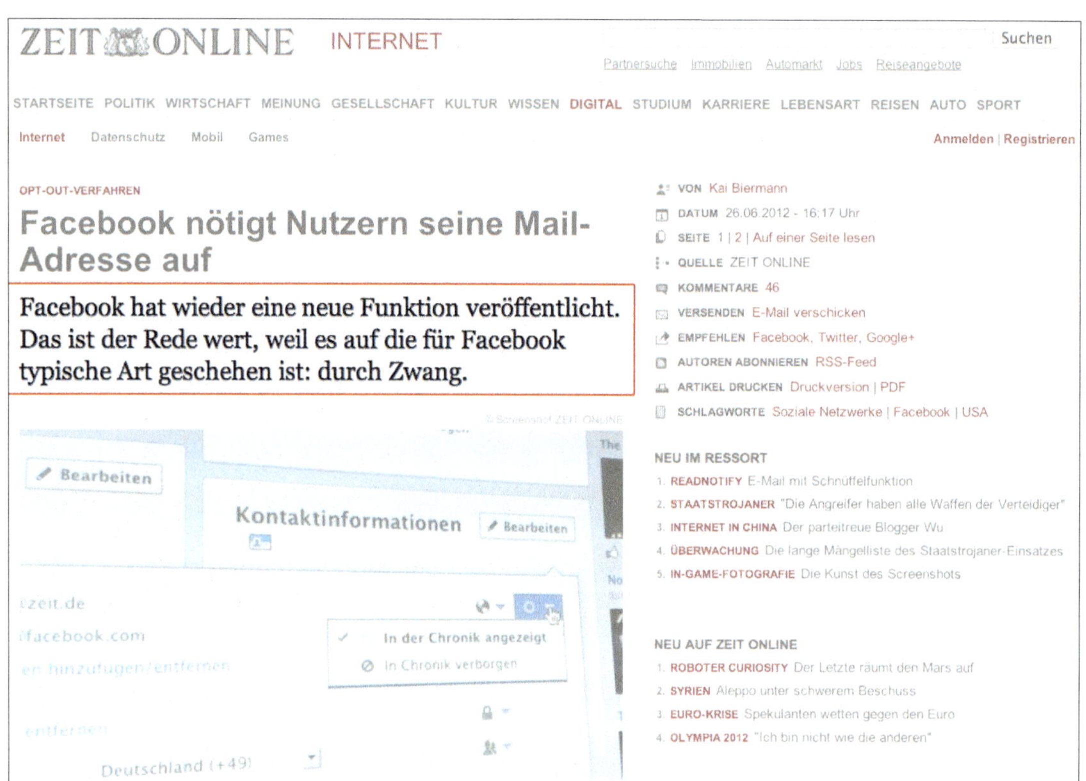

ZEIT ONLINE INTERNET

Suchen

Partnersuche Immobilien Automarkt Jobs Reiseangebote

STARTSEITE POLITIK WIRTSCHAFT MEINUNG GESELLSCHAFT KULTUR WISSEN DIGITAL STUDIUM KARRIERE LEBENSART REISEN AUTO SPORT

Internet Datenschutz Mobil Games

Anmelden | Registrieren

OPT-OUT-VERFAHREN

Facebook nötigt Nutzern seine Mail-Adresse auf

Facebook hat wieder eine neue Funktion veröffentlicht. Das ist der Rede wert, weil es auf die für Facebook typische Art geschehen ist: durch Zwang.

VON Kai Biermann
DATUM 26.06.2012 - 16:17 Uhr
SEITE 1 | 2 | Auf einer Seite lesen
QUELLE ZEIT ONLINE
KOMMENTARE 46
VERSENDEN E-Mail verschicken
EMPFEHLEN Facebook, Twitter, Google+
AUTOREN ABONNIEREN RSS-Feed
ARTIKEL DRUCKEN Druckversion | PDF
SCHLAGWORTE Soziale Netzwerke | Facebook | USA

NEU IM RESSORT

1. READNOTIFY E-Mail mit Schnüffelfunktion
2. STAATSTROJANER "Die Angreifer haben alle Waffen der Verteidiger"
3. INTERNET IN CHINA Der parteitreue Blogger Wu
4. ÜBERWACHUNG Die lange Mängelliste des Staatstrojaner-Einsatzes
5. IN-GAME-FOTOGRAFIE Die Kunst des Screenshots

NEU AUF ZEIT ONLINE

1. ROBOTER CURIOSITY Der Letzte räumt den Mars auf
2. SYRIEN Aleppo unter schwerem Beschuss
3. EURO-KRISE Spekulanten wetten gegen den Euro
4. OLYMPIA 2012 "Ich bin nicht wie die anderen"

Manchmal hat man als Benutzer keinen Einfluss auf neue Funktionen.

Die Sache mit den neuen Funktionen

Eins müssen wir als Autoren offen sagen: Es ist unheimlich schwer, ein Buch über die Funktionen und Einstellungen in Plattformen wie Facebook zu schreiben, da sich diese mindestens einmal im Jahr verändern bzw. neue Funktionen hinzukommen – teils mit Ankündigung, teils ohne. Aus diesem Grund empfehlen wir Ihnen die Facebook-Seite zu diesem Buch, *https://www.facebook.com/elternbuch*, auf der wir aktuelle Änderungen und Neuheiten beschreiben.

Im Sommer 2012 sorgte Facebook wieder einmal für Aufsehen, als die Standard-E-Mail-Adresse aller Facebook-Nutzer einfach so verändert wurde. Da der blaue Riese den Vorstoß in Richtung E-Mail-Provider als Ziel hatte, bekam jedes Mitglied eine @facebook.com-E-Mail-Adresse, die dann zur Standardadresse befördert wurde und im Profil sichtbar war. Wer nun zusätzlich sein Smartphone mit den Facebook-Kontakten abglich, bemerkte, dass auch hier die E-Mail-Adressen ausgetauscht wurden. Private und geschäftliche Nachrichten gingen nicht mehr an die ursprüngliche Adresse, sondern an die @facebook.com-Adresse, die nur abrufbar ist, wenn sich die entsprechende Person bei Facebook eingeloggt hat. Gelegenheitsnutzer verpassten daraufhin eine Menge E-Mails.

Facebook geht in solchen Fällen nach dem Opt-out-Prinzip vor: Der Nutzer hat erst im Nachhinein – sofern er davon etwas mitbekommen hat – die Möglichkeit, diese Funktion zu verändern. Das sogenannte Opt-in-Verfahren macht das genaue Gegenteil: Neue Funktionen müssen erst vom Benutzer freigeschaltet werden, bevor er sie verwenden kann.

Das Opt-out-Verfahren hat für Facebook strategische Gründe, wird aber zu Recht kritisiert. Im Prinzip können wir uns als Benutzer nicht auf unsere einmal getätigten Sicherheitseinstellungen verlassen, da wir immer damit rechnen müssen, dass neue Funktionen einfach so dazukommen und etwas verändern. Es bleibt uns also nichts anderes übrig, als uns der Situation bewusst zu sein und Wege und Mittel – wie z.B. unsere Facebook-Seite zu diesem Buch – zu finden, um am Ball zu bleiben.

SicheresPasswort.com

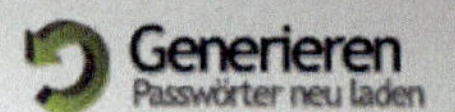

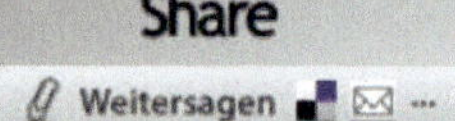

Gut	Besser	Stark	Sehr Stark
anqur6	AHCTeY5	ICDi66OKbo	a4(%gT=IT6§
unrek7	iLqfoP2	ajli69uMsi	C9E=%jDG&tn
ispoj4	ofLpOW3	ewJu16uxSI	y&/§&%lz§5v
efdep2	aYryah5	OxPA63evtE	a8$/8KAtLyQ

Ein sicheres Passwort ist das A und O in einer digitalen Gesellschaft.

Mein Passwort kenne nur ich

Irgendwie sind wir von Passwörtern nur so umgeben. Jeder Dienst, jedes Angebot, jedes E-Mail-Konto benötigt ein eigenes – und das ist auch gut so!

Mittlerweile haben wir Teile unserer Identität und unserer Person ins digitale Leben verlagert. Unsere Kontakte und Termine sind alle auf dem Smartphone, mit den Freunden wird über Facebook, WhatsApp oder andere Messenger kommuniziert. Auch hier ist es völlig egal, welchen Messenger wir nutzen, wir gehen immer davon aus, dass wir am anderen Ende der digitalen Leitung den richtigen Ansprechpartner haben. Was aber, wenn mein Gegenüber sein Smartphone ohne PIN herumliegen lässt oder seinen Freunden das Facebook- oder YouTube-Passwort verraten hat? In der Praxis kommt es nicht selten dazu, dass mal schnell auf Kosten des anderen ein peinlicher oder beleidigender Post getätigt wird. Noch schlimmer ist es, wenn auch noch intime oder private Fotos vom Handy des anderen geteilt und verschickt werden. So etwas kann für den Betreffenden zur wahren Tortur werden.

Sobald Sie also Teile der Kommunikation in die digitale Welt verlagern und die enormen Vorteile genießen, sollten Sie auch darauf achten, dass Ihre Identität und Ihre Daten bei Ihnen bleiben. Schützen Sie Ihr Smartphone und wählen Sie für alle Dienste unterschiedliche sichere Passwörter, auch für den Bildschirmschoner, wenn der PC für andere zugänglich ist.

Ein sicheres Passwort besteht im Idealfall aus Klein- und Großbuchstaben, Zahlen und Sonderzeichen. Gute und hilfreiche Informationen hierzu finden Sie im Internet unter *www.bsi-fuer-buerger.de* in der Sparte: „Wie mache ich meinen PC sicher?“ oder unter *www.sicherespasswort.com*.

Foto: Tobias Albers-Heinemann

Privatsphäre in einer digitalen Gesellschaft?

Digitale Daten

Mit dem Smartphone bekommen unsere Kinder in der Regel auch ihre erste Digitalkamera in die Hand gedrückt. Fotos und Videos produzieren, bearbeiten und hochladen – alles gar kein Problem. Was ist jedoch, wenn Bilder oder Videos auf Facebook geteilt werden? Kann man sich auf der sicheren Seite wiegen, da man ja Zielgruppen definieren und Alben unsichtbar machen kann?

Man könnte es meinen. Allerdings sieht es so aus, dass digitale Daten ohne Aufwand kopiert werden können. Auch wenn Ihr Kind ein Foto auf Facebook nur seinen Freunden zugänglich macht, ist nicht ausgeschlossen, dass es kopiert und wieder geteilt wird. Das Gleiche gilt natürlich auch für Videos auf YouTube oder private Bilder, die per WhatsApp an den besten Freund geschickt werden. Nicht selten kommt es vor, dass Jugendliche erotische Fotos von sich selbst anfertigen und diese mit ihrem Partner als Vertrauensbeweis teilen. Dass diese Fotos bei einer Beendigung der Beziehung jedoch nicht unbedingt beim Expartner bleiben, sollte klar sein. Dieses als „Sexting" bekannte Phänomen betrifft in einigen Städten sogar schon elf- bis zwölfjährige Mädchen.

Grundsätzlich gilt: Wenn wir ein sensibles Foto von uns anfertigen – egal ob ein mit der Frontkamera angefertigtes Selbstporträt (Selfie) oder ein erotisches Foto für den Partner – und dieses an jemanden weitergeben, müssen wir damit rechnen, dass die Bilder irgendwann geteilt oder für alle sichtbar veröffentlicht werden. Es muss nicht nur die vermeintliche Vertrauensperson sein, die diese Bilder weitergibt. Oftmals reicht es aus, unachtsam die Kamera zu verleihen oder das Smartphone mit den sensiblen Fotos in andere Hände zu geben. Der einzige Weg, einer solchen Veröffentlichung im Netz oder über diverse Messenger zuverlässig aus dem Wege zu gehen, ist, erst gar nicht solche Fotos anzufertigen.

Ach ja, es gibt ja noch so etwas wie geschützte Bereiche im Internet oder Apps, die eine gewisse Sicherheit versprechen, wie beispielsweise Snapchat – hier gilt im Grunde das Gleiche. Es ist bei jedwedem Dienst nicht auszuschließen, dass die Server mit krimineller Energie gehackt werden und sensible Informationen in die falschen Hände geraten.

Foto: Tobias Albers-Heinemann

Öffentlich oder nicht öffentlich – das ist hier die Frage ...

Sensible Daten oder öffentlicher Plausch?

Irgendwie klingt das alles gar nicht mehr nach schöner neuer Medienwelt, oder? Alles digital, alles kann abgehört, kopiert oder gescannt werden?

Nun, halb so wild. Die Einsicht, dass der Mensch schwimmen lernen muss, kam auch erst, nachdem er festgestellt hat, dass er nicht überall im Wasser stehen kann.

Jetzt, da wir wissen, wie sensibel digitale Kommunikation nun einmal ist, können wir an verschiedenen Ansätzen arbeiten. Zuallererst müssen wir entscheiden, welche Informationen sensibel sind und welche nicht. Die Verabredung, mich mit meinen Freunden um 20.00 Uhr am Kino zu treffen, würde ich nicht als allzu sensibel einstufen und sie deshalb über WhatsApp oder Facebook treffen. Meine neue Kreditkartennummer, das Passwort für ein bestimmtes Log-in oder eine geheime Telefonnummer würde ich aber doch lieber auf einem sicheren Wege transportieren.

Wir müssen lernen, den Grad der Sensibilität digitaler Daten einzuschätzen, sei es bei Fotos, Videos oder anderen multimedialen Inhalten. Es muss klar sein, dass Fotos, Nachrichten und Videos immer wieder geteilt und kopiert werden können, auch wenn sie nur einer vertrauten Person oder einer vorher bestimmten Zielgruppe zugesendet wurden.

Nicht alles, was geht, ist auch erlaubt.

Urheber- und andere Rechte

Soziale Netzwerke wie YouTube und Facebook, Tauschbörsen und andere Web 2.0-Angebote machen es zum Kinderspiel, Inhalte ins Netz zu stellen. Schnell ist mit dem Handy ein Video von einer Party gemacht und bei YouTube hochgeladen. Die Inhalte sind dann aber für alle möglichen Menschen sichtbar und können so auch problemlos auf Rechtsverstöße überprüft werden – denn nicht alles, was wir im Internet so einfach machen können, ist auch erlaubt!

Wenn Sie jetzt eine Internetverbindung haben und das Wort Urheberrechtsverletzung suchen, werden Sie vor allem eins finden: Gesetzestexte und Formulierungen, die normale Menschen nicht verstehen. Aus diesem Grund versuchen wir Ihnen an dieser Stelle möglichst verständlich zu vermitteln, was wir im Internet veröffentlichen dürfen und an welcher Stelle wir etwas aufmerksamer sein müssen.

Selbst gemacht ist in der Regel erlaubt

Etwas verallgemeinernd kann man sagen, dass wir alles, was wir selbst produziert und hergestellt haben, im Internet veröffentlichen dürfen, jedoch unter der Bedingung, dass die an dem Werk beteiligten Personen damit einverstanden sind.

Als Beispiel: Sie dürfen im Internet ein Gedicht veröffentlichen, das Sie selbst verfasst haben. Sie können auch zu diesem Gedicht ein Foto von Ihnen veröffentlichen. Nun würden Sie gern Ihr neues Videoschnittprogramm testen und eine kleine Bildershow mit dem Gedicht, dem Foto von Ihnen und Ihrem Onkel Hans sowie einem Song Ihrer Lieblingsband erstellen. Das geht dann jedoch nur für Ihren Privatgebrauch! Sie dürfen das Werk nicht ohne die ausdrückliche Erlaubnis der Rechteinhaber (der Band und Onkel Hans) im Internet veröffentlichen: Die Band hat die Urheberrechte an ihrer Musik, und Onkel Hans hat – wie jeder Mensch – Persönlichkeitsrechte, die beachtet werden müssen. Darum geht es auf der folgenden Seite.

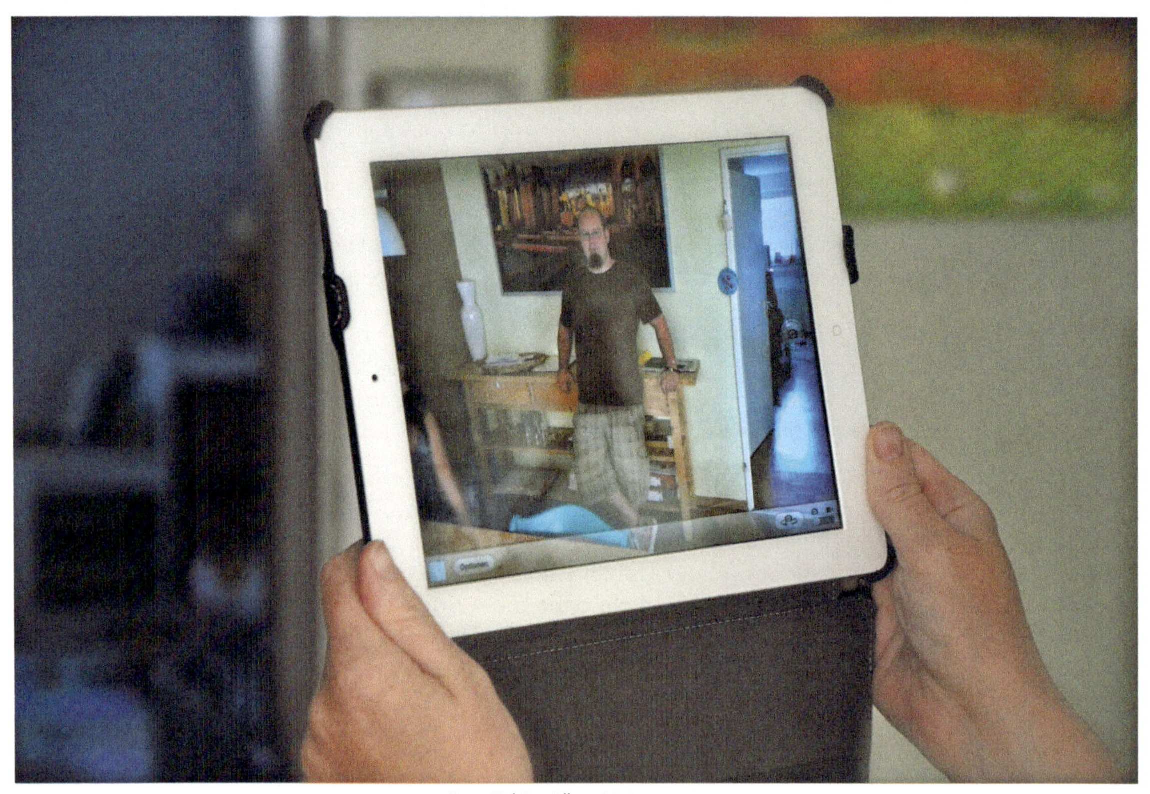

Foto: Tobias Albers-Heinemann

Fotos machen und veröffentlichen mit Smartphones und Tablets? Ein Kinderspiel!

Fotos von anderen Personen veröffentlichen

Klassenfahrt, schönes Wetter, Strand. Ein sehr schönes Motiv für ein Foto. Was ist jetzt aber, wenn am Strand Mitschüler oder andere Personen sind? Dürfen die einfach so fotografiert und dürfen die Fotos dann auch veröffentlicht werden, oder müssen wir als Fotografen jeden einzelnen Mitmenschen um Erlaubnis fragen?

„Bildnisse dürfen nur mit Einwilligung des Abgebildeten verbreitet oder öffentlich zur Schau gestellt werden", so heißt es in § 22 des Kunsturheberrechtgesetzes (KUG).

Das bedeutet, dass ich zwar von fremden Personen Fotos und Nahaufnahmen machen, diese aber nur mit Erlaubnis der fotografierten Person veröffentlichen darf. Als Veröffentlichung zählt dabei natürlich schon die Darstellung der Fotos im Rahmen einer Präsentation oder auch der Upload auf die Schulhomepage oder in eine Fotocommunity.

Noch strenger sind die Gesetze, wenn von einer Person unerlaubt oder heimlich Fotos in einer geschützten Umgebung wie der eigenen Wohnung, der Umkleidekabine usw. hergestellt werden. Dies ist ein Verstoß gegen die allgemeinen Persönlichkeitsrechte und kann nach § 201 StGB strafrechtlich verfolgt werden.

Zurück zu unserem Beispiel. Vielleicht kennen Sie die Aussage, dass bei Gruppenfotos keine Einverständniserklärungen für eine Veröffentlichung benötigt werden. Scheint eine prima Regelung für Jugendgruppen, Schulklassen, Feste und andere öffentlichkeitswirksame Veranstaltungen zu sein. Stattdessen ist es aber ein Irrglaube, der sich seit vielen Jahren sehr hartnäckig hält. Denn nur weil eine Person zufällig mit anderen auf einem Foto abgebildet wurde, bedeutet das nicht, dass diese Person ihr Recht am eigenen Bild aufgibt.

Woher kommt jedoch diese falsche Annahme? Gibt es wirklich Situationen, in denen keine explizite Einverständniserklärung der abgebildeten Personen benötigt wird? Hier greifen Ausnahmen, die wir uns im Folgenden anschauen werden.

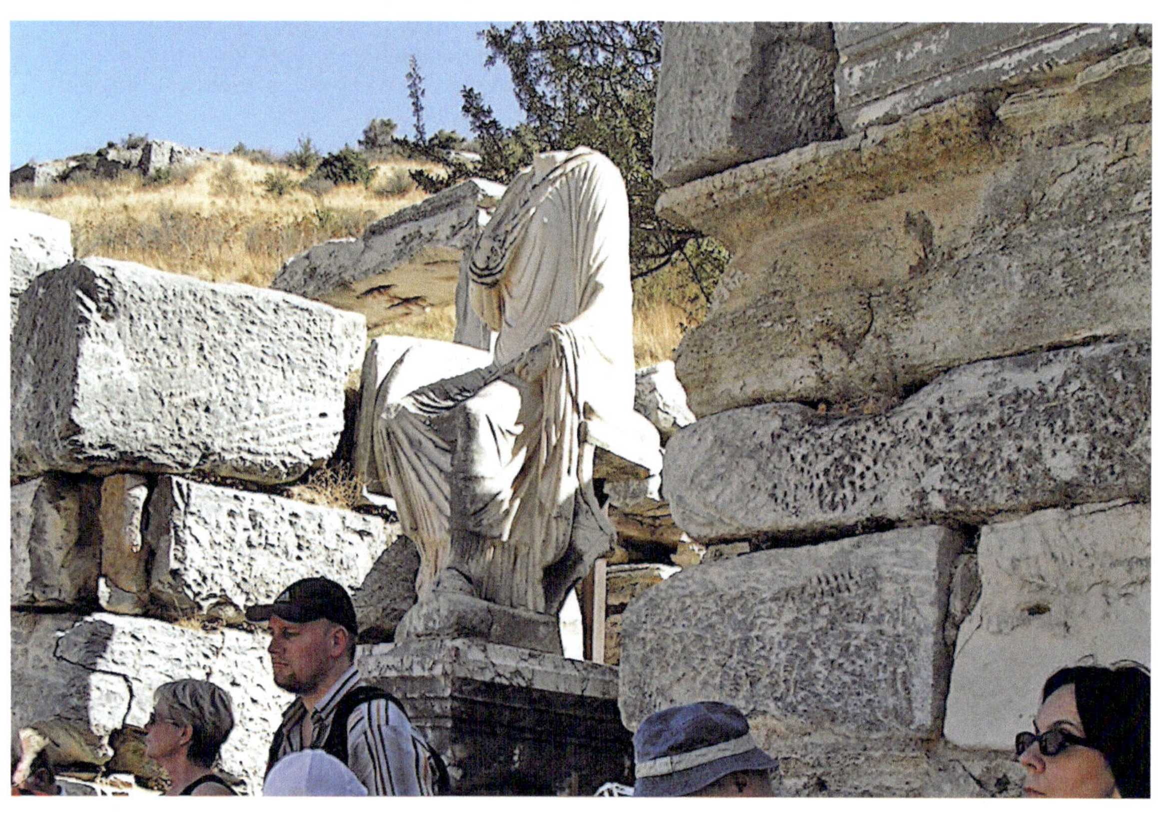

Der Bildschwerpunkt und das Motiv des Fotos ist die Statue, die Personen am Bildrand sind lediglich Beiwerk.

Fotos ohne Erlaubnis veröffentlichen?

Oftmals sehen wir beispielsweise in Zeitungen oder Magazinen Fotos von öffentlichen Veranstaltungen, Demonstrationen oder großen Festen mit Hunderten von Menschen darauf. Wie ist das möglich? Hat der Fotograf alle Menschen um Erlaubnis gefragt, oder gibt es hier eine Sonderregelung?

Richtig, die gibt es, denn wer eine öffentliche Veranstaltung besucht, darf hier auch unter bestimmten Voraussetzungen fotografiert werden.

In § 23 KUG heißt es nämlich, dass Fotos ohne Einverständniserklärungen der darauf abgebildeten Personen veröffentlicht werden dürfen, wenn *„... die Personen nur als Beiwerk neben einer Landschaft oder sonstigen Örtlichkeit erscheinen“* oder *„auf Bildern von Versammlungen, Aufzügen und ähnlichen Vorgängen, an denen die dargestellten Personen teilgenommen haben“*.

Aber auch hier gibt es Einschränkungen. Der Schwerpunkt bzw. der Fokus muss auf der Darstellung der Veranstaltung liegen und nicht auf einer einzelnen Person. Die Veröffentlichung von Nahaufnahmen mit einem Teleobjektiv, die eine einzelne Person hervorheben, sind in diesem Kontext nicht erlaubt.

Findet also die Klassenfahrt von der letzten Seite an einem öffentlichen und für alle frei zugänglichen Strand statt, dürfen Strand- und Meeresfotos veröffentlicht werden, auch wenn Personen „zufällig“ mit auf dem Bild sind. Das Bildzentrum muss dann allerdings auch der Strand oder das Meer sein und nicht der knappe Bikini einer Mitschülerin.

Eine weitere Ausnahme gibt es bei „Personen der Zeitgeschichte“ (§ 23, Abs. 1 Nr. 1), also Politikern und Staatsoberhäuptern, oder „relevanten Personen der Zeitgeschichte“. In diese Kategorie fallen Personen, die im Zusammenhang mit einem bestimmten Ereignis von öffentlichem Interesse sind.

Foto: „3er-Kamera“ von CBS-Fan (*https://flic.kr/p/PF4yT*), Lizenz: CC-BY-SA 2.0

Kameras sind im öffentlichen Raum immer häufiger zu finden.

Gesichtserkennung

Eine technische Möglichkeit, die in Deutschland für massive Proteste sorgte, ist die Gesichtserkennung: Große Onlinedienste wie Google und Facebook verfügen über eine Scansoftware, die jedes hochgeladene Foto erfasst und mithilfe von biometrischen Daten feststellen kann, welche Personen abgebildet sind.

Diese Funktion wurde bei Facebook 2011 für alle Nutzenden aktiviert, sodass bei hochgeladenen Fotos automatisch erkannt wurde, wer abgebildet war, und eine „Markierung" erstellt werden konnte, also eine Einblendung des Namens der abgebildeten Person mit Verlinkung ihres Profils. Infolge des Widerstands vieler Datenschützer und Nutzer gegen die Funktion wurde sie nach wenigen Monaten wieder deaktiviert, zunächst nur für Deutschland, später für ganz Europa. Eigenen Aussagen zufolge hat Facebook sogar alle bereits erfassten biometrischen Daten von Nutzern gelöscht. Beim Konkurrenten Google+ ist die Funktion „find my face" auch in Deutschland verfügbar, jedoch muss sie zunächst aktiviert werden. (Im Einstellungsmenü wird diese Option umschrieben mit der Formulierung: „Mich in Fotos und Videos finden und meinen Kontakten anbieten, mich zu taggen".)

Die Existenz dieser Technologie und ihre Fähigkeiten lassen Raum für interessanten Fantasien: Beispielsweise könnten Sie den gut aussehenden Herrn an der Bar heimlich knipsen und nachsehen, ob er ledig oder vergeben ist, Sie könnten möglicherweise sogar seinen Beruf, seinen Wohnort und seine Hobbys erfahren, ohne direkt danach fragen zu müssen. Umgekehrt hätte er natürlich die gleichen Möglichkeiten.

Bedenklich wird besonders die Zusammenführung verschiedener Datenpools: Krankenversicherungen könnten nachsehen, welche ihrer Mitglieder segeln oder in Skatesparks cruisen, und Regierungen wüssten, wer an welcher Demonstration teilnimmt. Ob uns das immer geheuer ist, sei dahingestellt, technisch ist es jedoch realisierbar.

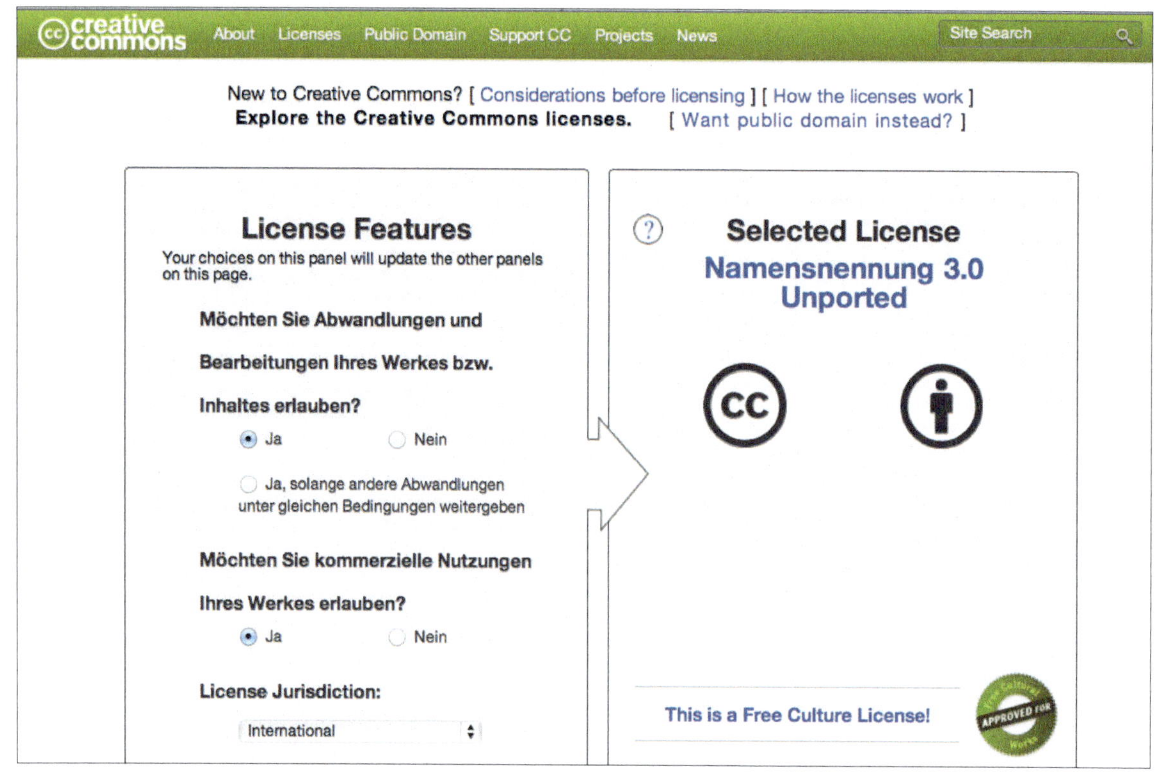

Es gibt auch Inhalte, die ohne Bezahlung genutzt werden dürfen.

Freie Inhalte

Die meisten Inhalte sind urheberrechtlich geschützt. Es gibt aber auch viele Künstler (und andere Urheber), die ihre Werke frei zur Verfügung stellen und z.B. mit einer Creative Commons-Lizenz versehen. Creative Commons (englisch für „schöpferisches Gemeingut") ist eine Non-Profit-Organisation, die Künstlern, Autoren und Urhebern verschiedene Standardlizenzverträge kostenlos anbietet.

Unter *http://de.creativecommons.org/* kann sich jeder Mensch ein an sein Land angepasstes Lizenzmodell auswählen und sein Werk entsprechend lizenzieren. Die unter CC-Lizenz gestellten Fotos, Videos und anderen Inhalte können kostenlos und teilweise sogar kommerziell genutzt werden, z.B. mit der einzigen Bedingung, den Urheber namentlich zu nennen – die Details hängen davon ab, welche Lizenzvariante der Urheber im Einzelfall ausgewählt hat.

Mit „Let's CC" unter *http://eng.letscc.net/* steht uns eine komplette Suchmaschine zur Verfügung, die ihre Suche lediglich auf Material beschränkt, das mit der CC-Lizenz versehen wurde. Eine tolle Möglichkeit, um z.B. Fotos zu finden, die problemlos weiterverwendet werden können.

Auch gibt es verschiedene Fotocommunitys, in denen Fotografen ihre Werke kostenlos und meist für nicht kommerzielle Zwecke zur Verfügung stellen, in der Regel unter der Bedingung der Namensnennung. Das Gleiche gibt es für den musikalischen Bereich. Eine schöne Übersicht dieser Anbieter finden Sie unter *http://www.medienpaedagogik-praxis.de/kostenlose-medien/*.

Das CC-Lizenzmodell macht es uns zum einen sehr einfach, unsere eigenen Werke kostenlos und schnell mit einer rechtlich verbindlichen Lizenz zu versehen. Auf der anderen Seite bekommen wir hierdurch eine Vielzahl an Möglichkeiten angeboten, kostenlos an Fotos oder Musik zu kommen, die wir z.B. per Facebook oder YouTube weiterverbreiten dürfen.

„Die Biermaschine und ich" – lustig am Abend und peinlich am nächsten Tag.

Was will ich von mir selbst preisgeben?

Auf den vorhergehenden Seiten haben Sie nun einen kleinen Überblick darüber bekommen, was in Bezug auf Bild- und Urheberrechte erlaubt ist und was nicht. Wenn also jemand ein Foto von Ihnen veröffentlicht und Sie das nicht wollen, können Sie das dem Gegenüber mitteilen, und er muss das Bild entfernen.

Eine noch wichtigere Frage lautet jedoch: Was wollen wir eigentlich selbst von uns im Internet preisgeben? Jedes Bild hat seine eigene Aussagekraft. Ob diese positiv oder negativ ist, liegt beim Betrachter und dessen Bezug zum Abgebildeten. Ein Foto von einer betrunkenen Person, die sich übergebend auf der Straße liegt, hat auf die Kumpels im Sportverein eine andere Wirkung als auf den Personalchef einer Firma.

In unseren Kursen begegnen wir sehr vielen jungen Menschen, die richtigerweise eingestellt haben, dass nur ihre Freunde ihre Fotos sehen können. Aber auch hier haben die Freunde die Möglichkeit, das Foto weiter zu teilen und es der Öffentlichkeit zugänglich zu machen. Ein Foto, das einmal ins Internet hochgeladen wurde, verschwindet vielleicht irgendwann in der Masse der Bilder, aber wirklich gelöscht werden kann es nicht.

Ein Mädchen, das beispielsweise nicht möchte, dass die Nachbarschaft sie im Bikini sieht, sollte keine Strandfotos von sich im Internet veröffentlichen. Das Internet und vor allem Netzwerke wie WhatsApp und Facebook sind nicht anonym. Wir raten den Jugendlichen stets, dass sie dort nur das machen sollten, was sie auch in der analogen Welt machen würden.

Bei jedem Foto, das veröffentlicht werden soll, muss man sich die Frage stellen: „Würde ich in der Fußgängerzone zu einem mir völlig unbekannten Menschen gehen und ihm das Foto zeigen?"

Manche Fotos möchte man gern wieder löschen.

Ein eigenes Foto löschen

Ganz schnell kann es passieren, dass ein falsches Foto veröffentlicht wird. Die verkehrte Datei auf dem Computer oder dem Smartphone ausgesucht, auf Hochladen geklickt, und schon ist das Bild online.

Natürlich kommt es auch vor, dass man nach dem Hochladen des Fotos einfach nur seine Meinung ändert, das entsprechende Foto nicht mehr online haben möchte und es löschen will. Bei Facebook ist für einen solchen Fall eine Löschfunktion vorhanden, auch wenn sie nicht gleich zu finden ist. Um ein eigenes Foto zu löschen, gehen Sie bitte wie folgt vor:

Klicken Sie in Ihrer Chronik auf Fotos, suchen Sie sich dann in Ihrem jeweiligen Album das entsprechende Foto aus und wählen Sie rechts unten unter Optionen die Löschfunktion.

Aber denken Sie hierbei daran, dass Ihr Foto in der Zeit, in der es online war, von jedem Ihrer Freunde geteilt und/oder kopiert werden konnte. Es ist bei bestimmten peinlichen oder lustigen Bildern also nicht auszuschließen, dass sie trotz Löschens noch in der Onlinewelt zu finden sind.

Beim Messenger WhatsApp ist das etwas verwirrender. Haben Sie ein Foto verschickt, besteht auf Ihrem Smartphone im WhatsApp-Kontextmenü auch die Möglichkeit, das Bild zu löschen. Dies bezieht sich allerdings nur auf das eigene Smartphone, d.h., das Bild wird nur bei Ihnen im Chatverlauf gelöscht, nicht aber bei Ihrem Freund, der das Bild wiederum speichern und weiterleiten kann.

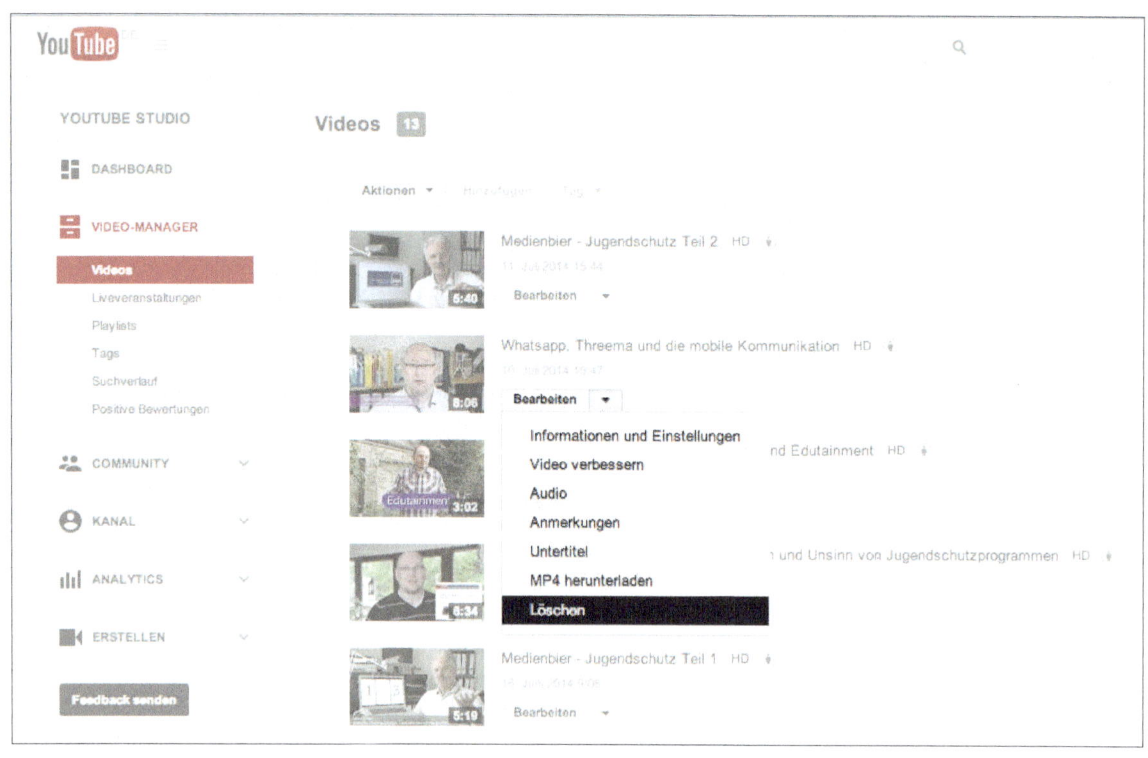

Auch Videos auf YouTube können schnell gelöscht werden.

Ein eigenes Video löschen

Genauso schnell, wie wir Fotos über WhatsApp, Instagram und Facebook geteilt haben, können wir auch Videos auf YouTube hochladen und veröffentlichen.

Eine lustige Situation, eine Schlägerei im Bus oder ein für den Schüler langweiliger Lehrer im Unterricht – Möglichkeiten und Anlässe für Jugendliche und Erwachsene gibt es ausreichend.

Doch nicht alles, was wir veröffentlichen, dürfen wir auch zeigen, so viel sollte mittlerweile klar sein. Auch kann es vorkommen, dass aus dem lustigen Video über einen Mitschüler mittlerweile ein Aufhänger für Mobbing und Spot geworden ist und der Wunsch aufkommt, das Video zu löschen.

Hierfür müssen Sie in Ihrem YouTube-Account zuerst den entsprechenden Kanal auswählen und in den Videomanager gehen. Dort sehen Sie eine Übersicht über alle von Ihnen hochgeladenen Videos und können über den Button Bearbeiten die Löschfunktion auswählen.

Sollte nun jemand das Video in seiner Playlist abgespeichert haben, wird dieses nach erfolgtem Löschvorgang dort ebenfalls verschwinden. Allerdings besteht auch hier die Möglichkeit, dass das Video komplett auf den Computer heruntergeladen und erneut geteilt wurde. In so einem Fall gibt es eigentlich kaum noch Chancen, das Video aus dem Netz zu entfernen.

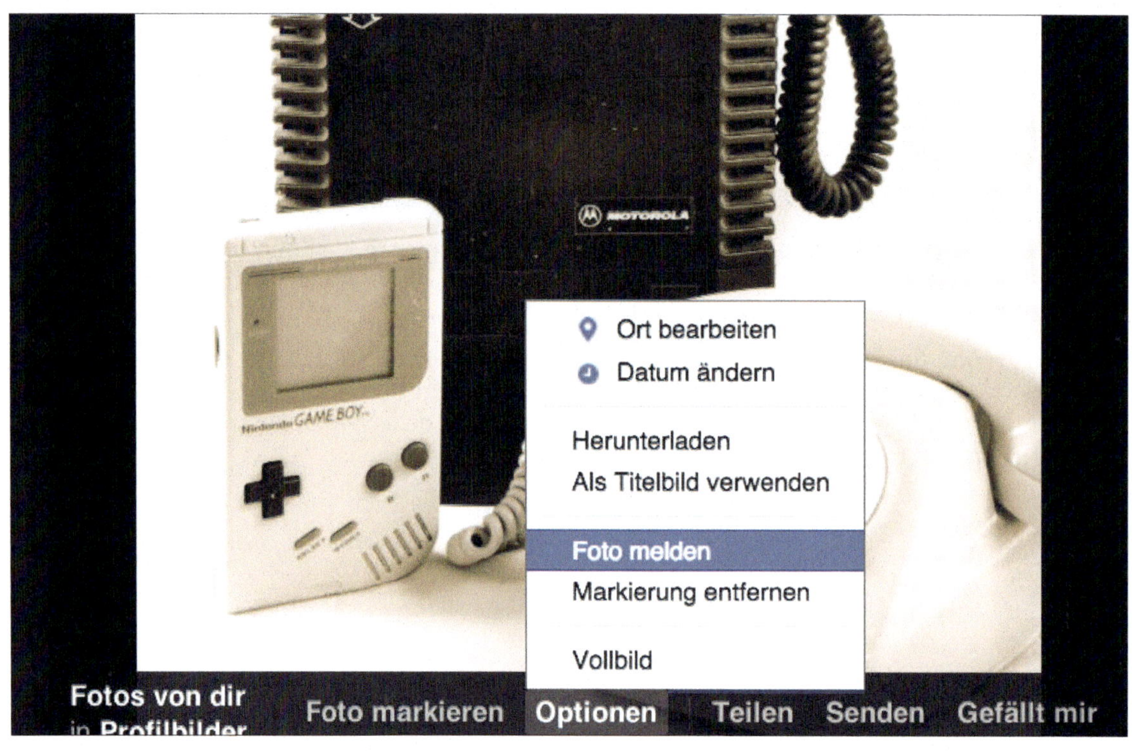

Fremde Fotos können wir beim Plattformbetreiber melden.

Fotos und Video melden – Teil 1

Sollte es einmal so weit kommen, dass ein Foto oder Video von Ihrem Kind bei Facebook hochgeladen wird, das es dort nicht haben möchte, gibt es folgende Optionen:

Kontakt aufnehmen

Dieser erste Schritt ist der „kleine Dienstweg". Sie können den Menschen, der das Foto veröffentlicht hat, einfach anschreiben und ihn bitten, das Foto zu löschen.

Das Foto melden

Sollte Ihr Gegenüber das Foto nicht löschen wollen, können Sie das Bild bei Facebook melden. Klicken Sie hierfür auf das Bild, wählen Sie unten die Schaltfläche Optionen und dann Foto melden.

Es öffnet sich ein Auswahlfenster, in dem Sie den Grund der Meldung angeben können. Hierunter fallen auch Aussagen wie „... das Konto meiner Freunde wurde ... gehackt ..." oder „dieses Foto von mir gefällt mir nicht".

Auch wenn das Foto dann irgendwann von der Pinnwand verschwunden ist, kann jedoch nicht ausgeschlossen werden, dass andere Menschen das Bild kopiert oder geteilt haben. Es kann vorkommen, dass bestimmte Bilder immer und immer wieder auftauchen. An dieser Stelle können Sie Ihren Kindern auch nur zur Seite stehen, Mut zusprechen, ein vertrauter Ansprechpartner sein und das entsprechende Bild immer wieder melden.

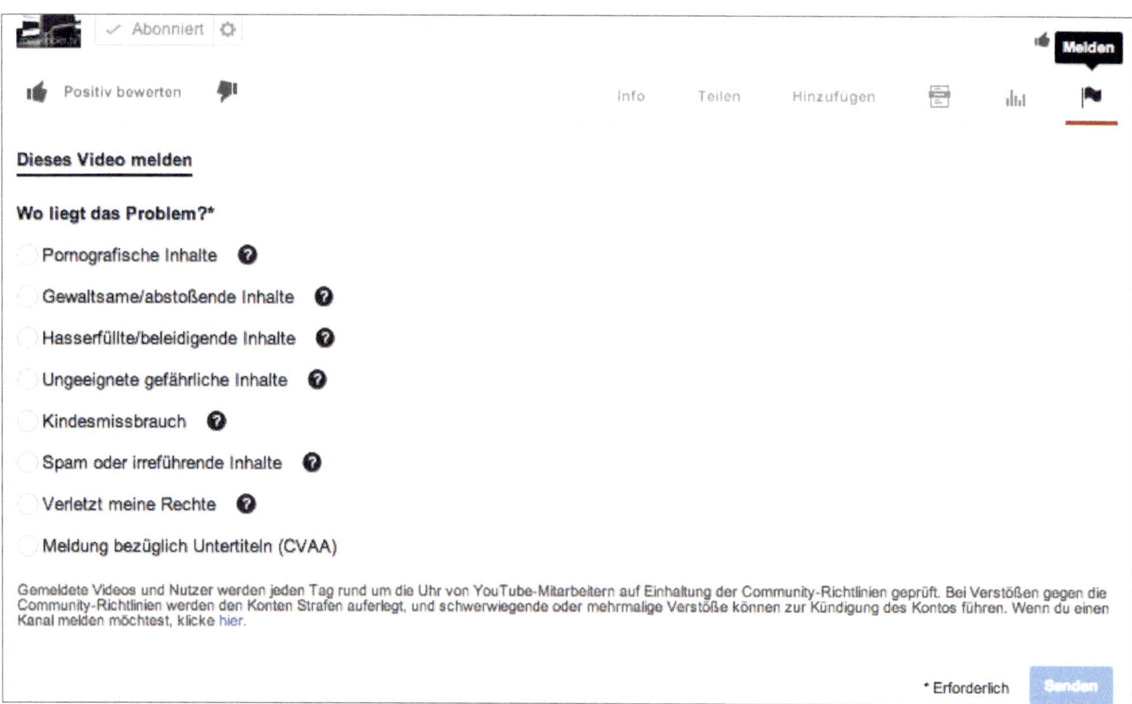

Auch bei YouTube können Videos gemeldet werden.

Fotos und Video melden – Teil 2

Nicht nur Facebook bietet die Möglichkeit, Inhalte zu melden, auch bei YouTube und Instagram gibt es entsprechende Funktionen.

Unter jedem YouTube-Video finden Sie einen Bereich mit Info, Teilen, Hinzufügen und drei Symbolen. Mit dem Flaggensymbol ganz rechts können Sie dieses Video nun bei YouTube melden.

Einmal darauf geklickt, erscheint eine Übersicht mit möglichen Gründen des Verstoßes, beispielsweise pornografische Inhalte, gewaltsame Inhalte, Kindesmissbrauch, beleidigende Inhalte, usw.

Instagram bietet eine ähnliche Funktion an, Inhalte zu melden. Unter jedem Foto und jedem Video gibt es einen Button mit drei nebeneinanderliegenden Punkten. Hierüber können Inhalte als unangemessen gemeldet werden.

Zusammenfassend kann man also sagen, dass soziale Netzwerke wie Facebook, YouTube, Instagram usw. nicht nur die Funktion bieten, Inhalte zu veröffentlichen und zu teilen, sondern auch, diese zu melden. WhatsApp dagegen ist kein soziales Netzwerk, sondern ein Messenger, daher sucht man hier nach vergleichbaren Funktionen vergebens.

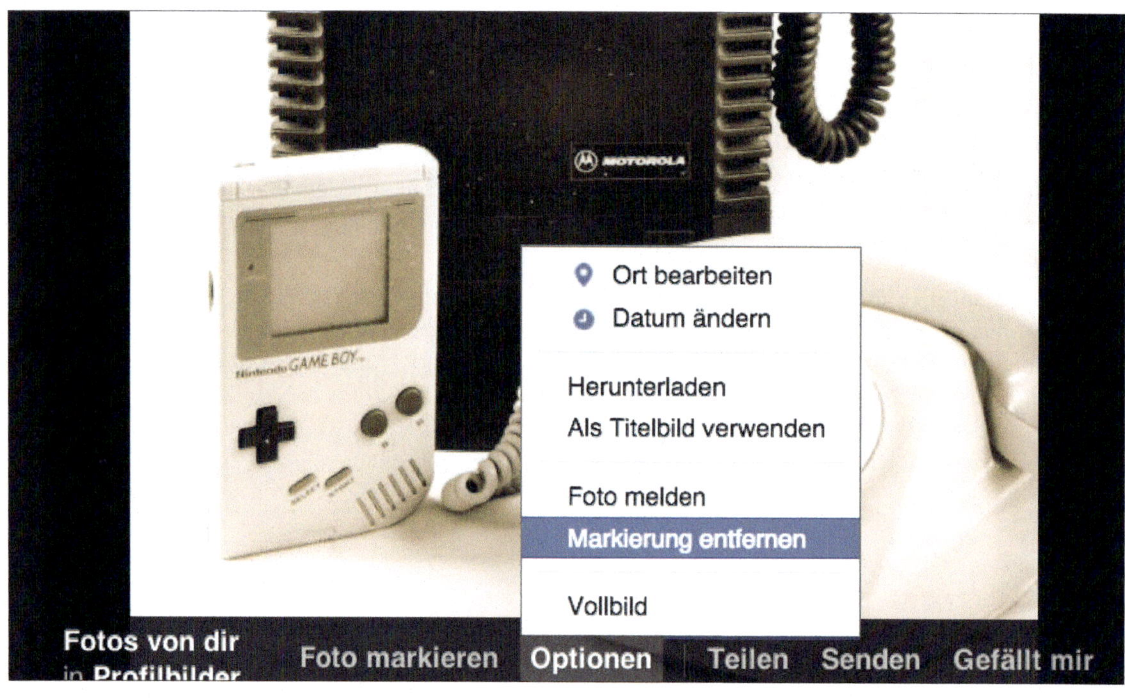

Markierungen können bei Facebook ohne Einverständnis des anderen gesetzt werden.

Eine Markierung entfernen

Es sind aber nicht nur die eigenen Fotos, die das Bild der Öffentlichkeit über einen Mitmenschen prägen. Auch die Bilder von Freunden und Verwandten, in denen er markiert wurde, führen direkt zu seinem Profil.

Wie wir bereits im Kapitel 5 beschrieben haben, können wir auf Facebook unsere Fotos taggen, also die Personen auf dem Bild mit den jeweiligen Facebook-Profilen verbinden.

Es mag jedoch vorkommen, dass Sie oder Ihr Kind aus irgendwelchen Gründen bestimmte Verknüpfungen einfach nicht mehr haben wollen. In diesem Fall ist es nicht nötig, gleich das ganze Bild entfernen zu lassen, Sie können stattdessen auch alle Markierungen von sich oder Ihrem Kind ganz einfach selbst entfernen, sogar die auf Fotos von anderen Personen. Hierfür gehen Sie wie folgt vor:

Klicken Sie auf das entsprechende Foto und wählen Sie rechts unten unter Optionen den Menüpunkt Markierung melden. Mit dieser Meldung löschen Sie sofort die Markierung des Fotos mit Ihrem Namen, ohne dass der Fotograf hierüber informiert wird.

Sie können zwar die Person, die Sie markiert hat, um die Entfernung des Fotos bitten oder sie auch blockieren, allerdings bleiben das Foto und die entsprechende Markierung für deren Freundeskreis sichtbar, zumindest wenn sie der oben genannten Bitte um Entfernung nicht nachkommt.

Bild: Tanja Föhr, www.tanjafoehr.com

Diese goldene Regel gilt auch im analogen Leben.

Was du nicht willst ...

... dass man dir tu, das füg auch keinem anderen zu.

Diese goldene Regel dürfte vielen von uns bekannt sein. Als ethischer Leitsatz begleitet diese Aussage viele Menschen durch ihr Leben und sagt im Prinzip nur eins aus: Wenn du gut behandelt werden willst, dann behandle auch andere gut.

Um medienerzieherische Themen in der Familie zu besprechen, müssen Sie selbst kein Fachmensch sein. Viele vermeintlich digitale Themen stammen aus den Bereichen Kommunikation, Empathie, Wertschätzung und dem sozialen Miteinander. Das Internet ist ein digitales Abbild unserer Gesellschaft, und – so einfach es sich anhören mag – dieser Leitsatz hat dort genau die gleiche wichtige Bedeutung.

Schicke keine peinlichen Fotos von Freunden, wenn du nicht möchtest, dass sie peinliche Fotos von dir schicken. Schreibe keine Unwahrheiten, nur weil du sauer bist, wenn du nicht möchtest, dass deine Freunde das Gleiche machen, und so weiter ...

Die goldene Regel lässt sich auf eine Menge digitaler Szenarien übertragen, probieren Sie es einfach mal aus. Gerade wenn es um Mobbing, Beleidigungen oder dergleichen geht, verdienen nicht nur die Opfer unsere Aufmerksamkeit, sondern auch die Täter. Die technischen Möglichkeiten bleiben, aber wir können bereits präventiv an einem Bewusstsein dafür arbeiten, wie diese angewendet werden.

© Benjamin Maubach/Canon-Ben.M – *https://flic.kr/p/9RSx6T*

Stress gibt es auch in der digitalen Welt – die Frage ist: Wie geht man damit um?

KAPITEL 10 | Was tun bei Stress im Netz?

Mobbing ist eigentlich gar kein neues Thema. Seit es Menschen gibt, existieren auch verschiedene Formen der Belästigung, der Bedrängung und der Nötigung. Diese Konflikte, die weit über eine verträgliche Streitkultur hinausgehen, haben in Zeiten digitaler Medien eine neue Dimension erreicht.

Mobbing im Internet, das sogenannte Cybermobbing oder Cyber-Bullying, findet nicht nur in Pausenzeiten auf dem Schulhof statt, sondern auch in der Freizeit durch die unterschiedlichen Kommunikationswege der Kinder und Jugendlichen. Handys, E-Mails, Instant Messenger wie ICQ oder soziale Netzwerke wie Facebook werden hierfür gern genutzt.

Die Erfahrungen zeigen, dass besonders bei Kindern und Jugendlichen die Täter meistens bekannt sind und aus dem direkten oder indirekten Umfeld stammen, wie z.B. Schule, Wohnviertel, Vereine usw.

Cybergrooming dagegen ist der Begriff für eine gezielte Kontaktaufnahme mit Minderjährigen im Internet, in aller Regel in einem sexualisierten Kontext. Im Gegensatz zum Cybermobbing sind hier die Täter meist ältere und fremde Männer.

In diesem Kapitel möchten wir Ihnen einige Hintergrundinformationen zu diesem sensiblen Thema geben, angefangen bei den Hintergründen bis hin zu sinnvollen Verhaltensregeln für Betroffene.

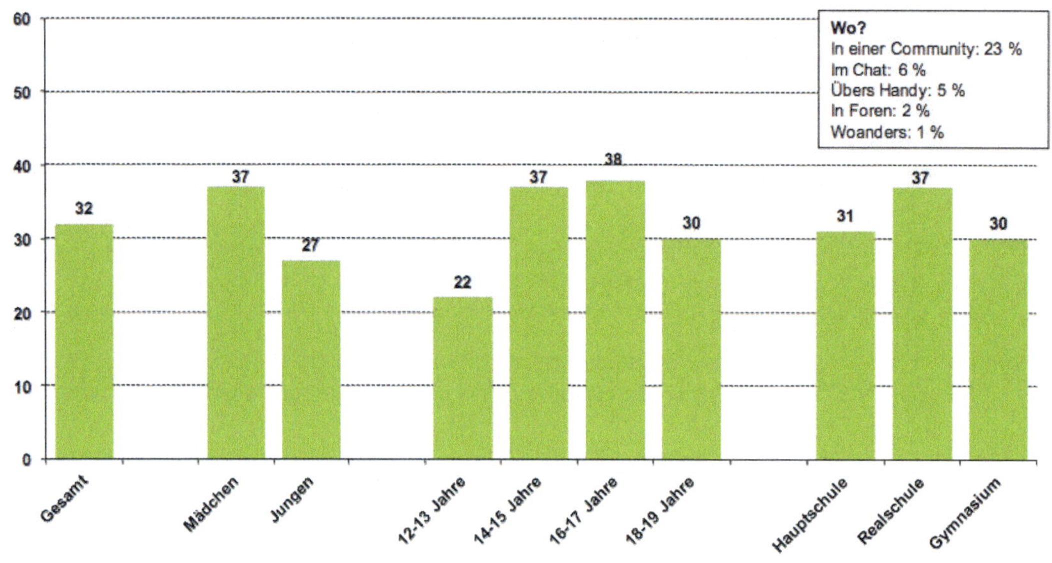

Neben Mobbing verursachen auch Falschmeldungen, peinliche Fotos und unpassende Kommentare oftmals Stress bei Jugendlichen.

Cybermobbing

Cybermobbing unterscheidet sich vom gewöhnlichen Mobbing in einigen kleinen, aber sehr wichtigen Punkten. Das ist auch der Grund dafür, dass Cybermobbing als neuer Begriff definiert wurde.

1) Vermeintliche Anonymität

Die Täter fühlen sich beim Cybermobbing in der Regel sicherer. Jemanden unerkannt und anonym zu beleidigen, ist im Internet wesentlich einfacher als im analogen Raum. Durch diese scheinbare Sicherheit fühlen sich viele bestärkt, ihrem Gegenüber Sachen an den Kopf zu schmeißen, die sie bei einem echten Treffen niemals ausgesprochen hätten.

2) Die Menge macht's

Wenn ein Gerücht in einem Dorf verbreitet werden soll, geht man am besten zur Oma nebenan und fragt: „Kannst du was für dich behalten?" Mit sehr hoher Wahrscheinlichkeit weiß zur Mitte der Woche das halbe Dorf Bescheid. Im Internet geht das noch etwas schneller. Über soziale Netzwerke, Gruppen, Messenger usw. erreichen die Täter oftmals eine Vielzahl an Menschen gleichzeitig – und das innerhalb sehr kurzer Zeit.

3) Allgegenwärtigkeit

Neue Medien sind allgegenwärtig in den Bereichen der täglichen Kommunikation, auch nach Schulschluss – und das gilt dann natürlich auch für die darin verbreiteten beleidigenden Äußerungen. Es gibt im Prinzip keine Ruhezeiten mehr, in denen sich der Gemobbte erholen kann. Dies erfordert also noch mal eine besondere Sensibilität und andere Handlungsstrategien für Eltern, Lehrer und Pädagogen.

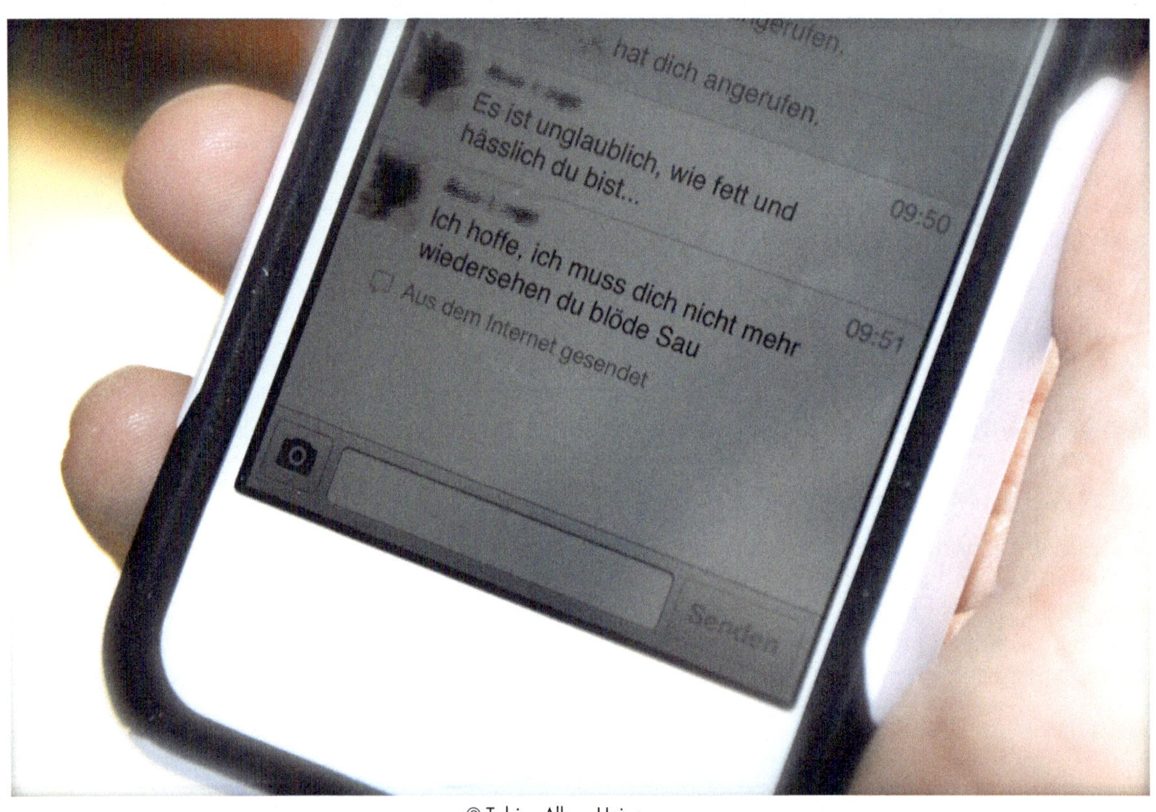

© Tobias Albers-Heinemann

Cybermobbing ist mehr als nur Stress und kann psychische wie physische Auswirkungen haben.

Mögliche Symptome

Wenn ein Kind oder ein Jugendlicher Opfer von Cybermobbing wird, ist dies nicht immer sofort zu erkennen, da jeder Mensch je nach Persönlichkeit und Entwicklung anders damit umgeht. Generell kann man aber sagen, dass Cybermobbing eine psychische Belastung für Kinder und Jugendliche darstellt, daher können die Symptome mit denen verglichen werden, die in anderen typischen psychischen Stresssituationen auftreten.

Gesundheitliche Probleme

Der Stress, die Beleidigungen und die emotionale Belastung können vermehrt zu psychosomatischen Problemen wie z.B. Kopfschmerzen und Bauchschmerzen führen. Nicht umsonst heißt es umgangssprachlich: „Etwas schlägt (mir) auf den Magen." Aber auch Schlaflosigkeit, bedrückte Stimmung oder häufiges Fehlen in der Schule können Anzeichen sein.

Änderung des Verhaltens

Wichtige Indikatoren für eine psychische Belastung sind Verhaltensänderungen. Plötzliche Verschlossenheit, Leistungsabfall in der Schule oder Isolation können wichtige Anzeichen sein. Wenn sich Ihr Kind über einen längeren Zeitraum nur noch zurückzieht und andere soziale Kontakte scheut, sollten Sie aufmerksam werden.

Verdrängung und Leugnung

Verdrängen und Leugnen sind ganz normale psychologische Angstabwehrmechanismen. Wenn Sie also mit Ihrem Kind sprechen und es alles verharmlost oder herunterspielt, bleiben Sie geduldig. Bieten Sie sich aber immer wieder als Gesprächspartner an. Eine Gewissheit, ob wirklich alles wieder gut ist oder nicht, haben wir nicht, wir können uns lediglich als Vertrauensperson anbieten.

Cybermobbing – auch hier kann es rechtliche Folgen für Täter geben.

Die rechtliche Situation

Beleidigungen, Bedrohungen und Erpressung, egal ob im analogen oder digitalen Leben, sind nicht erlaubt und müssen nicht so einfach hingenommen werden.

Wenn jemand unerlaubt Fotos oder Videos von einem anderen veröffentlicht, verstößt er gegen die Persönlichkeitsrechte bzw. gegen das Recht am eigenen Bild (siehe dazu Kapitel 9).

Aber auch Beleidigungen in öffentlichen Foren und sozialen Netzwerken sind nicht in Ordnung. In solchen Fällen kann unter anderem Strafanzeige wegen Verleumdung/übler Nachrede gestellt werden. Vor allem extreme Fälle, wie z. B. Drohungen, Erpressungen, sexuelle Belästigung (Grooming) oder Stalking, sind ganz klar Fälle für die Polizei, und eine Anzeige ist angebracht.

Was aber zählt konkret als Beleidigung? Jugendliche heute haben bekanntermaßen einen anderen Wortschatz als wir früher. Begriffe wie z. B. „Bitch" (englisches Schimpfwort, zu Deutsch etwa Miststück, Luder) werden heute unter Jugendlichen nicht nur verwendet, um jemanden zu beleidigen. Beeinflusst von den durch Anglizismen geprägten Musikstilen Rap und Hip-Hop, gilt das Wort Bitch im Sinne einer aufmüpfigen und selbstbewussten Frau zuweilen auch als Kompliment.

Generell gilt jedoch, dass Begriffe, die in einem analogen Umgang miteinander als Beleidigung gelten, in der Regel auch juristisch so eingeordnet werden. Betrachtet wird in diesem Zusammenhang der komplette Dialog, denn wer im Vorfeld selbst beleidigend aufgetreten ist, darf sich nicht beschweren, wenn er in der Folge selbst beleidigt wird.

Bevor jedoch der Weg zum Anwalt beschritten wird, sollten wir uns ein Bild über das Ausmaß und den Umfang der Gesamtsituation machen. Oftmals lassen sich solche Vorfälle durch persönliche Gespräche mit den Beteiligten, mit Eltern und Lehrern ohne rechtliche Schritte lösen.

11. Juli um 14:25
Ihr seit doch alle bescheuert. Ihr habt keine Ahnung!!!!!!!!!!!
neven forever!!!!!!!!!!!!!!!!!!!!
Gefällt mir · Kommentieren · Speichern · 11. Juli um 14:25
Wie alt bist du 12 ??
Es heißt Mistgeburt nicht Missgeburt wer hat dir denn in den
Schädel gefickt ??
Gefällt mir · Kommentieren · Speichern · 11. Juli um 10:26
wggw? :D
Gefällt mir · Kommentieren · Speichern · 2. Mai um 19:58

Streitgespräch in einer Facebook-Gruppe. Am besten ist es, gar nicht auf Provokationen einzugehen.

Verhaltensregeln für Jugendliche

1. **Nicht mitmachen.** *„Stell dir vor, es ist Krieg, und keiner geht hin!" (Carl Sandburg)* – Wenn man als Opfer auf Beleidigungen oder Beschimpfungen reagiert, kann es noch schlimmer werden. Ein Streitgespräch mit einer unbestimmten Anzahl von Gegnern wird in den meisten Fällen hochkochen und ausufern. Das Schlimmste für einen Mobber ist dagegen, wenn niemand auf seine Provokationen reagiert.
2. **Ansprechpartner suchen!** Niemand muss Mobbing allein durchstehen. Gute Freunde, Eltern, Vertrauenslehrer und Pädagogen können gute und wichtige Ansprechpartner sein, auch in der Frage, welche weiteren Schritte unternommen werden können.
3. **Meldefunktionen nutzen!** So ziemlich alle sozialen Netzwerke verfügen über eine Meldefunktion. Sobald Sie Opfer oder auch Zeuge von Mobbing im Internet werden, sollten Sie diese nutzen.
4. **Think before you post!** Das Internet ist einfach ein öffentlicher Raum. Selbst in einer privaten Gruppe können peinliche Fotos und Aussagen für alle anderen weitergeteilt werden. Vor allem gilt es, keine Beiträge zu verfassen, wenn man selbst sehr wütend und aufgebracht ist. Einmal ins Internet gestellte Posts bleiben da auch, und im aufgeregten Zustand schreibt man schnell etwas, das eigentlich gar nicht so gemeint ist.
5. **Ego-Googeln.** Hiermit ist im Prinzip die Suche nach sich selbst im Internet gemeint. Zu wissen, was im Netz alles über die eigene Person steht, hat nichts mit Egoismus und Eitelkeit zu tun, sondern macht einem bewusst, welche Informationen an die Öffentlichkeit geraten sind.
6. **Beispiel sein** ... und nicht mitmachen. Das klingt erst einmal recht simpel, aber es ist manchmal gar nicht einfach, nicht mitzumachen. Oftmals kommt das Mobbing nur von Einzelpersonen, die auf die Teilnahme der anderen angewiesen sind. Hier gilt es, dem Onlinemobbing erst gar keinen Raum zu geben, denn das nächste Opfer könnte man ja selbst sein.

BILD: Pro Juventute „Aufklärungskampagne Sexting" (*https://flic.kr/p/h934mA*), Lizenz: CC-BY 2.0

Das Versenden erotischer Fotos kann ungeahnte Folgen haben.

Sexting

Sexting ist der Begriff für den Austausch und den Versand von Nacktbildern oder erotischen Fotos über mobile Geräte (wir haben es in Kapitel 9 schon einmal angesprochen). Diese Bilder werden bereits von elf- bis zwölfjährigen Jungen und Mädchen angefertigt und an den jeweiligen Partner oder Schwarm versendet. Probleme werden deutlich, sobald die Bilder aus Rache oder anderen Motiven im Freundeskreis die Runde machen. In einer noch gesteigerten Form gab es in Facebook bereits Seiten, auf denen überwiegend Jungs aufgefordert wurden, erotische Fotos von ihren Exfreundinnen zu veröffentlichen.

Als Eltern können wir unglücklicherweise sehr wenig machen, wenn solche Fotos erst einmal veröffentlicht wurden. Einmal in Umlauf gebracht, ist es leider nicht mehr möglich, Inhalte zuverlässig zu löschen. Daher muss unser Hauptaugenmerk in der präventiven Arbeit liegen. Als Grundlage dafür sollten Sie sich noch einmal die Hinweise in Kapitel 9 anschauen.

Ein weiterer Aspekt, der vielen erst im Nachhinein deutlich wird, ist der juristische. Sobald auf den Fotos oder Videos sexuelle Handlungen vollzogen werden, handelt es sich um pornografische Inhalte, deren Verbreitung an Minderjährige nach § 184 StGB strafbar ist. Noch schlimmer wird es, wenn eine der abgebildeten Personen unter 14 Jahre alt ist. In diesem Fall spricht man nach § 184b StGB von Kinderpornografie, was bedeutet, dass neben der Verbreitung allein schon der Besitz strafbar ist. Wird nun in einer Klasse ein Bild einer 13-Jährigen von einem 14-jährigen und somit strafmündigen Schüler weitergeleitet, kann dies ungeahnte Konsequenzen haben.

Sobald unsere Kinder also ihr erstes Smartphone mit einer Internetverbindung und/oder Kamera bekommen, müssen sie über die Möglichkeiten und Konsequenzen Bescheid wissen. Es muss ihnen klar sein, dass Fotos und Videos, sofern sie einmal erstellt und geteilt wurden, nicht mehr aus dem Netz weg- und von den Geräten herunterzubekommen sind und welche Konsequenzen die Erstellung, der Besitz und die Verbreitung solcher Inhalte mit sich bringen.

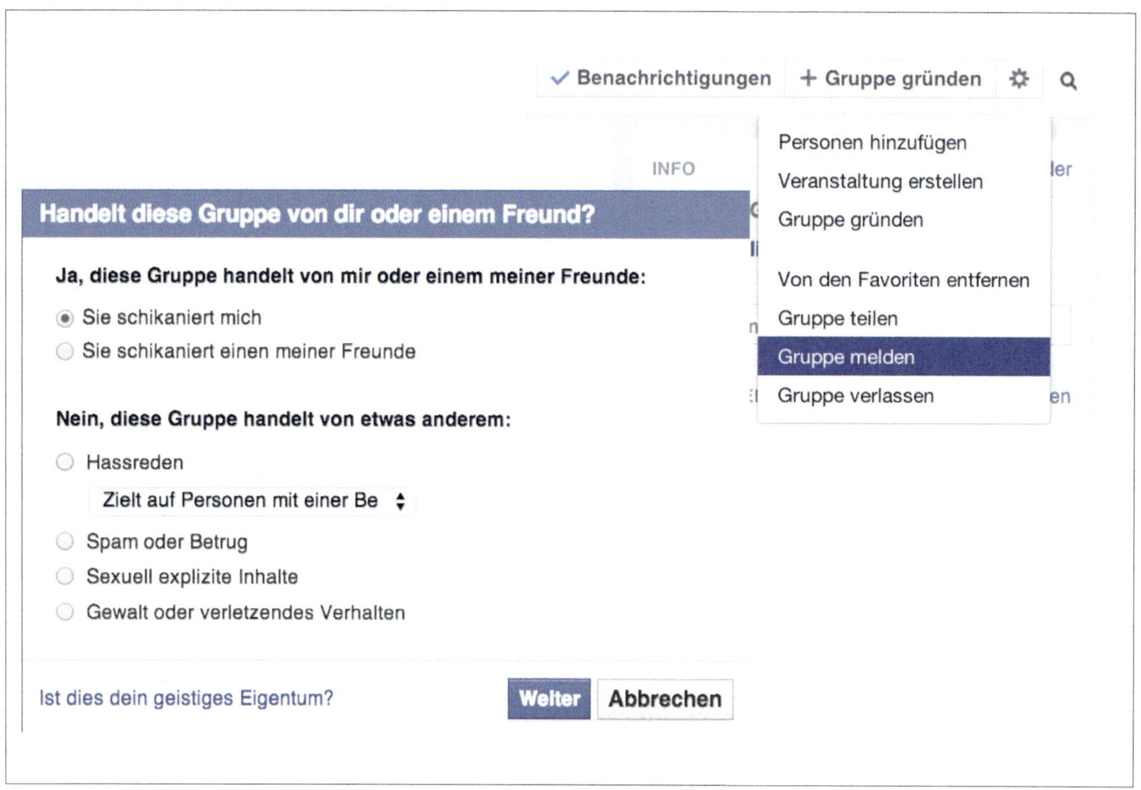

So melden Sie eine bestimmte Gruppe.

Hass-Gruppen

Eine sehr geballte und zielgerichtete Form des Cybermobbings findet vor allem in sozialen Netzwerken durch sogenannte Hass-Gruppen statt, Gruppen, deren alleiniger Zweck es ist, einzelne Personen zu beleidigen oder zu diffamieren.

Jeder mit einem Account des jeweiligen Netzwerks hat die Möglichkeit, dieser Gruppe beizutreten und mitzumischen. Aus Angst, selbst zum Opfer zu werden, schweigen die meisten Schüler, die eine andere Meinung vertreten. Es entsteht eine enorme Gruppendynamik, genau wie im analogen Leben.

In einer Gruppe fühlt sich jeder stark und macht irgendetwas, um sich zu profilieren und um die eigene Stellung und den Rang innerhalb der Gruppe zu sichern. Diese Kontroll- und Machtkampfphase ist zwar ein ganz gewöhnlicher Teil eines Gruppenprozesses, spielt sich in solchen Fällen aber komplett auf Kosten eines Einzelnen ab.

Andere, dem Opfer fremde Menschen können ebenfalls einen Einblick in diese Gruppe bekommen und sich so ein negatives Bild von der Person machen, ohne sie selbst kennengelernt zu haben. So ist es z.B. schon öfter vorgekommen, dass selbst nach einem Schulwechsel das Mobbing weiterging. Die neuen Mitschüler wollten etwas über die Person in Erfahrung bringen, haben den Namen in Facebook oder einem anderen sozialen Netzwerk eingegeben und sind auf die Hass-Gruppe gestoßen. Das Bild über den „Neuen" war somit gemacht, bevor überhaupt die Gelegenheit zum Kennenlernen vorhanden war. Der erste Impuls für ein erneutes Mobbing war gesetzt.

Sollten Sie von so einer Gruppe mitbekommen oder selbst betroffen sein, können Sie auf Facebook die Meldefunktion nutzen. Hierzu klicken Sie einfach auf der Gruppenseite auf das Zahnradsymbol und wählen die Option **Gruppe melden**. Auch können Sie dort noch mal explizit den Grund Ihrer Meldung auswählen.

Nicht alle Freundschaftsanfragen müssen angenommen werden.

Fremde Freunde

Kinder und Jugendliche vernetzen sich über digitale Medien in erster Linie mit Freunden und Bekannten, die sie auch tatsächlich kennen, das belegen verschiedene Untersuchungen. Es sind also zumeist Personen aus der Schule, dem Freundeskreis, dem Wohnort oder dem Sportverein, die Ihre Kinder (mehr oder weniger gut) kennen und die deshalb ihre „Freunde" sind. So gelangt man rasch zu einer großen Anzahl von Freunden, doch das ist erst mal nicht beunruhigend.

Vorsichtig sollten Ihre Kinder jedoch sein, wenn sie Freundschaftseinladungen von Fremden erhalten. Natürlich ist es für Jugendliche spannend, sich auch mal mit Fremden auszutauschen (oder mit dem anderen Geschlecht zu flirten, gerade wenn man den anderen noch nicht kennt). Doch unter den Millionen von Facebook-Nutzern gibt es natürlich auch einige, die nichts Gutes im Schilde führen.

Beispielsweise gibt es im Netz automatisierte Datendiebe, sogenannte Social Bots. Das sind programmierte Profile, die automatisch Freundschaftsanfragen verschicken und Statusmeldungen generieren, um den Eindruck zu erwecken, sie seien reale, aktive Personen. Programmierer, die Hunderte Bots gleichzeitig losschicken, gelangen so an Tausende von Daten – allein dadurch, dass einige User die Kontaktanfragen bestätigen.

Ein noch weit ernsteres Problem, das in diesem Zusammenhang angesprochen werden muss, ist die Pädokriminalität. Es kommt leider immer wieder vor, dass Pädophile mit gefälschten Onlineprofilen Kontakt zu potenziellen Opfern suchen. Das einzige hilfreiche Gegenmittel ist, dass Ihre Kinder äußerst umsichtig sind, wenn Fremde mit ihnen Kontakt aufnehmen. Idealerweise sollten überhaupt keine Kontaktanfragen von Fremden bestätigt werden. Wenn aber dennoch ein Onlineflirt entsteht und sich Ihr Sohn oder Ihre Tochter mit dem Flirtpartner treffen möchte, sollte zu diesem Treffen unbedingt jemand mitkommen (z.B. ein Freund oder eine Freundin), und es sollte an einem belebten Platz, in einem Café oder Ähnlichem, stattfinden, um erst mal herauszufinden, ob das Gegenüber wirklich die Person ist, als die sie sich ausgegeben hat. An sich ist gegen Onlineflirts nichts einzuwenden, nur müssen Jugendliche dabei sehr vorsichtig agieren.

Gefälschte Facebook-Profile

Bisexuelle Frauen mit vielen Freunden oft Facebook-Fakes

Samstag, 04.02.2012, 10:50 · von FOCUS-Redakteurin Claudia Gottschling

1 Empfehlen 43 Twittern 15 +1 6 0

„101 heiße Frauen": Screenshot: Facebook
Spammer auf Facebook locken gern mit Erotik. Wer auf den Link klickt, löst eine Kettenreaktion aus: Alle Facebook-Freunde sehen die Nachricht

Bei Facebook gibt es viele falsche Freunde. Identitäten, die erfunden werden, um schädliche Links zu verbreiten oder sich Zugriff auf private Daten zu verschaffen. Doch woran kann man schwarze Schafe erkennen?

Eine Studie der IT-Sicherheitsfirma Barracuda Networks hat untersucht, worin sich die gefälschten Facebook-Profile von denen realer Personen unterscheiden: 97 Prozent sind weiblich. Echte Konten werden dagegen nur in 40 Prozent der Fälle von Frauen erstellt.

Außerdem findet sich in zwei Drittel der erfundenen weiblichen Profile, die Angabe, bisexuell zu sein. Unter echten Facebook-Frauen äußern nur sechs von 100 diese Vorliebe.

Auf Facebook gibt es eine Menge gefälschter Accounts – darauf weist focus.de hin.

Gefälschte Accounts

Eine weitere Steigerung wird erreicht, wenn fremde Freunde nicht nur fiktive Charaktere sind, sondern gefälschte Accounts real existierender Personen. Wie lässt sich ein Account fälschen?

Die einfachste Möglichkeit ist, eine Person, die bislang nicht in einem sozialen Netzwerk registriert ist, nachzuahmen und sich als diese Person auszugeben. Wenn beispielsweise Ihr Arbeitskollege nicht bei Facebook oder YouTube ist, wäre es für Sie ein Leichtes, mit einem Foto von ihm einen Account auf seinen Namen anzulegen, den aber nicht er führt, sondern Sie. Die Freunde und Bekannten Ihres Kollegen würden das zunächst gar nicht bemerken, der Schwindel flöge vermutlich erst später auf.

Derlei Betrug ereignet sich leider tatsächlich, und wenn er unter Jugendlichen vorkommt, fällt er wohl meist in die Kategorie des Cybermobbings, denn selten verbergen sich hehre Absichten hinter gefälschten Accounts – in der Regel dienen sie dazu, dem Opfer zu schaden.

Was tun Sie, wenn Sie feststellen, dass für Ihr Kind (oder für Bekannte) ein gefälschter Account existiert? Leider haben Sie in dieser Situation nur begrenzte Möglichkeiten, denn der einzige Weg, derartige Probleme zu lösen, führt über den Betreiber. In der Regel sind die Meldefunktionen direkt aus den jeweiligen Profilen aus erreichbar.

Das Problem bei gefälschten Profilen ist jedoch, dass die betroffene Person in dem gleichen sozialen Netzwerk angemeldet sein muss, um die Fälschung zu melden. Wenn also jemand noch keinen eigenen Facebook- oder YouTube-Account besitzt, muss er sich erst anmelden, damit er die Fälschung melden kann. Und anschließend kann man nur hoffen, dass der Betreiber rasch reagiert und den falschen Account löscht.

ALLGEMEINE ZEITUNG / LOKALES / MAINZ / **NACHRICHTEN MAINZ** 

Nachrichten Mainz 15.01.2014

Mainz: Horror-Kettenbrief schockt Schüler in Rheinhessen – Polizei warnt vor Verbreitung

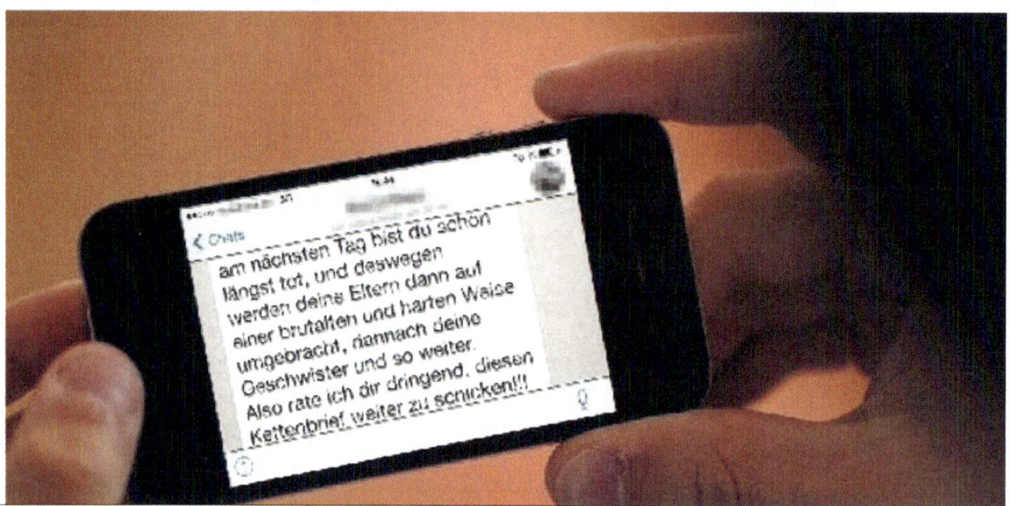

Kettenbriefe sorgen vor allem bei Kindern für Angst und Albträume.

„Wenn du diese Nachricht nicht weiterschickst ...“

Kettenbriefe gab es schon immer. Bereits vor 20 Jahren wurde man aufgefordert, einen Brief an 20 Freunde weiterzuschicken, weil sonst etwas sehr Schlimmes passieren würde. In Zeiten der digitalen Kommunikation werden solche Nervtöter wesentlich schneller verbreitet. Ein Klick, und schon wird dieser an eine komplette Kontaktliste weitergeleitet. Nicht nur das, dank der aktuellen Technik ist ein Kettenbrief auch nicht mehr nur auf das geschriebene Wort reduziert, auch Audio- und Videoinhalte sind möglich.

Und Kettenbriefe sind nicht nur nervig, sie können auf Kinder auch eine sehr verstörende Wirkung haben. Mit Effekten belegte Audiodateien, in denen ein 500 Jahre alter Geist den eigenen Tod oder starke Verstümmelungen ankündigt, sind je nach Alter sehr beängstigend. Die Wirkung der Nachricht wird durch Ton und eventuell auch Bilder enorm verstärkt, und viele Kinder und jüngere Jugendliche haben anschließend Albträume und schlaflose Nächte. Aber nicht nur solche traditionellen Kettenbriefe sorgen für Unruhe, auch falsche Nachrichten, die in der Regel mit einer Zahlungsaufforderung als Konsequenz auf das Nicht-Weiterleiten verbunden sind, finden ihren Weg auf das Smartphone (mehr dazu auf S. 279).

Wir als Eltern werden nicht verhindern können, dass unsere Kinder irgendwann so einen Kettenbrief auf ihr Smartphone bekommen, denn die digitale Kommunikation ist genauso komplex wie allgegenwärtig. Uns bleibt daher nur, uns selbst zu informieren, zu wissen, dass es solche Kettenbriefe gibt, unsere Kinder zu begleiten und ihnen beizubringen, kritisch mit solchen Nachrichten umzugehen. Eine gute Methode, an dieser Stelle präventiv zu arbeiten, ist die Audioproduktion mit Smartphones. Mithilfe von Rekorder-Apps (*https://www.medienpaedagogik-praxis.de/apps/*) lernen Kinder nicht nur, produktiv und kreativ mit mobilen Geräten zu arbeiten, sie lernen auch, Medien zu verstehen und dass Geisterstimmen nichts anderes sind als kostenlose und weitverbreitete Soundeffekte.

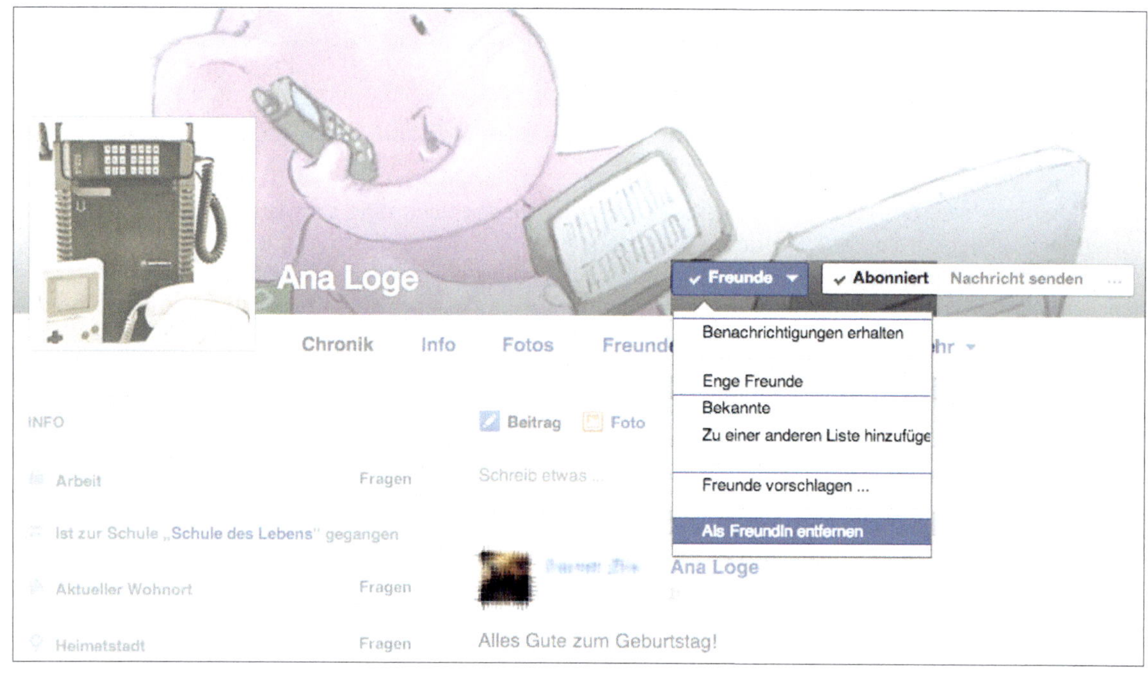

Einen Facebook-Freund zu entfernen, ist manchmal der beste Weg, jemandem aus dem Weg zu gehen.

„Entfreunden“ und blockieren

Es muss nicht immer gleich Mobbing sein, auch Streit und kleinere Meinungsverschiedenheiten können für Unmut sorgen. Im analogen Leben sagt man dann: „Hör einfach nicht hin!“, was aber bei akustischen Reizen nicht immer einfach ist, es sei denn, man hält sich die Ohren zu. Facebook, WhatsApp und auch andere Social-Media-Angebote machen es uns da etwas einfacher: Wir müssen uns in solchen Fällen nicht die Augen zuhalten, sondern haben die Möglichkeit, Personen zu entfernen oder zu blockieren.

Wenn Sie eine Person bei Facebook als Freund entfernen, kann diese nicht mehr an Ihre Chronik schreiben. Das Verhältnis zwischen Ihnen und dieser Person ist das gleiche wie das zwischen Ihnen und den anderen eine Milliarde Facebook-Nutzern, die Sie nicht kennen. Sie haben allerdings gegenseitig jederzeit die Möglichkeit, eine erneute Freundschaftsanfrage zu stellen. Blockieren Sie dagegen eine Person, ist diese für Sie auf Facebook nicht mehr sichtbar. Es ist weder für Sie noch für die andere Person möglich, Kontakt miteinander aufzunehmen. Blockierte Personen können Sie, genauso wie blockierte Anwendungen, in Ihren Privatsphäre-Einstellungen verwalten. Sollten Sie irgendwann also wieder den Wunsch verspüren, mit einer blockierten Person zu interagieren, müssen Sie dort die Blockade aufheben.

Auch bei WhatsApp haben Sie die Möglichkeit, unerwünschte Gesprächspartner zu blockieren. Hierfür gehen Sie in die Einstellungen, wählen Account und dann den Bereich Datenschutz. Ganz unten sehen Sie die Liste der blockierten Personen und können auch weitere hinzuzufügen.

Im Prinzip bietet jedes soziale Netzwerk und fast jeder Messenger eine solche Funktion, daher ist es unbedingt erforderlich, sich als Nutzer über solche Funktionen zu informieren. Oftmals reicht schon in einer Suchmaschine eine einfache Anfrage wie „Kontakte blockieren WhatsApp“.

Deutschland gegen Kindesmissbrauch hat NPD - Die soziale Heimatparteis Foto geteilt.
26. Juli

Wer am Wochenende Zeit und Lust hat, kann ja mal mit seinen Kindern vorbeikommen - alles kostenlos :-)

> Am kommenden Sonnabend, dem 28.07.2012 lädt der NPD-Kreisverband Mecklenburgische Seenplatte zum 2.Kinderfest ein. Ab 12 Uhr sind auf dem Rummelplatz in Neustrelitz alle Kinder und ihre Familien dazu recht herzlich eingeladen.
>
> "Aufgrund de...Mehr anzeigen

Trickreich: Öffentlichkeitsarbeit für die NPD im Namen des Kinderschutzes.

Politischer Extremismus

Die Zeiten, in denen rechtsradikale Gruppierungen ausschließlich mit stupiden und deutlich sichtbar nationalsozialistischen Symbolen auftraten, sind leider vorbei. Seit einigen Jahren haben Gruppen und Organisationen mit rechts-, aber auch mit linksextremer Orientierung das Internet und die Möglichkeiten der sozialen Medien erkannt. Auch auf Facebook gibt es diverse Seiten und Gruppen, die mit alltagsrelevanten und sozialpolitischen Themen versuchen, neue Kontakte zu knüpfen und ihr Gedankengut zu streuen. Dabei bedienen sie sich nicht unbedingt „klassischer" Themen und Parolen wie z.B. „Deutschland den Deutschen – Ausländer raus!", sondern streuen stattdessen viele kleine Botschaften mit einer radikalen Tendenz, die auf den ersten Blick nicht für alle offensichtlich ist.

Nehmen wir als Beispiel die Facebook-Seite „Deutschland gegen Kindermissbrauch", die sich einem Thema widmet, das sehr heikel, sensibel und vor allem emotional ist und bei dem sich vor allem so ziemlich alle einig sind. Für den seriösen Eindruck werden Beiträge etablierter Anbieter, wie z.B. Spiegel Online, Zeit usw., oder auch Lieder bekannter Bands, beispielsweise das Lied „Kinder sind tabu" von Pur, geteilt. Bei solchen Seiten geht es in erster Linie darum, ein Publikum zu akquirieren, das im weiteren Verlauf auch an die Kernthemen der Gruppierungen herangeführt werden soll, etwa an fremdenfeindliche Inhalte bei rechtsextremen Gruppen. In dem genannten Beispiel geht es vordergründig um Familie, um Politik und um Sicherheit. Schaut man jedoch etwas genauer hin, ist zu bemerken, dass viele Beiträge auf der Facebook-Seite auf Inhalte der Partei Junge Nationaldemokraten und der angeblich „sozialen" sowie „kinder- und familienfreundlichen" Volkspartei NPD verweisen.

Wir können Ihnen an dieser Stelle nur raten, dieses Thema mit Ihren Kindern zu besprechen, ein Bewusstsein hierfür zu schaffen und sie zu sensibilisieren.

Die rechts- und linksextremen Gruppierungen werden auch in Zukunft auf Medien setzen, die der Lebenswelt unserer Kinder entsprechen, um dort auf Mitgliederfang zu gehen.

pro ana

Suche

Ungefähr 22.100.000 Ergebnisse (0,33 Sekunden)

Web

Bilder

Maps

Videos

News

Shopping

Blogs

Mehr

Wiesbaden

Standort ändern

[Pro-Ana – Wikipedia]

de.wikipedia.org/wiki/**Pro-Ana**

Pro-Ana (von pro: für und Anorexia nervosa: Magersucht) und Pro-Mia (Bulimia nervosa: Ess-Brechsucht) sind Bewegungen von Mager- beziehungsweise ...

Bilder zu **pro ana** - Unangemessene Bilder melden

[Pro Ana Seiten]

proanaseiten.com/

Kann **Pro-Ana** jemals eine positive Bedeutung erhalten? Es gibt Menschen – auch solche, auf dieser Website – die sagen, dass Magersucht keine Essstörung ...

Öffentliche Google-Suche nach Pro-Ana-Seiten.

Nicht alles, was uns nicht gefällt, ist auch verboten

Neben den ganzen tollen, kreativen und kommunikativen Angeboten im Netz gibt es auch jede Menge Schund mit Inhalten, die wir nicht mögen und bei denen wir uns fragen, warum so etwas überhaupt online sein darf.

Viele abstoßende Angebote, die wir in sozialen Medien oder sonst wo im Internet finden, sind rechtlich gesehen legal. Facebook-Seiten, die unter dem Vorwand des Kinderschutzes Öffentlichkeitsarbeit für die NPD betreiben, oder auch Foren, in denen Jugendliche Suizidgedanken austauschen (Suizidforen) oder sich in ihrem Abmagerungswahn bestätigen (Ana/Mia-Foren) – das alles ist nicht verboten.

Das sind Angebote, die insbesondere junge Menschen ansprechen – Jugendliche und junge Erwachsene, denen etwas im sozialen Umfeld fehlt, etwas, das eine kritische Betrachtung der bestehenden Angebote verhindert.

Und genau das ist der Punkt, an dem wir als Eltern, so analog wir auch sein mögen, unseren Kindern den notwendigen Halt und die erforderliche Unterstützung geben müssen. Rassismus, Hass, Diskriminierung, sexualisiertes Verhalten – das alles gibt es nicht erst seit Beginn des Internets. Das gibt es schon seit Urzeiten und wird es wohl auch leider immer wieder geben. Wir alle haben Strategien gefunden, früher wie auch heute, mit so etwas umzugehen. Diese sind heute, nur weil es das Internet gibt, nicht wertlos.

jugendschutz.net
Hotline
Beschwerde-Verfahren
Internationale Zusammenarbeit
Geschlossene Benutzergruppen
Gewaltdarstellungen
Rechtsextremismus
Selbstgefährdung
Hilfe für Eltern
Materialien

Startseite > Hotline

Beschwerdestelle

Hinweise auf Verstöße gegen Jugendschutzbestimmungen
Wenn Sie im Internet auf Angebote gestoßen sind, die Sie für illega
entwicklungsbeeinträchtigend halten, senden Sie Ihren Hinweis bitt
hotline@jugendschutz.net oder nutzen das Beschwerdeformular we
werden bearbeitet.

Wichtig ist ein kurzer Hinweis, was Sie **konkret** für unzulässig halt
Angebot gestoßen sind.

Adresse des Angebots

Geben Sie bitte die **genaue** Adresse des Angebots an, z.B.: http://www.x-y-x.de/folder/file.htm.

Art der Beschwerde

✓ Bitte auswählen!
Anfrage
Kinderpornografie
Pornografie
Politischer Extremismus
Sonstiges

Bitte geben Sie in Stichworten an, **warum** Sie das Angebot für bedenklich halten, **wie** Sie darauf gestoßen sind und **wo** die problematischen Inhalte genau zu finden sind.

Hier können anonym Internetseiten gemeldet werden.

Jugendgefährdende Inhalte melden

Das Internet ist offen für alle Menschen, jeder kann Inhalte einstellen, seien es Bilder, Videos, Texte usw. Dennoch ist es kein rechtsfreier Raum. Gerade in Bezug auf pornografische oder auch gewaltverherrlichende Inhalte gibt es Gesetze, die einzuhalten sind. So ist unter anderem eindeutig geregelt, dass z. B. pornografisches Material nicht offen für Minderjährige zugänglich sein darf bzw. der Betreiber durch ein sogenanntes Altersverifikationssystem (AVS) die Volljährigkeit des Besuchers überprüfen muss.

Der Grund dafür, dass es für den Gesetzgeber so kompliziert ist, diese Regelungen umzusetzen, ist, dass die deutschen Gesetze nur auf deutsche Serverstandorte anwendbar sind. Ist z. B. eine Homepage auf einem Server im Ausland gespeichert, greifen diese schon gar nicht mehr. Dennoch besteht für uns die Möglichkeit, dem Gesetzgeber Inhalte zu melden, die uns nicht ganz geheuer sind bzw. bei denen wir bezweifeln, ob so etwas überhaupt im Internet sein darf. Im Internet finden Sie zu diesem Thema viele Meldestellen, allerdings gibt es nur eine, die direkt mit dem Gesetzgeber zusammenarbeitet:

Unter www.jugendschutz.net, der Zentralstelle der Länder für Jugendschutz im Internet, haben Sie die Möglichkeit, per Telefon oder auch anonym per E-Mail-Formular eine Internetseite zu melden. Diese wird von den Mitarbeiterinnen und Mitarbeitern zuerst geprüft, bevor eventuell Schritte zur Beseitigung des Angebots eingeleitet werden. Liegt ein Verstoß gegen den Jugendmedienschutzstaatsvertrag vor, wird zuerst der Seitenbetreiber informiert. Reagiert dieser nicht, wird er der Kommission für Jugendmedienschutz (KJM) gemeldet, die dann strafrechtliche Schritte einleiten kann.

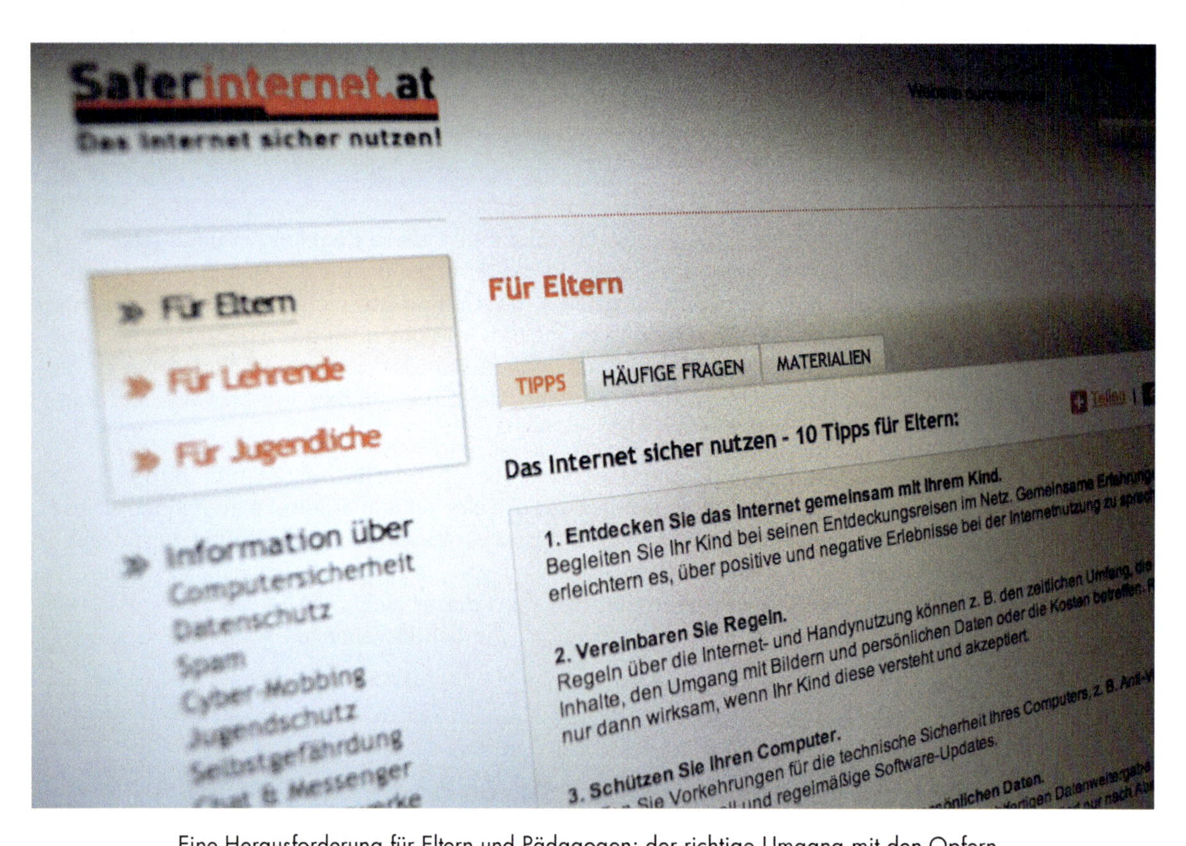

Eine Herausforderung für Eltern und Pädagogen: der richtige Umgang mit den Opfern.

Tipps für Eltern

Als Eltern haben wir es im Fall von Cybermobbing gegen unser Kind auch nicht gerade leicht. Im Idealfall kommen unsere Kinder offen zu uns und schütten uns ihr Herz aus. Wie gesagt, im Idealfall!

Eher typisch ist es, dass sich die Kinder zurückziehen und isolieren. Wir als Eltern wissen, dass etwas nicht stimmt, fragen nach und stehen dann vor einer Mauer des Schweigens. Oftmals wissen wir nicht, wie wir diese Mauer durchbrechen können. Wahrscheinlich sind wir selbst emotional betroffen, vielleicht sogar etwas wütend, eben weil wir genau wissen, dass da etwas ist, woran wir erst mal nichts ändern können.

Geduld. Das ist unserer Ansicht nach das, worauf wir uns konzentrieren müssen. Wir müssen geduldig sein, uns immer wieder als Gesprächspartner anbieten, ohne aufdringlich zu werden und ohne unseren Kindern das Gefühl zu geben, dass sie unter Druck gesetzt werden. Druck – genau das brauchen sie nicht. Genau das haben sie bereits zu Genüge.

Zudem können wir auch das Gespräch mit anderen erwachsenen Bezugspersonen suchen, mit Lehrern, Schulsozialarbeitern oder Fachkräften für Jugendarbeit. Fallen nur uns die Veränderungen auf, oder geht es auch anderen so? Wie lange schon? Aber vielleicht hat die Veränderung ja auch gar nichts mit Mobbing zu tun. Gab es bestimmte andere Vorfälle, die bekannt geworden sind? Einen Streit? Eine unglückliche Liebe? Einen Trauerfall im Freundeskreis? Schlechte Noten? Das alles kann zu einer psychischen Belastung führen und entsprechende Symptome auslösen.

Wir sollten nicht in Panik verfallen, geduldig und beständig für unsere Kinder da sein und etwaige Schritte nur in gemeinsamer Absprache in die Wege leiten. Unsere Kinder sollen nicht das Gefühl bekommen, als unmündige Opfer behandelt zu werden, deshalb müssen sie an der Streitschlichtung oder Konfliktbewältigung beteiligt werden.

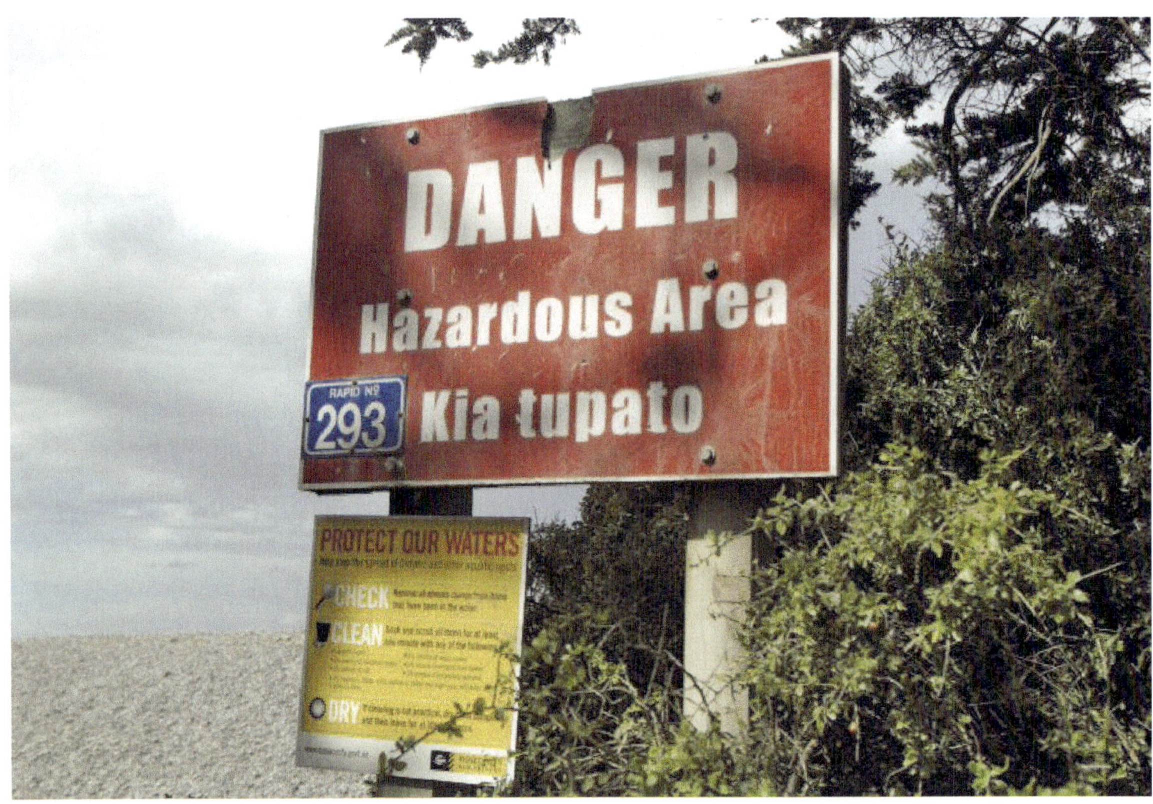

Foto: „danger sign (with Rapid ID)" von Samuel Mann (*https://flic.kr/p/5Rpeqq*), CC BY 2.0-Lizenz

Warnhinweise gibt es im Internet kaum, doch hilfreich wären sie durchaus.

KAPITEL 11 | Die nervigen Nachbarn: Werbung, Kostenfallen, Viren und Trojaner

Wir haben Sie in diesem Buch über verschiedene Aspekte informiert, die für die Nutzung von Online- und Smartphone-Diensten relevant sind und die Sie für sich und Ihre Kinder beachten sollten. Es gibt jedoch noch einige technische Aspekte, die extrem nervig oder auch richtig unangenehm sein können. Diesen leidigen Themen möchten wir uns nun widmen.

Zunächst beschäftigen wir uns noch mal mit den Geschäftsmodellen von kostenlosen Digitalangeboten, mit der (unerlässlichen) Werbung und mit unerwünschten Nebenwirkungen.

Des Weiteren werfen wir einen Blick auf potenzielle Gefährdungen innerhalb diverser Dienste, die von Jugendlichen genutzt werden: Denn all das, was wir seit Jahren an unerfreulichen Gegebenheiten im Internet antreffen (Spam, Viren, Trojaner, Abzockfallen und sonstige Hinterhältigkeiten), all das gibt es auch innerhalb von WhatsApp, Facebook & Co.

MEEDIA

NEWS & STORIES | AGENDA | DATACENTER | WO

PUBLISHING | FERNSEHEN | AUDIO | TECH | DIGITAL ECONOMY |

Themen-Trends TV-Quoten | Axel Springer | WhatsApp | RTL | Facebook

20.08.2014 | 10:33 Uhr

Hätten Sie vor zehn Jahren Google-Aktien gekauft, hätten Sie heute 1.300 Prozent Gewinn

Zehn Jahre Google-Aktie - eine wahnsinnige Erfolgsstory

Quelle: *www.meedia.de*

Konzerne wie Google und Facebook sind an der Börse überaus erfolgreich – trotz oder aufgrund ihres kostenlosen Angebots.

Das Geschäftsmodell der Gratisdienste

Wer sich mit der Entwicklung digitaler Konzerne wie Google und Facebook beschäftigt und die horrenden Geldsummen wahrnimmt, die in diesem Zusammenhang immer wieder genannt werden, stellt sich unweigerlich die Frage, woher diese exorbitanten Werte wohl stammen mögen. Womit verdienen kostenlose Anbieter eigentlich ihr Geld?

An dieser Stelle müssen wir mit Begriffen wie „verdienen" und „kostenlos" vorsichtig sein. Zum einen verdienen diese Firmen bei Weitem nicht so viel, wie sie laut Aktienkurs wert sind: Beispielsweise gilt Google als zweitwertvollstes Unternehmen der Welt, es besitzt einen Börsenwert von rund 400 Milliarden Dollar (hinter Apple, das mehr als 500 Milliarden Dollar auf die Waage bringt). Dem standen bei Google im Jahr 2013 ein Jahresumsatz von rund 60 Milliarden und ein Gewinn von rund 13 Milliarden Dollar gegenüber. Hier besteht also eine deutliche Diskrepanz zwischen Umsatz und Börsenwert.

Doch die Daten von Milliarden Usern werden für so wertvoll erachtet, dass Google und Facebook mit gigantischen Summen gehandelt werden. Allein die Größe dieser Konzerne und ihr Markenwert sind für Investoren interessant, auch oder gerade weil die Angebote vermeintlich „kostenlos" sind. Als User bezahle ich zwar kein Geld für den Dienst, aber ich bezahle mit meinen Daten und Angaben.

Das Geschäftsmodell stützt sich im Wesentlichen auf zwei Pfeiler:

1. Kostenpflichtige Angebote: Auch bei Google und Facebook gibt es ein paar Angebote, die Geld kosten. Bei Facebook sind es Spiele und Anwendungen, Google verdient an Hardware (Nexus, Chromecast) und an Provisionen aus dem Betriebssystem Android und dem Play Store. Dies sind, einzeln betrachtet, nur geringe Summen, die sich in ihrer Gesamtheit jedoch auf Millionensummen addieren.
2. Werbung: Zweifellos spielt natürlich die Werbung eine zentrale Rolle im Geschäftsmodell von Google und Facebook. Die meisten Umsätze lassen sich in einem kostenlosen Angebot nun mal mit Werbeanzeigen generieren, die oftmals versteckt zwischen Statusmeldungen oder Suchergebnissen angezeigt werden.

Wähle deine Zielgruppe

Weitere Informationen zur Zielgruppenauswahl

Ort: [?] Deutschland

Land

Stadt

Buxtehude, Germany

Städte im Bereich 10 Meilen

Alter: [?] 13 - 65 Genaue Übereinstimmung des Alters erforderlich [?]

Geschlecht: [?] Alle

Männer

Frauen

Präzise Interessen: [?] Gib ein Interesse ein …

Erweiterte Kategorien: [?]

Aktivitäten

Wirtschaft/Technologie

Ethnic

Veranstaltungen

Familienstatus

Interessen

Handy

Einzelhandel/Einkaufen

Sport 1

Sport (alle)

Baseball

Basketball

Kricket

Extremsportarten

Fantasie-Sportarten

Football (amerikanisch)

Golf

Eishockey

Werbeanzeigenvorschau

Zielgruppe

2,020 Personen

- die in Deutschland leben
- die im Umkreis von 16 Kilometern von Buxtehude leben
- die Teil der Kategorie Sports (All) sind

Bei Facebook kann man diejenigen Nutzer, die eine Werbung sehen sollen, sehr genau definieren.

Im Visier von Online-Targeting

Der Begriff „Online-Targeting" klingt zunächst vielleicht bedrohlich, meint jedoch nur das Schalten von zielgruppenorientierter Werbung. Das Geschäft mit Werbeanzeigen erreicht bei Google, YouTube und Facebook nämlich dadurch eine neue Dimension, dass die Werbekunden hier so zielgerichtet wie sonst nur selten Werbung schalten können. Durch die vielen Informationen, die über User vorliegen, lässt sich die Werbung detailliert an die Zielgruppe anpassen.

Nehmen wir an, Sie eröffnen ein Sportgeschäft in Buxtehude. Als Werbung können Sie eine Anzeige in der Regionalzeitung schalten, können Plakate kleben, Postwurfsendungen verteilen oder Ähnliches. Damit sprechen Sie jedoch immer auch alle unsportlichen Menschen an, die garantiert nie bei Ihnen einkaufen werden. Sie haben also hohe Streuverluste.

Facebook bietet Ihnen die Möglichkeit, gezielt auszuwählen, dass Sie Personen aus der Gegend um Buxtehude kontaktieren, die an Sport interessiert sind. Wir sehen, dass es aktuell 2.020 Facebook-User gibt, auf die diese Eigenschaften zutreffen – nur diese Personen bekommen Ihre Werbeanzeige zu sehen, der Streuverlust ist also minimal. Das lässt sich natürlich beliebig verfeinern, beispielsweise könnten Sie für bestimmte Kollektionen nur bei Frauen im Alter von 20 bis 30 Jahren werben usw.

Interessant ist jedenfalls, wie geschickt Facebook sämtliche Daten nutzt, die die User in diesem Portal hinterlassen. Je mehr Angaben Sie und Ihre Kinder zu Vorlieben, Hobbys, Kauf- und Nutzungsgewohnheiten hinterlassen, umso wertvoller werden die Personenprofile für den Konzern Facebook. Ein Gratisangebot ist das dann längst nicht mehr.

Bei Google bzw. YouTube verhält es sich ganz ähnlich: Auch hier werden Informationen über uns User gesammelt, und je mehr Dienste aus dem Hause Google wir nutzen (z. B. neben der Suche und YouTube auch das Handybetriebssystem Android sowie Google Mail und Google Kalender), desto mehr Details weiß dieser Konzern über uns. Dieses Wissen lässt sich hervorragend versilbern.

●●●○○ Vodafone.de 3G 19:43
15 %
Chats
zul. online heute um 19:35
Anrufen
Bearbeiten
Info
Liebe Whatsapp haber wir das facebook Team haben Whatsapp fuer 16 Milladen € gekauft sie koennen Whatsapp kostenlos fuer 5 Jahre haben wenn sie diese SMS an 10 Kontakten verschicken. Wenn sie das nicht machen kann Whatsapp fuer sie teurer werden (ca.5 ct pro naricht) viel glueck eurer Facebook Team
18:33

Quelle: *www.mimikama.at*

Kurz nach dem WhatsApp-Kauf durch Facebook war dieser Hoax im Umlauf, der mit finanziellen Konsequenzen drohte, wenn man ihn nicht weiterleitete.

Spam und Hoaxes

Spam-Mails sind ein altbekanntes, leidiges Phänomen, und sie erfahren in den sozialen Medien eine neue Popularität. Das Prinzip von Spam-Nachrichten ist altbekannt. Hier werden beispielsweise angeblich erzielte Lottogewinne verkündet oder Wunderpillen zu günstigen Preisen angeboten. Ein anderes häufiges Phänomen sind Kettenbriefe, die Drohungen im Stil von: „Leite diese Nachricht an zehn Personen weiter, sonst ..." enthalten. Als Druckmittel folgen Drohungen finanzieller Art, z.B. die links gezeigten angeblichen Kosten für die weitere WhatsApp-Nutzung, oder psychologisch belastende Vorhersagen. (Mehr zu Kettenbriefen lesen Sie auf S. 261.)

Als Hoax gilt eine bewusste Falschmeldung, die gezielt gestreut wird mit der Aufforderung, diese weiterzuverbreiten. Nach dem Aufkauf von WhatsApp durch Facebook gab es beispielsweise diverse Hoaxes, die behaupteten, WhatsApp werde in Zukunft kostenpflichtig sein. Um den anfallenden Kosten zu entgehen, solle man die Nachricht an seine Freunde weiterleiten.

Derlei Nachrichten sind an sich ungefährlich und richten zunächst keinen Schaden an, sie nerven höchstens. Allerdings wird das Prinzip auch dazu missbraucht, beispielsweise ahnungslosen Usern Geld aus der Tasche zu ziehen (siehe den nächsten Abschnitt „Onlinebetrug").

Der beste Tipp gegen derlei Unsinn ist, Kettenbriefe und Rundmails nicht weiterzuleiten, nicht ernst zu nehmen, sich nicht irritieren oder gar verunsichern zu lassen, sondern sie einfach als Spam (also Digitalmüll) anzusehen und zu löschen.

Wer sich vertiefend mit der Thematik der Hoaxes auseinandersetzen möchte, findet hier eine gute Übersicht zu Falschmeldungen: *www.hoax-info.de.*

Abzocke: Video - Frau im Tattoo-Studio

16 AUG 2014 08:47 VERFASST VON ZDDK

Teilen 1.105 | 8+1 1 | Flip

Gefällt mir 1.105 | Twittern 2 | Mitteilen

Im Moment macht einmal wieder ein (SHOCKING VIDEO) die Runde auf Facebook. Angeblich bekommt man ein Video zu sehen, indem eine Frau im Genitalbereich tätowiert wurde.

Doch auch wenn man auf den Playbutton klickt, gibt es KEIN Video zu sehen. Was aber folgt, sind zahlreiche Gewinnspiele- und Handyabofallen

Um diesen Statusbeitrag geht es:

[SHOCKING VIDEO] This Pretty Young Woman Cums During her Tattoo Session. She Scream so Hot!

This pretty young lady cums in her tattoo session 2 times and then she scream so...

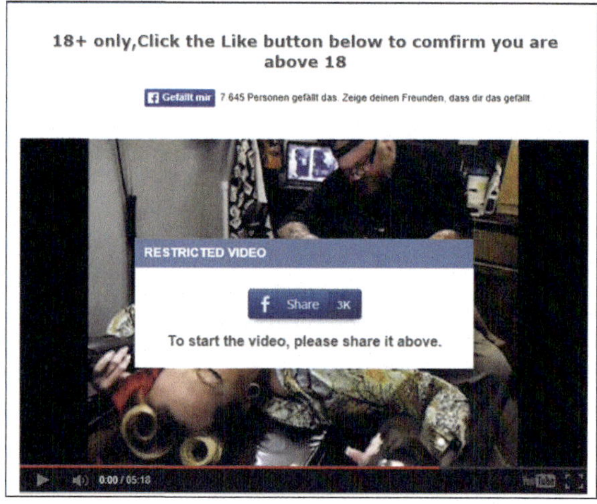

Quelle: *www.mimikama.at*

Typisches Clickjacking-Beispiel: Um dieses angebliche Schockvideo zu sehen, muss man es zunächst bei Facebook teilen, landet dann aber bei Gewinnspielen und Abofallen.

Onlinebetrug

Der Betrug im Netz hat viele Gesichter: Im harmlosesten Fall ist er bloß nervig oder ärgerlich, oftmals entsteht dem User kein Schaden, aber die Anbieter profitieren (z.B. durch angeklickte Werbeseiten), im schlimmsten Fall wird es für uns Nutzer richtig teuer. Hier einige Beispiele für verschiedene Betrugsmodelle im Internet:

- Clickjacking: Dahinter verbirgt sich das Vortäuschen falscher Funktionen, die per Mausklick bestätigt werden. Das sind beispielsweise Videolinks, die auf eine gefälschte Seite führen, auf der man durch das Anklicken des Play-Buttons ungewünschte Nebeneffekte auslöst (z.B. das Weiterverbreiten eines Links, das Übermitteln von Daten oder das Aktivieren der Webcam).
- Kostenpflichtige Gratisdienste: Sehr beliebt ist auch die Masche, kostenlose Dienste als zukünftig kostenpflichtig zu beschreiben und damit die User zu verunsichern. So kursieren immer wieder Meldungen darüber, dass für die weitere Nutzung von Diensten wie WhatsApp, Facebook und ähnlichen in Kürze eine Gebühr bezahlt werden müsse. Dazu werden gefälschte Links oder falsche Bankdaten angegeben, sodass das Geld direkt in die Taschen der Betrüger fließt (siehe auch den Abschnitt „Kostenfallen und Abzocke" weiter unten).
- Falsche Profilspione: Es gibt Facebook-Anwendungen, die versprechen, aufzuzeigen, welche User das eigene Facebook-Profil besucht haben. Es wäre doch toll, wenn wir sehen könnten, wer unser Facebook-Profil besucht hat! Das Problem ist nur, dass diese Funktion bei Facebook nicht möglich ist, durch keine noch so ausgeklügelte Anwendung. Derartige Seiten führen stattdessen meist auf externe Links, durch deren Anklicken die Anbieter der Anwendung Geld verdienen. Als User hat man davon nichts, schon gar nicht die erhoffte Spionfunktion.
- „Gefällt mir nicht"-Button: Zwar gibt es bei Facebook den berühmten Gefällt mir-Button, aber es gibt keinen Button für „gefällt mir nicht". Diese Option existiert bei anderen Portalen, z.B. bei YouTube, wo ich ein Video mit erhobenem oder gesenktem Daumen bewerten kann. Aber sämtliche Anwendungen, die den „Gefällt mir nicht"-Button für Facebook vorgaukeln, sind Fälschungen.

ACHTUNG: VIRUS-WARNUNG!

wurde in s Album markiert.

Profilbilder

HORRIBLE!: young girl did SUICIDE in front of web cam - Watch video here http://bit.ly/idvKdG

vor einigen Sekunden

SCHRECKLICH! - Unfall in einem Freizeitpark in Deutschland!
Rollercoaster Accident in Germany
Schaus dir an @: http://facebook.com/RollercoasterCrash
This has just been leaked!
Gestern um 08:09 via PLAY NOW!! · Gefällt mir · Kommentieren
gefällt das.
Hey hast du das gesehen? Unglaublich. Konnte es mir gar nicht ganz ansehen. NIE wieder Achterbahn.
Gestern um 08:09 · Gefällt mir

Quelle: *www.facebook.com/VirusWarnung*

Auch hinter diesen reißerisch aufgemachten Links verbergen sich Schädlinge.

Viren, Würmer und Trojaner

Als Internetnutzer kennen Sie hoffentlich die Problematik der Viren, Würmer und Trojaner, also der Schadprogramme, die sich durch einen falschen Klick unbemerkt auf Ihrem PC einnisten und dort Unheil anrichten. Längst existieren aber spezielle Viren für Smartphones und Tablets, und die Programmierer derartiger Schädlinge sind auch auf den beliebten Portalen unterwegs.

- Es gibt beispielsweise Links zu Videos, die Meldungen an die eigenen Freunde verschicken, sobald man sie anklickt. Zudem können Dateien dahinterstecken, die sich auf dem Gerät installieren und damit einen Virus auf den Rechner oder das Smartphone schleusen.
- Oftmals kommt eine reißerische Aufmachung zum Einsatz, wie die beiden Beispiele zeigen: Angebliche Aufnahmen von einem Selbstmord oder einem Achterbahnunfall, wahlweise auch Nacktaufnahmen oder Ähnliches, werden meist unbedacht weiterverbreitet und locken die User zu verseuchten Links.
- Andere Viren tarnen sich als gefälschte Facebook-Fanseiten von Stars, Sternchen, Filmen oder Games. Klickt man dort auf einen harmlos aussehenden, aber manipulierten Link, verschickt sich der Link von selbst an unzählige Facebook-Freunde.
- Gefährlich sind auch persönliche Nachrichten von Unbekannten. Hier wird beispielsweise gefragt: „Bist du das?“, es folgt ein Link – und sobald man diesen öffnet, schleust sich das Schadprogramm in das System ein.
- Besonders hinterhältig ist, dass Schädlinge einen kompletten Account kapern können und dann „unter falscher Flagge“ Hinweise oder Nachrichten verschicken. Hat sich beispielsweise Ihr Kind einen Virus eingefangen, kann es passieren, dass Sie von Ihrem Kind eine Nachricht bekommen mit einem simplen Hinweis wie „Foto“ oder „Video“ und einem dazugehörigen Link. Sie ahnen nichts Böses, klicken den Link an – und haben sich selbst den Virus eingefangen. Durch diesen Trick können sich Viren in kürzester Zeit verbreiten.

Über das BSI | Service | Sitemap | Kontakt & Impressum
Bundesamt für Sicherheit in der Informationstechnik
Ins Internet - mit Sicherheit!
Welche Gefahren begegnen mir im Netz?
Wie mache ich meinen PC sicher?
Wie bewege ich mich sicher im Netz?
Wie bewege ich mich sicher im mobilen Netz?
Sie sind hier:> Startseite> Welche Gefahren begegnen mir im Netz?> Schadprogramme
Suchbegriff eingeben
Welche Gefahren begegnen mir im Netz?
Schadprogramme
Viren
Würmer
Trojanische Pferde
Spyware
Infektionsbeseitigung
Schadprogramme
Gefahren lauern überall – auch im Internet. Wer seine Daten nicht schützt, macht es Feinden einfach, diese bei der Übertragung mitzulesen, zu verändern oder sogar zu löschen. Man hört immer öfter von neuen Viren oder Würmern – Programmen also, die sich selbständig verbreiten oder über E-Mails versandt werden und Schäden auf Ihrem PC anrichten können. Aber auch von Trojanischen Pferden ist oft die Rede. Das sind dann Programme, die vom Nutzer unbemerkt sicherheitskritische Funktionen durchführen, indem sie beispielsweise Passwörter abfangen.
Schädliche Programme für den Computer werden heute nicht mehr vorrangig von Einzeltätern geschrieben, die sich damit in ihrer Clique beweisen wollen. Sie sind schon längst von kriminellen Netzwerken abgelöst worden, die international operieren, arbeitsteilig organisiert sind und es auf das Geld der Internetnutzer abgesehen haben.
Die Familie der IT-Schädlinge
Früher nannte man schädliche Programme aufgrund ihrer Eigenschaften meist "Viren". Heute sprechen Experten generell von "Schadprogrammen" und meinen damit alle bösartigen Programme, die auf von ihnen befallenen

Tipps und Informationen vom deutschen Bundesamt für Sicherheit in der Informationstechnik finden Sie online unter *www.bsi-fuer-buerger.de.*

Wie kann ich mich vor Schädlingen schützen?

Ein zuverlässiger Schutz vor Schadsoftware ist nahezu unmöglich, da die Sicherheitsindustrie in diesem Hase-und-Igel-Spiel zwangsläufig immer an zweiter Stelle steht: Findige Programmierer entwickeln immer neue Schädlinge, auf die die Schutzsoftware dann eingestellt werden muss. Dennoch können Sie natürlich einige Maßnahmen treffen, um sich bestmöglich vor derlei Angriffen zu schützen. Hier einige Hinweise:

- Eine Schutzsoftware, also ein Antivirenprogramm, ist Pflicht für alle Geräte, die mit dem Internet verbunden sind – egal ob Rechner, Laptop, Tablet oder Smartphone! Es gibt diverse kostenpflichtige wie auch kostenlose Lösungen. Wir möchten an dieser Stelle keine Empfehlung aussprechen, um keine Produktwerbung zu machen, aber Sie finden ein für Ihre Bedürfnisse passendes Angebot (oder haben es hoffentlich bereits installiert).
- Sämtlichen unbekannten Links gegenüber sollten Sie und Ihre Kinder vorsichtig sein, egal ob diese von Freunden oder von Anwendungen kommen. Klicken Sie also nicht jeden Link an!
- Es gibt Browsererweiterungen, die schädliche Links erkennen, sodass Sie auf einen Blick sehen, ob ein Link gefährlich ist oder nicht. Kostenlose Plug-ins bietet z. B. „World of Trust“ an: *www.mywot.com*.
- Um zu überprüfen, ob Ihr Rechner sauber oder bereits verseucht ist, und um ihn gegebenenfalls zu reinigen, sind sogenannte „Malware-Scanner“ empfehlenswert. Auch hierzu finden Sie ein großes Angebot im Netz.
- Download-Links zu empfehlenswerten Schutz- und Hilfsprogrammen veröffentlicht das „Bundesamt für Sicherheit in der Informationstechnik“ auf der Seite *www.bsi-fuer-buerger.de*. Hier finden Sie auch aktuelle umfangreiche Informationen zu Schädlingen und Sicherheitslücken und können diese als Newsletter abonnieren.

Quelle: *www.mimikama.at*

Die schnellsten „Gefällt mir"-Klicker bekommen ein iPhone – wer das glaubt, wird leider nicht selig, sondern höchstens arm.

Kostenfallen und Abzocke

Während die oben genannten Betrugsfälle den Anbietern Einnahmen bringen, den Usern jedoch nicht unbedingt Schaden zufügen, gibt es auch einige Fälle, in denen die User direkt abgezockt werden. Hier sollten Sie und Ihre Kinder also besonders vorsichtig sein. Einige Beispiele:

- Abfrage von Handynummern: Eine einfache Masche ist das Vortäuschen eines Tests, an dessen Ende persönliche Daten wie die Handynummer abgefragt werden. An diese Nummer, so schreiben die Anbieter, wird dann das Testergebnis gesimst. Tatsächlich schließt der User durch das Eingeben der Handynummer möglicherweise ein Abo ab, das die Handyrechnung wöchentlich mit einigen Euro belastet.
- Abfrage von Bankdaten: Andere Anwendungen, wie beispielsweise Gewinnspiele, fragen nach der Bankverbindung oder Kreditkartennummer. Auch das kann natürlich teuer werden, wenn die Daten in falsche Hände geraten, die keine Gewinne überweisen, sondern Gelder abbuchen.
- „Geld senden"-Betrug: Eine hinterhältige Masche, die an das Mitleid der Menschen appelliert, läuft über persönliche Nachrichten von wildfremden Menschen, die darum bitten, ihnen Geld zu senden. Dazu werden rührselige Anekdoten über ausgeraubte oder verarmte Individuen erfunden, die um ein paar Euro betteln. Eine andere Variante erzählt von einer angeblichen Erbschaft, die nur überwiesen werden kann, wenn man vorab irgendwelche Gebühren bezahlt. Wer hier überweist, ist selbst schuld, aber der Trick funktioniert.
- Gutscheinangebote: Beliebt sind auch gefälschte Gutscheine, die man erhält, wenn man entsprechende Links weiterverbreitet, diverse Seiten anklickt und letztendlich persönliche Daten übermittelt. Auch hier kann es passieren, dass man statt des Gutscheins eine hohe Rechnung erhält.

Allgemein spricht man bei diesen Abzockmethoden auch von „Phishing", da sie private Daten „abfischen" und missbrauchen, um ihren Opfern Geld aus der Tasche zu ziehen. Hier gilt höchste Vorsicht, denn ein technischer Schutz dagegen ist nahezu unmöglich.

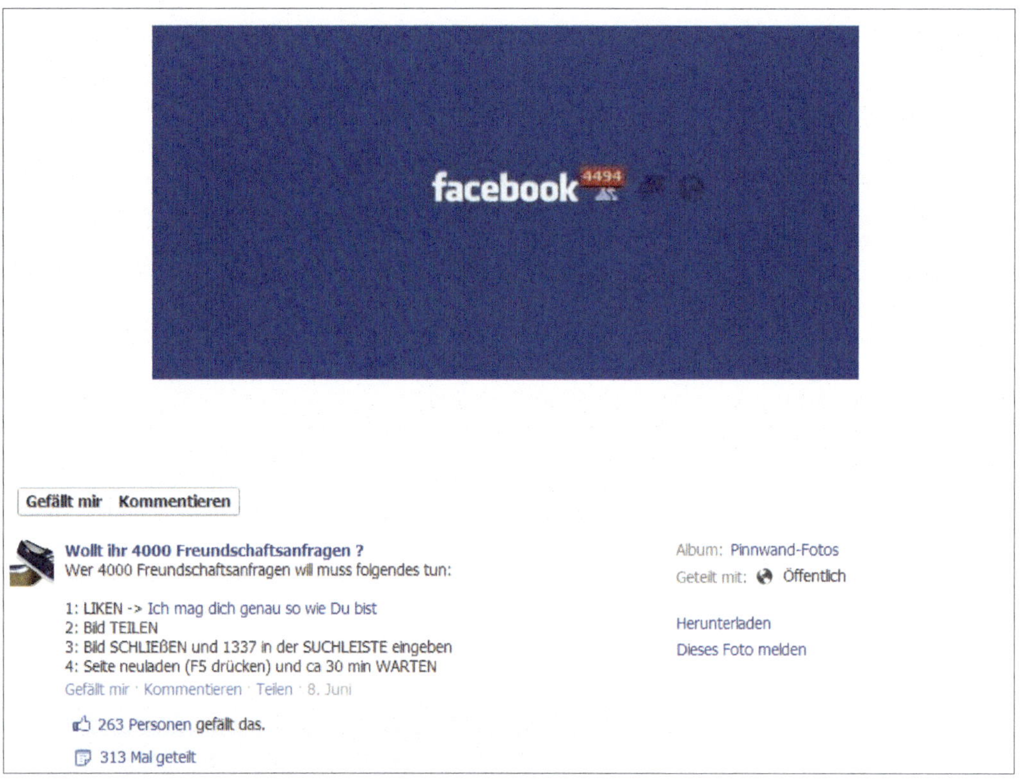

facebook
4494
Gefällt mir
Kommentieren
Wollt ihr 4000 Freundschaftsanfragen ?
Wer 4000 Freundschaftsanfragen will muss folgendes tun:
1: LIKEN -> Ich mag dich genau so wie Du bist
2: Bild TEILEN
3: Bild SCHLIEßEN und 1337 in der SUCHLEISTE eingeben
4: Seite neuladen (F5 drücken) und ca 30 min WARTEN
Gefällt mir · Kommentieren · Teilen · 8. Juni
263 Personen gefällt das.
313 Mal geteilt
Album: Pinnwand-Fotos
Geteilt mit: Öffentlich
Herunterladen
Dieses Foto melden

Anwendungen wie diese lesen sich höchst dubios, dennoch fallen täglich Hunderte User darauf rein.

Was kann ich gegen Kostenfallen tun?

Zunächst ist man mit der sogenannten Datensparsamkeit immer gut beraten. Vermitteln Sie Ihren Kindern, dass sie nur diejenigen Daten weitergeben sollten, die unbedingt nötig sind. Ein Anbieter irgendeiner Anwendung muss nicht die Handynummer wissen, geschweige denn die Bankverbindung oder Kreditkartennummer der Eltern. Derlei Angaben sollten nie an dubiose Drittanbieter weitergegeben werden!

Gutscheine sollten, wenn überhaupt, nur von den Originalseiten der Firmen entgegengenommen werden. Verspricht irgendeine Seite Gutscheine für was auch immer (beliebt sind hierbei Elektromärkte, Fast-Food-Ketten, Onlinekaufhäuser usw.), sollte man auf der Hut sein. Lässt sich ein Gutschein einfach ausdrucken, kann in der Regel wenig passieren (es sei denn, der Gutschein erweist sich später als ungültig). Müssen jedoch Dateien heruntergeladen oder eigene Daten angegeben werden, sollten Sie auf derlei „Schnäppchen" besser verzichten.

Ansonsten hilft nur möglichst viel Vorsicht: Sämtliche Anwendungen, die Bestätigungen von Ihnen oder Ihren Kindern anfordern, um auf persönliche Daten zuzugreifen oder automatisch in die Timeline zu schreiben oder Ähnliches, sollten Sie argwöhnisch beäugen. Stammen diese Anwendungen von seriösen und bekannten Anbietern, können Sie den Zugriff möglicherweise erlauben. Letztendlich müssen aber Sie entscheiden und dies auch Ihren Kindern vermitteln, wer Zugriff erhalten soll und wer nicht. (Wenn Sie beispielsweise auf die Facebook-Anwendung der „Tagesschau" nicht verzichten möchten, steht dahinter eine öffentlich-rechtliche Rundfunkanstalt, der Sie vermutlich eher vertrauen können als einem weniger etablierten Anbieter.)

Weitere hilfreiche Hinweise und stets aktuelle Warnungen gibt es auf diversen Internetseiten, z.B. beim bereits erwähnten BSI, *www.bsi-fuer-buerger.de*, oder beim „Verein zur Aufklärung über Internetmissbrauch" unter *www.mimikama.at*.

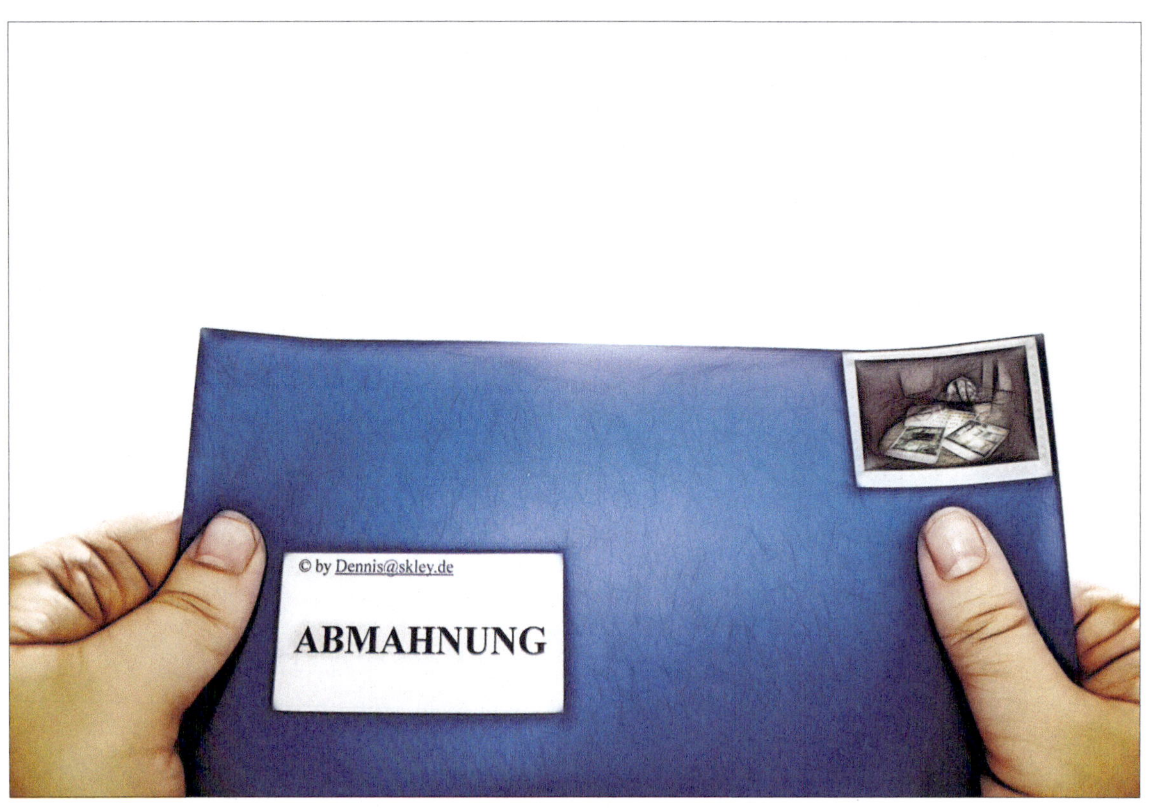

Foto: „Sie haben Post! 227/366" von Dennis Skley (*http://flic.kr/p/cRrfJh*), CC BY-ND 2.0-Lizenz

Der Albtraum aller Eltern: eine Abmahnung im Briefkasten!

Das Geschäft mit Abmahnungen

Leider hat sich in den letzten Jahren eine regelrechte Abmahnindustrie entwickelt: Diverse Anwaltskanzleien legen ihren Arbeitsschwerpunkt darauf, Internetnutzer abzumahnen, und verdienen mit teils unangemessen hohen Forderungen gutes Geld. Abmahnungen werden beispielsweise für Urheberrechtsverletzungen verschickt, wenn also Musik, Filme oder Software, die urheberrechtlich geschützt sind, illegal heruntergeladen werden. Aber auch für die Verwendung geschützter Fotos kann man abgemahnt werden: Stellt Ihr Kind beispielsweise ein Foto seines Lieblingsmusikers ins Netz, das urheberrechtlich geschützt ist, liegt (streng genommen) ein Rechtsbruch vor.

In den allermeisten Fällen werden diese Verstöße nicht nachverfolgt, aber zur Sicherheit sollten Sie darauf achten, dass Ihre Kinder nur selbst erstellte Bilder im Internet veröffentlichen. Sollte Ihr Kind z.B. ein Foto von einem Prominenten oder ein Wappen eines Fußballvereins als Profilbild verwenden (das sind nämlich zwei äußerst beliebte Varianten), lassen Sie es dieses Foto besser löschen und ein eigenes Profilbild hochladen. Bei WhatsApp verhält sich das etwas anders, da die Fotos nicht veröffentlicht, sondern nur privat weiterverschickt werden, doch da sämtliche Dateien rasch an unbekannte Empfänger weitergeleitet werden können, sollte man auch hier auf Nummer sicher gehen und nur eigene Inhalte versenden.

Doch was können Sie tun, wenn Sie dennoch eine Abmahnung (oder auch eine hohe Rechnung aufgrund einer Kostenfalle) im Briefkasten finden? Zunächst sollten Sie nichts überstürzen. Bezahlen Sie keine x-beliebige Summe und unterschreiben Sie keine Unterlassungserklärungen oder Ähnliches, sondern holen Sie sich erst fachmännischen Rat. Falls Sie über eine Rechtsschutzversicherung (idealerweise ohne Selbstbeteiligung) verfügen, können Sie Ihren Anwalt kontaktieren, ansonsten sind die Verbraucherzentralen kompetente Ansprechpartner. Hier können Sie in Erfahrung bringen, ob die Forderungen angemessen oder überhöht sind und wie Sie sich am besten verhalten.

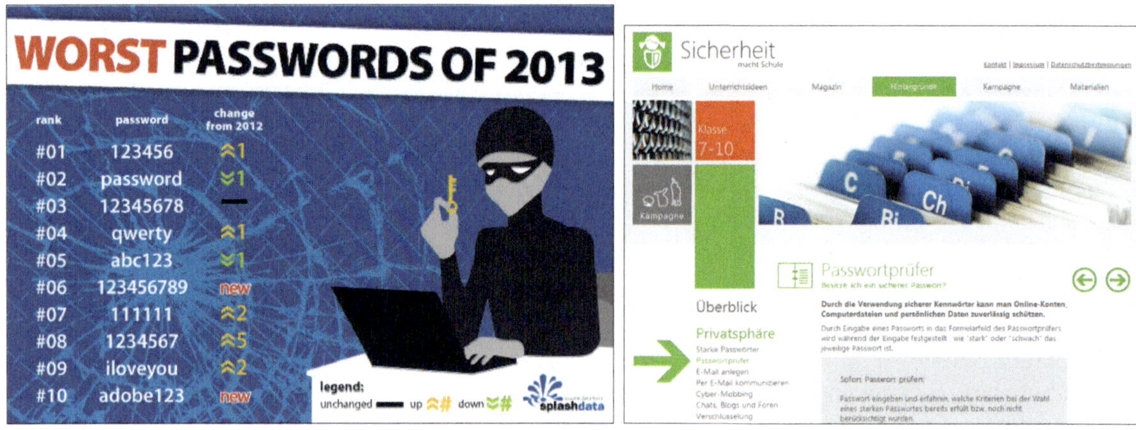

Sie finden Ihr Passwort in der linken Liste (von *www.splashdata.com*)? Dann sollten Sie es schleunigst ändern und Ihre neue Idee prüfen, z. B. unter *www.sicherheit-macht-schule.de*, Rubrik „Hintergründe"/„Privatsphäre".

Displaysperre und Passwortsicherheit

Haben Sie und Ihre Kinder das Smartphone mit einer Displaysperre geschützt, oder sind mit einem Wisch alle Inhalte zugänglich? Viele Handybesitzer sind zu bequem, eine solche Sperre einzurichten, dabei gehört sie zum grundlegenden Schutz Ihres Geräts und Ihrer Daten. Schließlich sind auf Smartphones und Tablets die Apps inklusive Ihrer Passwörter gespeichert, was praktisch ist, um nicht bei jedem Öffnen das Passwort eingeben zu müssen. Problematisch wird es allerdings, wenn Sie das Handy verlieren oder es gestohlen wird, denn dann ist nicht nur Ihr Gerät in fremden Händen, sondern die neuen Besitzer haben zugleich auch Zugriff auf alle installierten Apps und Dienste.

Was tun?

- Zunächst ist es wie gesagt unerlässlich, eine Bildschirmsperre oder eine PIN einrichten. Ein gezeichnetes Muster (z.B. verbundene Linien) sind anhand der Fingerspuren leicht nachvollziehbar, sicherer ist eine PIN-Nummer oder gleich ein mehrstelliges, kompliziertes Passwort.
- Sollte das Handy abhanden kommen, müssen sofort die Passwörter aller dort verknüpften Dienste geändert werden! Das ist mühselig, aber eine wichtige Vorsichtsmaßnahme, sollte Ihre Zugangssperre doch geknackt werden.

Zudem werden wir permanent von Internetbrowsern gefragt, ob wir ein Passwort speichern möchten. Am besten deaktivieren Sie diese Funktion komplett (das ist in den Einstellungen aller Webbrowser möglich), auch am Computer oder im Nutzerkonto Ihres Kindes.

Doch wie sieht ein wirklich sicheres Passwort eigentlich aus? Es sollte aus mindestens acht Zeichen bestehen und Groß-/Kleinbuchstaben sowie Zahlen und Sonderzeichen enthalten. Um sich ein sicheres, aber einfaches Passwort auszudenken, hilft eine Eselsbrücke über einen Satz, dessen Anfangsbuchstaben Sie verwenden. Beispielsweise wird aus „Jeden Morgen um 6 klingelt mein Wecker!" das Passwort „Jmu6kmW!" Zum Verwalten der diversen Passwörter gibt es übrigens auch hilfreiche Programme und Apps, beispielsweise KeePass und Password Safe.

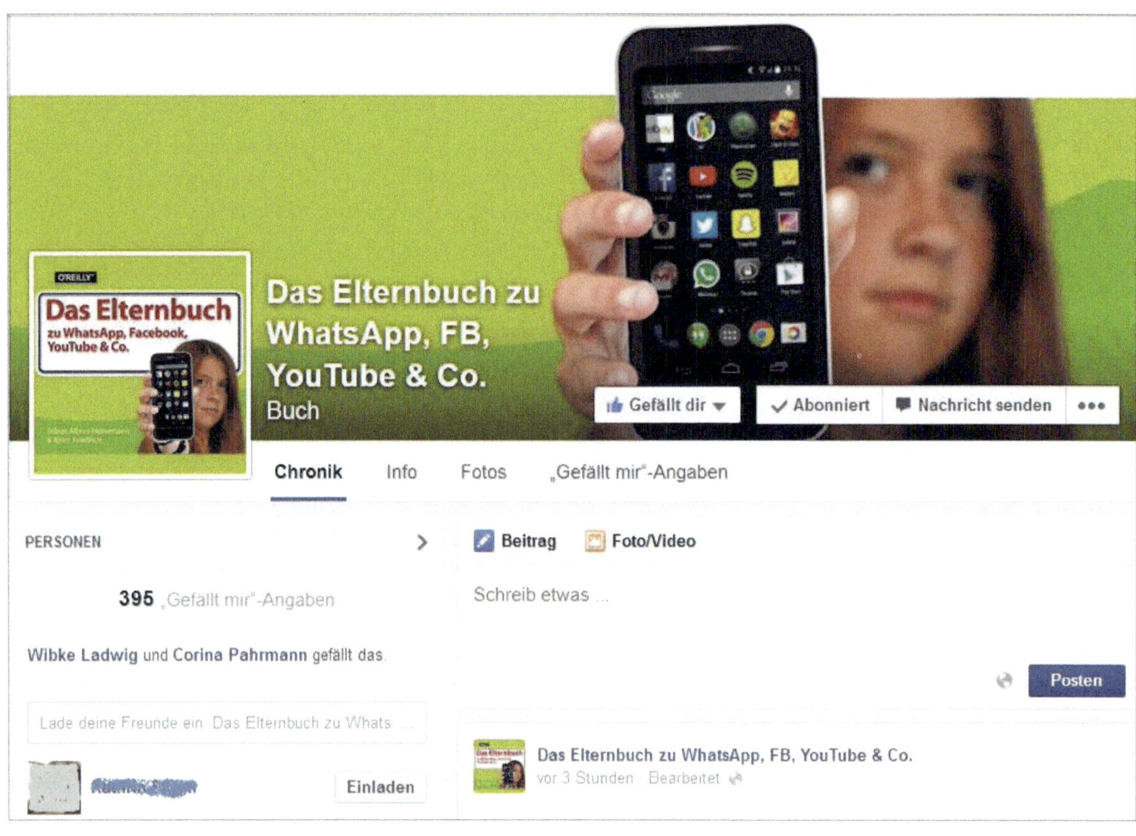

Unter *https://www.facebook.com/elternbuch* finden Sie Änderungen und weiterführende Informationen zum Buch.

KAPITEL 12 | Hilfe und Links

Das Internet ist ein Ort, der sich unheimlich schnell verändert. Höchstwahrscheinlich wird es in dem Zeitraum zwischen Fertigstellung und Veröffentlichung dieses Buchs schon die eine oder andere Veränderung geben. Selbst für Medienpädagogen ist es eine Herausforderung, alle Änderungen zeitnah mitzubekommen und sich dann mit ihnen vertraut zu machen. Wie ist das denn erst für Sie als Eltern?

Damit es für Sie einfacher ist, sich selbst und Ihre Kinder auf dem Laufenden zu halten, möchten wir Ihnen in diesem letzten Kapitel einige empfehlenswerte Internetangebote vorstellen. Diese haben nicht alle direkt mit Facebook zu tun, sondern bieten eher eine umfassende Hilfestellung rund um das Thema Mediennutzung und Medienkompetenz.

Weiterführende Informationen Elternbuch:

Begleitend zu unserem Buch möchten wir Ihnen unsere Facebook-Seite empfehlen, die Sie unter *www.medien-elternbuch.de* oder *https://www.facebook.com/elternbuch* finden.

Zur Erinnerung: Facebook-Seiten sind für alle Personen im Internet sichtbar, was bedeutet, dass Sie keinen Facebook-Account benötigen, um die Seite sehen zu können.

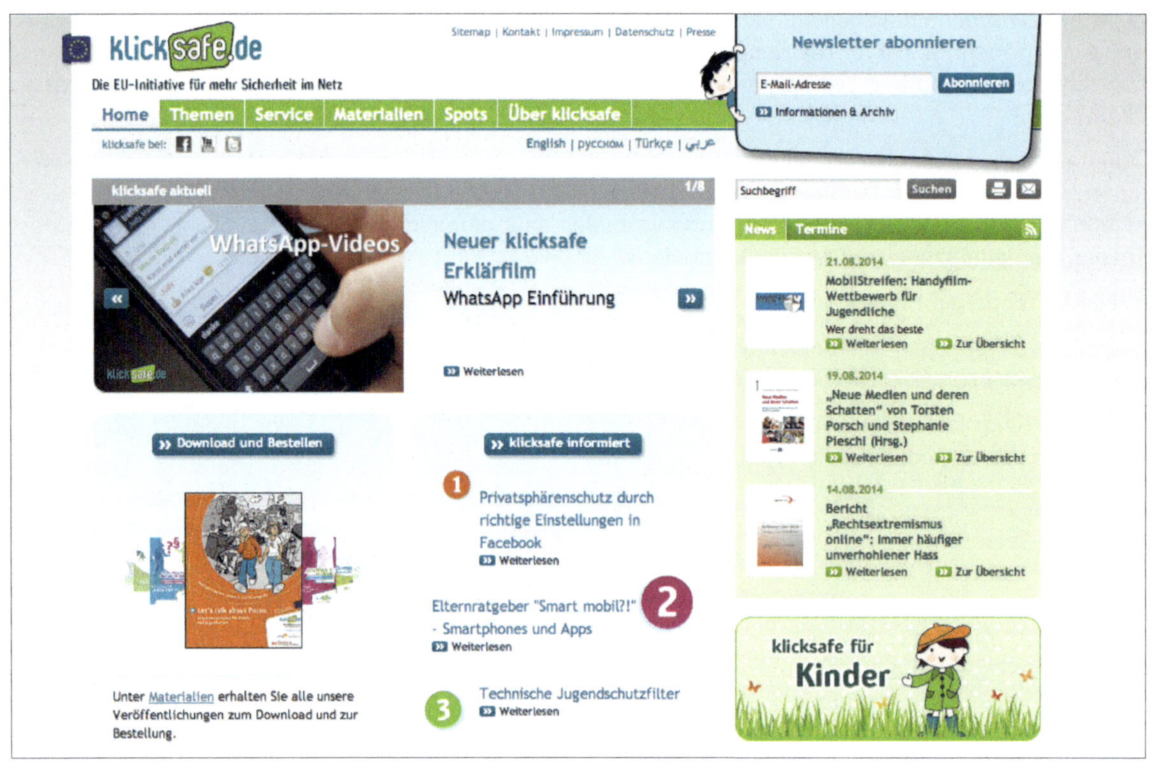

klicksafe: eine EU-Initiative zur Förderung der Medienkompetenz.

Hilfreiche Seiten

- medienbier.tv: Unter *http://medienbier.tv* steht Ihnen ein kompletter Elternabend zum Thema Medienerziehung im YouTube Format zur Verfügung.
- Facebook-Hilfe: Unter *https://www.facebook.com/help* finden Sie den ausführlichen Hilfebereich von Facebook, der Sie über Grundlagen, Apps, Einstellungen und Vorgehensweisen informiert.
- Klicksafe: Hierbei handelt es sich um eine EU-Initiative für mehr Sicherheit im Netz. Auf der Homepage *www.klicksafe.de* finden Sie gutes und vor allem aktuelles Informationsmaterial zu verschiedenen Themen wie Cybermobbing, Leitfäden für verschiedene soziale Netzwerke, Bild- und Urheberrechte, Rechtsradikalismus usw. Das Material liegt in verschiedenen Sprachen vor und kann entweder als Printmedium bestellt oder als PDF kostenlos heruntergeladen werden.
- iRights.info: Auf der Suche nach einem Internetangebot, das sich mit den verschiedenen Rechten befasst, mit denen man als Internetnutzer in Berührung kommen könnte, kommt man kaum an *www.irights.info* vorbei. Viele Materialien entstehen in Zusammenarbeit mit Klicksafe, der größere Teil allerdings ist umfassender und beschäftigt sich für Laien sehr verständlich mit rechtlichen Themen rund um die Bereiche Produzieren, Nutzen, Unterricht, Hintergrund und Arbeit 2.0.
- BSI für Bürger: Das Bundesamt für Sicherheit in der Informationstechnik informiert unter *www.bsi-fuer-buerger.de* über technische Möglichkeiten, mit Sicherheitsrisiken wie Viren, Trojanern usw. umzugehen und sich zu schützen, und entwickelt selbst Sicherheitsvorkehrungen.

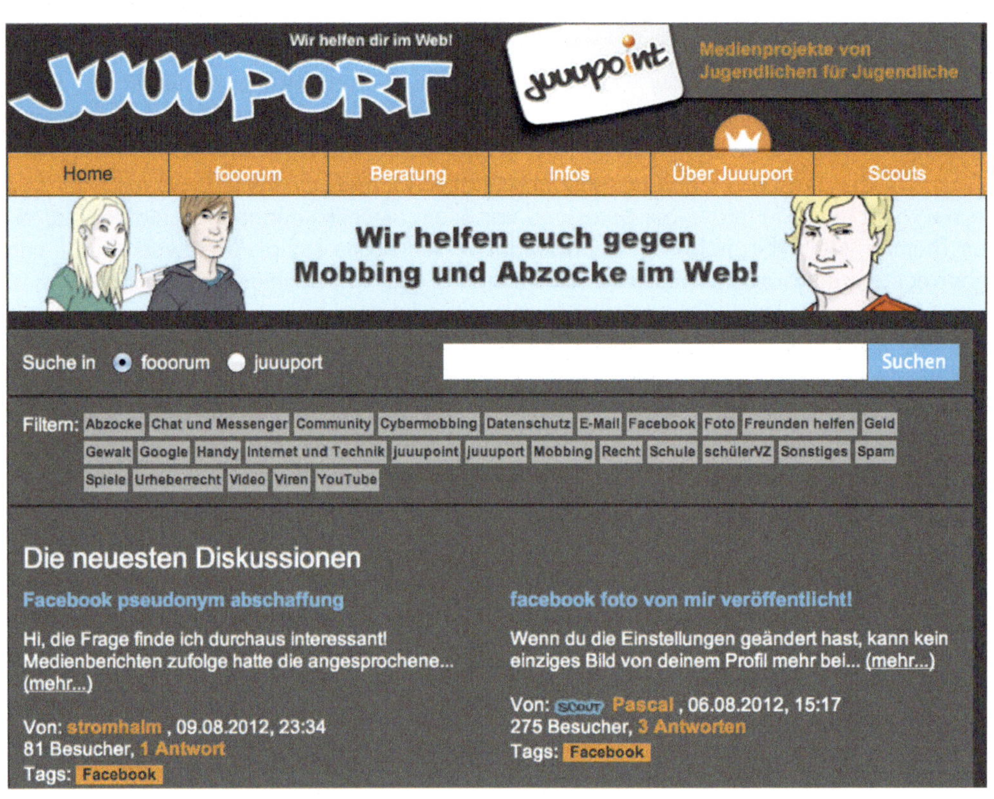

Juuuport.de, eine Hilfsplattform von Jugendlichen für Jugendliche.

Angebote für Jugendliche

- Juuuport: Dies ist eine Selbstschutzplattform, die von Jugendlichen für Jugendliche angeboten wird. Finanziert von der niedersächsischen Landesmedienanstalt NLM, stehen zu Medienscouts ausgebildete Jugendliche unter *www.juuuport.de* anderen Altersgenossen mit Rat und Tat bei Cybermobbing, Gewalt und anderen medienrelevanten Themen zur Seite. Juuuport ist eine tolle Möglichkeit für Jugendliche, mit anderen Menschen in ihrem Alter über Nöte und Probleme im Netz zu sprechen.
- Watch your web: „Clever durchs Netz" lautet das Motto dieser Jugendplattform. Themen wie Sicherheit in Communitys, Datenschutz, Abzocke, Urheberrecht usw. werden unter *www.watch-yourweb.de* für Jugendliche altersgerecht behandelt. Neben interessanten Textbeiträgen können sich Jugendliche über Videoclips und den „Watch your web"-TV-Kanal über medienrelevante Themen informieren.
- Checked4You: In dem Onlinejugendmagazin der Verbraucherzentrale Nordrhein-Westfalen finden junge Menschen unter *www.checked4you.de* in den Kategorien Computer+Internet sowie Handy+Telefon multimediale und ansprechende Hilfsangebote für alle Themen rund um digitale Medien.

Uploads

Whatsapp, Threema und die mobile Kommunikation
254 Aufrufe vor 1 Monat

Medienbier - Jugendschutz Teil 2
62 Aufrufe vor 1 Monat

Serious Games, Game Based Learning und Edutainment
70 Aufrufe vor 1 Monat

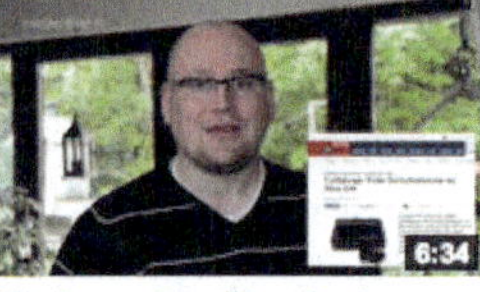

Kindgerechter Einstieg ins Internet // Sinn und Unsinn v...
134 Aufrufe vor 1 Monat

Smartphones als Werkzeuge für die Sozialraumerkundung
42 Aufrufe vor 2 Monaten

Medienbier - Jugendschutz Teil 1
113 Aufrufe vor 2 Monaten

Google - gut oder böse?
178 Aufrufe vor 2 Monaten

Medienerziehung: Absprachen, Regeln und Vorbildfunktionen
111 Aufrufe vor 2 Monaten

Assoziationen, Bilder im Kopf und wie das Medienbier sein...
309 Aufrufe vor 2 Monaten

Medienbier - Medienwirkung Teil1
204 Aufrufe vor 2 Monaten

Spielelabel, Alterskennzeichnungen und...
236 Aufrufe vor 2 Monaten

Medienangst 1
212 Aufrufe vor 2 Monaten

Auf *www.medienbier.tv* finden Sie einen kompletten Elternabend im YouTube Format.

Angebote für Eltern und Fachkräfte

- medienbier.tv: Unter *http://medienbier.tv* steht Ihnen ein kompletter Elternabend zum Thema Medienerziehung im YouTube-Format zur Verfügung.
- Medienpädagogik-Praxisblog: Dieses Internetangebot wird von mehreren Medienpädagogen aus dem gesamten Bundesgebiet geführt und bietet verständlich und zielgruppenorientiert Hilfestellungen, Links, Materialien und Methoden rund um das Thema Medienpädagogik in Jugend, Bildung und Kultur. Neben den informativen Blogartikeln werden unter *www.medienpaedagogik-praxis.de* mehrere aktuelle und umfangreiche Linklisten angeboten, zum Beispiel zu freier und kostenloser Musik, freien Fotos, kostenlosen Softwarealternativen sowie mobilen Apps für Android und iOS. Auf Facebook finden Sie das Angebot des Medienpädagogik-Praxisblogs unter *https://www.facebook.com/medienpaedagogik*.
- Offene Gruppe Medienpädagogik: Auch auf Facebook tauschen sich viele Medienpädagogen aus und diskutieren rege zu aktuellen und interessanten Themen. Unter der leider etwas kryptischen Adresse https://www.facebook.com/groups/131402253579323/ sind zurzeit über 4.500 interessierte Fachleute aus Deutschland, Österreich und der Schweiz aktiv und beantworten auch mal gern die eine oder andere Frage.
- ZDDK – Zuerst denken, dann klicken! Unter *https://www.facebook.com/fakepostings* finden Sie die Facebook-Seite von mimikama.at, einem Internetangebot, das sich mit Falschmeldungen, sogenannten Fakes, auf Facebook beschäftigt. Ob Kettenbriefe, Abzockangebote oder Links, hinter denen sich Viren und Trojaner befinden – auf dieser Seite können Sie sich aktuell informieren und auf dem Laufenden bleiben.
- Achtung – Virus-Warnung: Gemeinsam gegen Spam, Würmer, Viren, Fake-Meldungen und Abzocke auf Facebook – so lautet die Überschrift dieser Facebook-Seite. Facebook-Nutzer informieren und diskutieren unter *https://www.facebook.com/VirusWarnung* über Falschmeldungen und nervige Nachbarn.

Werde Autor_in hier im Blog
So geht's!

Blog | Praxis-Projekte | Kostenlose Software | Kostenloser Content | Mobile Apps | Über uns | Blog-Patenschaft

Praxis-Projekte

Im Medienpädagogik-Praxis Handbuch haben wir Projekte und Konzepte von verschiedenen Medienpädagoginnen und -pädagogen aus ganz Deutschland gesammelt. An dieser Stelle wollen wir genau diese Projekte, aber auch einige andere, zur freien Nutzung zur Verfügung stellen. Diese Liste ist nie abgeschlossen, da stets neue tolle Projekte hinzukommen werden…

Das gedruckte Buch enthält neben diesen Konzepten zahlreiche Hintergrundtexte zur aktiven Medienarbeit und ist damit gleichzeitig Lehrbuch, Nachschlagewerk und Inspirationsquelle für die Medienpädagogik.

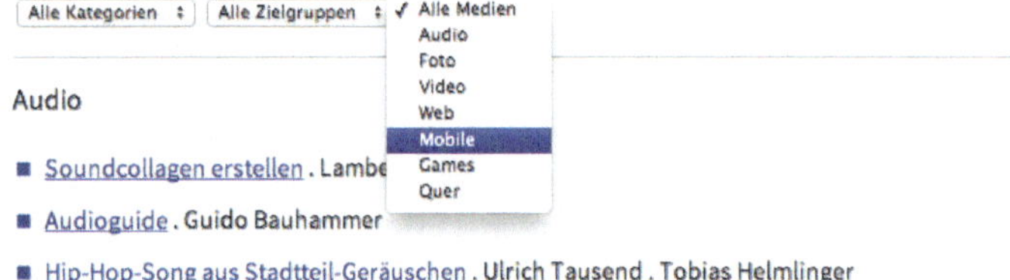

- Hip-Hop-Song aus Stadtteil-Geräuschen . Ulrich Tausend . Tobias Helmlinger

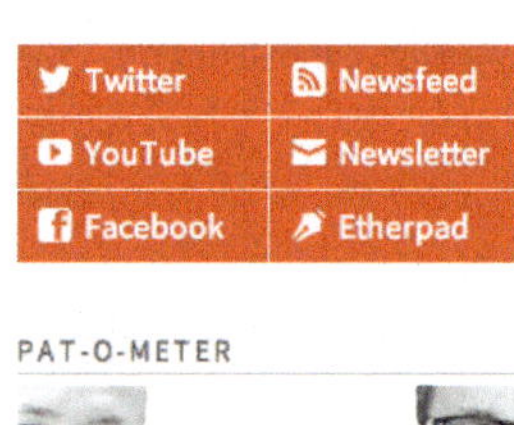

PAT-O-METER

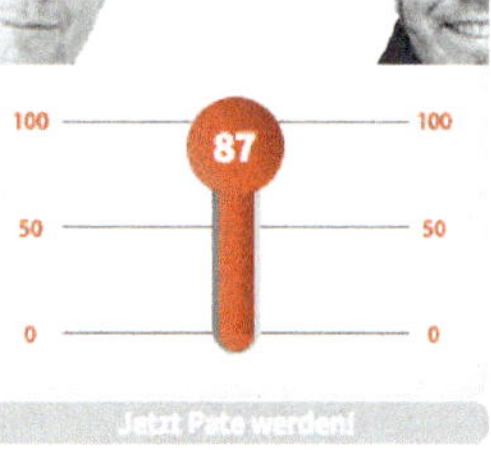

Durch Medienprojekte lernen wir und unsere Kinder, Medien zu verstehen.

Medien verstehen und anwenden: Praxisprojekte mit Kindern und Jugendlichen

Dass es gut ist, Medien kreativ und produktiv nutzen, haben wir im Laufe dieses Buchs ein paar Mal gelesen. Der Sinn dahinter ist, dass wir und unsere Kinder durch das Anwenden von Medien besser verstehen, wie sie funktionieren.

Kinder, die wissen, wie Bilder und Videos bearbeitet, verfremdet und manipuliert werden können, werden auch bewusster mit eigenen Medien umgehen. Kinder, die Erfahrungen mit Audioprojekten haben, also mit der Aufnahme, Bearbeitung, Verfremdung und erneuten Veröffentlichung von Stimmen und Tönen, werden wesentlich gelassener mit den in Kapitel 10 erwähnten gruseligen Geisterstimmen in Kettenbriefen umgehen als unerfahrene Kinder.

Wenn Sie jetzt denken, dass Sie als digitaler Immigrant so etwas sowieso nicht mit Ihren Kindern machen können, irren Sie sich. Viele Projekte lassen sich mit wenig Aufwand, ganz normalen Smartphones und den entsprechenden Apps unkompliziert umsetzen. Stopmotion-Filme, Interviews, Fotoprojekte, GPS-Rallye ... das sind nur wenige Stichwörter in dem großen Pool möglicher Medienprojekte.

Unter *www.medienpaedagogik-praxis.de/handbuch/* haben Medienpädagoginnen und -pädagogen aus ganz Deutschland, Österreich und der Schweiz Praxisprojekte und -ideen gesammelt, die sich zwar an Jugendgruppen richten, sich jedoch ohne viel Aufwand auf die eigene Familie übertragen lassen. Wenn Sie beispielsweise in das rechte Auswahlmenü Alle Medien klicken und dort mobile auswählen, erhalten Sie eine Vielzahl an Projekten, die Sie zu Hause mit einem Tablet oder Smartphone umsetzen können.

Aber Vorsicht, Ihnen sollte von Anfang an klar sein, dass Medienprojekte ungeahnte Nebeneffekte haben können: Es kann durchaus passieren, dass Sie und Ihre Kinder nicht nur etwas lernen, sondern auch noch eine Menge Spaß zusammen haben!

Foto © Gerd Altmann/Carlsberg1988/pixelio.de

Wir wünschen Ihnen viel Geduld und Ausdauer, aber auch eine Menge Spaß bei der Erkundung neuer medialer Kommunikationsformen.

Nicht das Ende – aber der Schluss!

Liebe Eltern, liebe Leser, das Buch neigt sich nun langsam dem Ende entgegen, ganz im Gegensatz zu unserer Thematik. Medien, Kommunikation und neue Techniken werden uns auch zukünftig weiterhin betreffen und beschäftigen. Es ergibt wenig Sinn, sich den neuen Medien zu versperren bzw. den eigenen Kindern die Benutzung oder den Zugang zu verweigern.

Wir hoffen, wir konnten Ihnen einen Einblick in die mediale Welt von Jugendlichen geben, die Sie vielleicht so noch nicht kannten, und wir hoffen, wir konnten aufzeigen, dass Medien und soziale Netzwerke zu der lebensweltbezogenen Kommunikation unserer Kinder gehören, so wie innerdeutsche Ferngespräche und Call-by-Call-Anbieter seinerzeit zu der unseren gehörten.

Sie wissen selbst, wie komplex und manchmal auch anstrengend das Thema und die Auseinandersetzung mit unseren Kindern sind, dennoch möchten wir Sie ermutigen, nicht den Kopf hängen zu lassen. Wie bereits geschrieben, müssen Sie nicht alles verstehen, was Ihre Kinder im Internet machen, und Sie müssen auch nicht auf jede Trendwelle aufspringen und über die neuesten Entwicklungen Bescheid wissen. Es reicht vollkommen aus, wenn Sie sich für das Gesamtthema, also die Lebenswelt Ihrer Kinder, interessieren und sich an bestimmten Punkten informieren.

Für diesen Zweck haben wir Ihnen in diesem Kapitel einige wenige Angebote empfohlen, mit deren Hilfe es nicht zu schwer sein sollte, am Ball zu bleiben.

Wir wünschen Ihnen an dieser Stelle viel Geduld und Ausdauer, aber auch eine Menge Spaß bei der Erkundung neuer medialer Kommunikationsformen.

Glossar

Abonnement – Mit einem „Abonnement" lassen sich, wie bei einem Zeitschriften-Abo, die Neuigkeiten anderer User „bestellen". Wer beispielsweise bei YouTube einen Kanal abonniert, wird automatisch über neue Videos informiert. Auch bei Facebook gibt es neben der Möglichkeit, mit anderen Facebook-Usern befreundet zu sein, die Option, Meldungen anderer User zu abonnieren, damit deren Statusmeldungen im eigenen Newsstream angezeigt werden. Es sind dann jedoch nur diejenigen Meldungen sichtbar, die für die Öffentlichkeit freigegeben werden. Dieses Verfahren ist zum Beispiel üblich, um Meldungen von Prominenten zu verfolgen. Bei Twitter und ähnlichen Diensten wird das Abonnement mit „Folgen" bezeichnet.

Account – Das Benutzerkonto bzw. der Zugang zu einem Onlinedienst wird als „Account" bezeichnet. Man muss sich dazu in der Regel mit einer Telefonnummer und/oder einer E-Mail-Adresse sowie einem Benutzernamen registrieren.

Anwendungen – Als „Anwendungen" werden Zusatzangebote für Smartphones, Tablets oder einzelne Dienste bezeichnet, synonym ist die Bezeichnung Apps bzw. Applikationen zu verwenden. Auch bei Facebook lassen sich Apps installieren, beispielsweise Spiele, Musikdienste, Horoskope oder Geburtstagskalender. Diese Anwendungen werden nicht immer von Facebook selbst programmiert, sondern überwiegend von Drittanbietern.

Anstupsen – Als kleine Freundschafts- oder Liebesbekundung kann man die Facebook-Funktion „anstupsen" ansehen. Wenn ein Benutzer jemand anderen anstupst, erhält dieser andere die Mitteilung, dass er angestupst wurde, und kann zurückstupsen.

Apps/Applikationen – Was am PC die Programme sind, das sind auf Smartphones und Tablets die Apps: Zusatzangebote, die installiert werden, um weitere Funktionen nutzen zu können, z.B. eine Taschenlampe oder ein Taschenrechner, eine Wetteransage, die Fahrzeitauskunft oder auch der Zugang zu einem Dienst wie YouTube oder Facebook (siehe auch Anwendungen).

Chat – Als „Chatten" bezeichnet man eine elektronische, textbasierte Kommunikation in Echtzeit. Ursprünglich wurde in öffentlichen Chaträumen kommuniziert, in denen sich diverse Personen anonym (mit Pseudonymen statt Klarnamen) miteinander unterhielten.

Chronik – Die „Chronik", auch Timeline genannt, ist das Layout für die Facebook-Profilseiten. Im Gegensatz zu früher, als alle Nutzer statt der Chronik eine sogenannte Pinnwand hatten, wird das Profil nun chronologisch angezeigt: Sämtliche Statusmeldungen und Fotos sind nach Datum sortiert und können rasch aufgerufen werden. Der Nutzer kann wichtige Ereignisse wie Geburt oder Hochzeit hervorheben, um online seinen Lebenslauf abzubilden.

Community – Der Begriff „Community" (englisch für Gemeinschaft), wird heute oft als Synonym für Onlinecommunity oder Social Network verwendet.

Cookie – Als „Cookies" (englisch für Kekse) werden Textdateien bezeichnet, die von Internetanbietern auf den Computern der Webseitenbesucher abgespeichert werden. Sie enthalten Informationen über aufgerufene Webseiten und ermöglichen z.B. das automatische Wiederanmelden bei Diensten wie Facebook.

Fan – Benutzer, die auf einer Facebook-Seite den Gefällt mir-Button anklicken und so ihre Zustimmung bzw. ihre Anhängerschaft kundtun, werden damit „Fan" dieser Seite. Die Postings des Unternehmens, der Organisation oder des Prominenten, der die Seite betreibt, erscheinen nun im Newsstream des Fans.

Flatrate – Ein Pauschaltarif oder eine Pauschalgebühr für die Nutzung einer Telefon- oder Internetverbindung. Eine Flatrate für mobile Internetnutzung bedeutet z.B., dass die monatlichen Kosten für die Internetnutzung am Smartphone einen definierten Rahmen nicht unter- oder überschreiten.

Folgen – Der Begriff „folgen" bezeichnet ein digitales Abonnement und bedeutet, dass die User über die Neuigkeiten anderer User informiert werden (z.B. bei Veröffentlichung eines neuen YouTube-Videos). Bei Facebook können Sie anderen Personen auf verschiedene Arten folgen, z.B. indem Sie mit ihnen befreundet sind (siehe Freunde), ihre Meldungen abonnieren oder Fan einer Seite werden.

Follower – Damit werden diejenigen Personen bezeichnet, die einem anderen Account folgen. Sie werden automatisch über die Neuigkeiten aus diesem Account auf dem Laufenden gehalten.

Fotos – Eigene Fotos können online veröffentlicht werden, um sie befreundeten Personen zu zeigen. Fotos können am Computer, aber auch via Smartphone oder Tablet hochgeladen werden. Generell ist zu unterscheiden, ob Fotos öffentlich sichtbar eingestellt oder nur an Freunde verschickt werden.

free2play – Viele Onlinespiele sind kostenlos, jedoch können im Spielverlauf kostenpflichtige Zusatzdienste erworben werden. Dieses Geschäftsmodell der Spielebranche wird als „free2play" oder „free-to-play" bezeichnet.

Freunde – Alle Personen, mit denen man bei Facebook eine auf Gegenseitigkeit basierende Verbindung aufnimmt, werden als „Freunde" bezeichnet. Wer Bekannte bei Facebook trifft und mit ihnen in Kontakt treten möchte, schickt eine „Freundschaftsanfrage". Ob dieser Begriff in diesem Zusammenhang angebracht ist oder ob er dadurch inflationär verwendet wird, ist jedoch umstritten.

Gefällt mir-Button – Öffentliche Einrichtungen, Geschäfte, Prominente usw. betreiben auf Facebook kein Profil, sondern eine Seite. Die User können die Statusmeldungen dieser Seite verfolgen, indem sie auf der Seite den „Gefällt mir-Button" anklicken. Zudem kann der Button auch auf Webseiten außerhalb von Facebook eingebunden werden, beim Anklicken wird dann eine Verbindung zu Facebook hergestellt und ein Eintrag in der Chronik erzeugt.

Gruppen – In Gruppen können sich Personen zusammenfinden, die sich in natura kennen und eine virtuelle Austauschplattform anlegen (z.B. Schulklassen, Vereine). Während bei WhatsApp Gruppen immer im geschlossenen Raum diskutieren, ist es bei Facebook auch möglich, eine Gruppe öffentlich zu gestalten, sodass alle User mitlesen können. Hier bilden sich auch Gruppen, die sich zu einem gemeinsamen Thema austauschen möchten (z.B. „Apps für Kinder", „BVB-Fanklub").

Instant Messaging – Zu Deutsch „sofortige Nachrichtenübermittlung", steht für ein Kommunikationssystem, bei dem man sich – ähnlich wie bei einem Chat – in Echtzeit mit seinem Gegenüber unterhalten kann. Im Gegensatz zum Chat kommuniziert man hier jedoch mit einer (oder einigen wenigen) Person(en) in einem geschlossenen System. Bekannte Programme sind ICQ, der Windows Live Messenger und der Yahoo! Messenger. In den letzten Jahren wurden Instant-Messenger von Handy-Messengern wie WhatsApp verdrängt.

IP-Adresse – Alle an das Internet angeschlossenen Geräte bekommen eine Adresse zugewiesen, die „IP-Adresse" genannt wird (IP steht für Internet Protocol). Diese Adresse ist nötig, um die Daten zum richtigen Adressaten zu transportieren. Zudem können Telekommunikationsanbieter auf diese Weise nachverfolgen, wer welche Internetangebote aufruft.

Kommentare – Alle online veröffentlichten Neuigkeiten, Fotos und Videos können von anderen Usern kommentiert werden, d.h., diese können ihre Meinung zu den entsprechenden Inhalten kundtun.

Liken – Das Kunstwort „liken" ist eine deutsche Wortneuschöpfung, die auf dem englischen Wort „like" für „mögen, gefallen" beruht. Der in Deutschland verbreitete Facebook-Gefällt mir-Button heißt im englischsprachigen Original Like-Button, somit bezeichnet das Wort „liken" die Tatsache, dass jemand bei Facebook etwas mit Gefällt mir versieht. Dieses Gefallen lässt sich per Knopfdruck artikulieren: durch einen Klick auf einen Button, der bei Facebook und YouTube als gehobener Daumen gestaltet ist, bei Instagram als Herzchen und bei Twitter als Stern.

Listen – Alle Facebook-Kontakte und Freunde können in „Listen" eingeteilt werden, um später das Veröffentlichen von Statusmeldungen einzuschränken (z.B. wenn bestimmte Mitteilungen nur für die Liste „enge Freunde" oder „Mitschüler" gedacht sind). Facebook legt auch automatisch Listen an, z.B. für den eigenen Wohnort.

Markieren – In Beiträgen sowie auf Fotos, die bei Facebook veröffentlicht werden, können Nutzer andere Facebook-Mitglieder „markieren". So kann man z.B. angeben, mit wem man welche Party besucht hat oder wer auf welchen Fotos zu sehen ist. Der entsprechende Beitrag bzw. das Foto erscheint dann auch in der Chronik der markierten Personen. Sollte eine Markierung nicht erwünscht sein, lässt sich diese von der markierten Person wieder entfernen.

Mobiles Internet – Mit dem Begriff „mobiles Internet" (englisch Mobile Web) wird die Tatsache bezeichnet, dass immer mehr Menschen mit mobilen Geräten wie Handys oder Tablets auf das Internet zugreifen. Daraus entsteht für Anbieter von Internetseiten die Notwendigkeit, ihre Seiten auch für die Anzeige auf mobilen Geräten zu optimieren, die in der Regel über einen deutlich kleineren Bildschirm verfügen als Computer.

Nachricht – Eine „Nachricht" ist eine persönliche Mitteilung an andere Nutzer eines Diensts, also eine Art E-Mail innerhalb von Diensten wie WhatsApp, Facebook oder YouTube. Nachrichten sind nicht öffentlich, sie können nur von Empfänger und Absender gelesen werden.

Newsstream – Als „Newsstream" bezeichnet man die Übersicht über Neuigkeiten von anderen Usern eines Diensts: Nach dem Einloggen bei Facebook, Twitter & Co. bzw. nach Öffnen der entsprechenden App erscheint dieser Stream, der alle Aktivitäten von befreundeten/gefolgten Usern anzeigt. Hier sehen Benutzer also die neuesten Fotos und Statusmeldungen, Kommentare und Gefällt mir-Klicks der für sie relevanten Personen und Seiten.

Onlinecommunity – Bezeichnet die Gemeinschaft verschiedener Menschen, die im Internet gemeinsame Interessen verfolgen oder gleiche Angebote nutzen. Da sich derartige Gemeinschaften heutzutage oft in Social Networks treffen, werden die beiden Begriffe oft synonym verwendet.

Posten/Posting – Das deutsche Kunstwort „posten" bezeichnet das Hinterlassen eines „Postings", also einer Mitteilung. Die Postings können, je nach Benutzereinstellung, öffentlich lesbar sein oder nur für befreundete Personen.

Profil – Das „Profil" ist die eigene Seite der Nutzer eines Diensts. Zum Profil gelangt man, wenn man den Namen einer Person anklickt.

Seite – Eine Facebook-Seite ist das Pendant zu einem Profil. Während Privatpersonen ein eigenes Profil bei Facebook anlegen, richten öffentliche Einrichtungen (z.B. Unternehmen, Institutionen, Vereine) sowie Prominente eine Seite ein, um dort Informationen weiterzugeben und mit Personen in Kommunikation zu treten.

Sharen/Sharing – Abgeleitet vom englischen Wort „ to share" für teilen.

Skype – Eine Software zur Videotelefonie bzw. zum Instant Messaging. Das Facebook-Nachrichtensystem verfügt neuerdings auch über eine Funktion zur Videotelefonie, die auf der Software Skype basiert.

Smartphone – Als „Smartphones" werden Handys bezeichnet, die nicht mehr vorwiegend zum Telefonieren gedacht sind, sondern wie ein Mini-Computer mit verschiedenen Funktionalitäten ausgestattet sind. Smartphones verfügen unter anderem über einen Zugang zum mobilen Internet und können von ihren Benutzern nach eigenem Belieben mit verschiedenen Zusatzprogrammen ausgestattet werden.

Social Media/soziale Medien – Damit werden Internetangebote bezeichnet, die den Nutzern den Austausch untereinander ermöglichen (z.B. Facebook, Twitter) oder die zur gemeinsamen Erstellung und Gestaltung von Inhalten einladen (z.B. Onlinelexika wie Wikipedia, Videoplattformen wie YouTube oder Fotoportale wie Flickr). Diese Angebote werden auch unter dem Begriff Web 2.0 subsumiert.

Social Network/Soziales Netzwerk – Anbieter, die eine technische Lösung für eine Onlinecommunity bereitstellen, sodass sich Personen in einem Internetportal treffen können, um dort miteinander zu kommunizieren und Inhalte auszutauschen. Facebook ist das derzeit größte „Social Network" der Welt.

Statusmeldung – Alle Mitteilungen, Fotos und Videos, die Nutzer bei Facebook veröffentlichen, werden als „Statusmeldungen" in der eigenen Chronik sowie im Newsstream ihrer Freunde angezeigt. Befreundete Personen können die Statusmeldungen kommentieren oder mit dem Gefällt mir-Button ihre Zustimmung kundtun.

Tablets (Tablet Computer) – Als „Tablets" (englisch für Schreibtafel) bezeichnet man flache, mobile Computer, die eine Zwischenform zwischen herkömmlichen Computern und Smartphones darstellen. Tablets werden – wie Smartphones – über berührungsempfindliche Touchscreens bedient und können mit Apps den eigenen Bedürfnissen angepasst werden.

Taggen – Bezeichnet bei Diensten wie Facebook und Instagram das Markieren von Freunden oder Seiten in Statusmeldungen oder auf Fotos.

Teilen – Wer eine Information von anderen Nutzern an seine eigenen Freunde oder Follower weiterleitet, „teilt" diese Inhalte mit ihnen.

Timeline – Synonym für Chronik bei Facebook.

User – Alle bei einem Onlinedienst angemeldeten Personen werden als „User (englisch für Benutzer, Nutzer) bezeichnet. Zudem kann der Begriff „User" allgemein für alle Benutzer des Internets stehen.

Veranstaltung – Partys, Feste oder Schulfeiern können auch bei Onlinediensten wie Facebook und Google+ als „Veranstaltung" angelegt werden. Zu jeder Veranstaltung können Leute eingeladen werden, zudem können auf der Seite der Veranstaltung Kommentare oder Fotos veröffentlicht werden.

Videos – Ähnlich wie Fotos können bei sämtlichen Onlinediensten auch Videos veröffentlicht oder an andere Personen verschickt werden. Dank steigender Verbreitung von Smartphones und Online-Flatrates werden Videos auch zunehmend mobil aufgenommen und an Freunde gesendet oder bei Videoplattformen wie YouTube veröffentlicht.

Web 2.0 – Bezeichnung für Internetangebote, die die User nicht nur als Konsumenten nutzen, sondern die sie zu aktiven Benutzern machen (siehe auch Social Media).

Index

A

Abmahnung 291
Abzocke 13, 287
Ana/Mia-Foren 267
Android 39, 41, 57, 95
Anwendungen 41, 275, 289
App Store 53
Apple 41
 App Store 53
Apps 41, 293
ask.fm 171
Audioprojekte 303

B

Bedürfnisse 61
Beteiligung 21
Betrug 281
Bildrechte 219, 221, 223, 229
Bildschirmsperre 293
biometrische Daten 225
blockieren 263
Bolt 177

C

Candy Crush Saga 55
Castingshows 29
Chat 111
Computerspiele 197
Computerspielsucht 33
Computersucht 201
Creative Commons 227
Cyber-Bullying 243
Cybergrooming 243
Cybermobbing 13, 171, 243, 245, 255, 259, 299
 Hass-Gruppen 255
 rechtliche Grundlagen 249
 Symptome 247
 Tipps für Eltern 271
 Verhaltensregeln 251

D

Daten 137, 207
Datendiebe 257
Datenkrake
 Google 207
Datensammelei 209
Datenschutz 13, 43, 47, 93, 97
Datensparsamkeit 289
Digital Immigrants 21, 179
Digital Natives 19, 179
digitale Daten 215
digitale Kommunikation 217
digitales Zeitalter 37

E

Einstellungen 43
Electronic Arts 81
Elternabend 297, 301
E-Mail 67
Empfehlungen 59
E-Partizipation 77, 83
Erreichbarkeit 45

F

Facebook 43, 91, 99, 161, 177, 275
  Abonnements 125
  Account 181
  Account anlegen 127
  blockierte Personen und Anwendungen 263
  Chatleiste 107, 111
  Chronik 99
  eingeschränkter Personenkreis 135
  Fake-Accounts 259
  Fanpage 99, 123
  Foto melden 235
  Freund entfernen 263
  Freunde 257
  Freunde-Finder 127
  Freundeslisten 103
  Freundschaftsanfragen 105, 133
  Gefahren 273
  Gefällt mir 107, 115, 281
  Geschäftsmodell 275
  Geschichte 101
  Gruppe 121
  Gruppen 103, 119
  Konto löschen 139
  liken 99
  Liveticker 103, 107
  Nachrichten 111
  Navigationsleiste 103
  Newsfeed 103
  Oberfläche 103
  Pinnwand 109
  posten 99
  Privatsphären-Verknüpfungen 129, 131, 133
  Profil 109, 135, 281
  Seiten 103, 115, 123
  Statusmeldungen 105, 109, 125
  Suche 105
  teilen 99, 117
  Timeline 99
  Video-Call 113
Facebook-Account
  verbieten 183
Facebook-Gruppen 121
Facebook-Hilfe 297
Facebook-Seiten 123
Fake-Accounts 259
FarmVille 79
Fernsehen 63
Fernsehgerät 27
Filesharing 147
Filmportale 175
Flatrate 51, 87
Foto löschen
  Facebook 231
  WhatsApp 231

Fotos 161, 165
taggen 239
free2play 55, 81
Freemium 55
Freunde 257

G

Gefällt mir 123
Geschäftsmodell 275
Gesichtserkennung 225
Google 41, 177, 207, 275
Geschäftsmodell 275
Google+ 177, 189
Play Store 53

H

Handys 41
Hass-Gruppen 255
Hoax 279

I

ICQ 67
In-App-Käufe 55
Informationsportale 75
Instagram 161, 163, 237
Foto melden 237
Internetsucht 33
iOS 39, 57
iPhone 41, 95

J

jugendgefährdende Inhalte melden 269
Jugendliche begleiten 189, 191, 193
Jugendschutz 57, 269
Jugendschutzfilter 193

K

Kettenbriefe 261, 279, 301, 303
Kinder- und Jugendschutz 57
kindgerechte Internetseiten 193
Kinokiste 175
kinox.to 175
Kleinkindalter 29
Kommentare 107
Kommunikation 185
Formen 23
Kultur 21
Möglichkeiten 67
Kommunikationsverhalten 29
Kosten 51, 53, 55, 57
Kostenfalle 287, 289
Kunsturheberrechtgesetz 221, 223

L

Lebenswelt 13, 23
Leitmedium 63, 141

M

Markierung entfernen 239
Medienabhängigkeit 33, 201

Medienalltag 13, 61
medienbier.tv 297, 301
Medienentwicklung 15, 17, 19
Medienerziehung 25, 27, 37, 179, 185, 187, 189, 191, 193, 195, 203, 205, 241, 253, 295, 297, 301
Mediennutzung 31, 33, 63, 295
Medienprojekte 303
Medienpsychologie 31
Microsoft 39
  Windows Phone 57
  Windows Phone Store 53
Mindestalter 187
MMS 87
movie4k 175
MSN 67
MyEnigma 97

N

Nachrichten 75
Netzsprache 69
neue Funktionen 211
Nutzungsverhalten 201
Nutzungszeiten 197, 199

O

Oberfläche 105, 107
öffentlich 129, 135
Öffentlichkeit 99
Open Source 97
Opt-in 211
Opt-out 211
Ortung 43, 47, 49, 93
Overblocking 193

P

pädagogisch wertvoll 59
Passwort 53, 293
Passwortsicherheit 213
Paywall 55
Personen der Zeitgeschichte 223
Persönlichkeitsrechte 221
Phishing 287
Play Store 53
politische Beteiligung 77, 83
Pre-Paid-Karten 51, 53
Privatkopie 147
Privatsphäre 47
  Sichtbarkeit der eigenen Informationen 135
ProdUSER 17
Profil 109
Push-Funktion 45

R

Reality-Dokus 29
Rechtsextremismus 265
Redphone 97
Regeln und Absprachen 195
Respekt vor der Privatsphäre 191
rosa Elefant 31, 33, 35

S

Schadprogramme 283, 285
Schutzsoftware 285
Selbstbestätigung 73
Selbstdarstellung 65, 71
Selfie 215
Sensibilität digitaler Daten 217
Sexting 215, 253
Signal 97
SIMSme 97
Slingshot 177
Smartphones 39, 41, 85
SMS 87
Snapchat 165, 167, 177, 215
Snapsave 167
Social Games 81
Spam 279
Spotify 55
Streaming 175
Streamingportal 147
Suizidforen 13, 267

T

Tablets 39
Targeting 277
Teilen 117
TextSecure 97
The Sims Social 81
Threema 97
Trojaner 283, 301
Tumblr 177
Twitter 169, 177

U

Umgangssprache 69
Urheberrecht 147, 175, 229, 291
  Urheberrechtsverletzung 219

V

veröffentlichen 223
Video melden
  YouTube 237
Videos 163, 165, 177, 283
Vine 177
Viren 283, 301
virtuelle Welt 37

W

Weblogs 177
Werbung 91, 275, 277
WhatsApp 43, 85, 87, 91
  Broadcast 89
  Chat 89
  Datenschutz 93
  Foto melden 237
  Gruppen 89
  löschen 95
Windows Phone 39, 57, 95
Windows Phone Store 53
Wurm 283
WYSIWYG 17

Y

Yo 173
YouTube 141, 143, 145, 147, 155, 157, 233, 237
  abonnieren 149
  Agenturen 153
  Benutzerkonto 145
  daaruum 141
  Download 147
  Fake-Accounts 259
  Geld verdienen 155
  Google-Konto 145
  Gronkh 141
  Kanal 149
  LeFloid 141
  Let's Play 141
  Medienrecht 143
  Nachrichten senden 157
  Partnerprogramm 155
  Playlist 149
  soziales Netzwerk 157
  Star werden 153
  Statistik 149
  Video löschen 233
  Werbeeinnahmen 153
  Y-Titty 141

Z

Zielgruppe 129
Zugriffssperre 57